LE

ROMAN RUSSE

L'auteur et les éditeurs déclarent réserver leurs droits de reproduction et de traduction en France et à l'étranger.

Ce volume a été déposé au ministère de l'intérieur (section de la librairie) en juin 1886.

DU MÊME AUTEUR :

A LA LIBRAIRIE PLON

Syrie, Palestine, Mont Athos, voyage aux pays du passé, 3e *édition*. — Un vol. in-18, illustré d'après des photographies par J. Pelcoq. Prix : 4 fr.

Souvenirs et Visions. — Mariette-Bey en Égypte — Cortez au Mexique — Le Jubilé de la Réformation à Genève — Prague et les Bohémiens — L'Exposition de Moscou et l'art russe — Dans la steppe du Donetz — En Crimée. — Un vol. in-18 : 3 fr. 50.

Remarques sur l'Exposition du Centenaire. Un vol. in-18. Prix : 3 fr. 50.

A LA LIBRAIRIE CALMANN LÉVY

Histoires orientales. — Un vol. in-18. Prix : 3 fr. 50.
Le Fils de Pierre le Grand. — Un vol. in-18. 3 fr. 50.
Histoires d'hiver. — Un vol. petit in-8o. 5 fr.

Vᵗᵉ E. M. DE VOGÜÉ

DE L'ACADÉMIE FRANÇAISE

LE
ROMAN RUSSE

Troisième Édition

PARIS

LIBRAIRIE PLON

E. PLON, NOURRIT ET Cⁱᵉ, IMPRIMEURS-ÉDITEURS

RUE GARANCIÈRE, 10

1892

Tous droits réservés

AVANT-PROPOS

En offrant ce livre aux personnes, chaque jour plus nombreuses, qui s'intéressent à la littérature russe, je leur dois quelques explications sur l'objet, le but et les lacunes volontaires de ces essais. La région où nous allons voyager est vaste, à peine explorée ; on n'en a pas relevé l'ensemble, on y a frayé au hasard quelques routes ; il faut dire à ceux qui veulent bien s'y engager pourquoi nous visiterons de préférence telle province, pourquoi nous négligerons telle autre.

On ne trouvera point dans ce volume l'histoire d'une littérature, un traité didactique et complet sur la matière. Un pareil ouvrage n'existe pas encore en Russie, il serait prématuré en France. Il me tentait, je l'aurais essayé, si je n'avais recherché que les suffrages du monde savant. Mon ambition est autre. Pour des raisons littéraires, — je les dirai plus loin, — pour des motifs d'un autre ordre que je tairai, parce que chacun les devine, je crois qu'il faut travailler à rapprocher les deux pays par la pénétration mutuelle des choses de l'esprit. Entre deux peuples comme entre deux hommes, il ne peut y avoir amitié étroite et solidarité qu'alors que leurs intelligences ont pris le contact.

Pour atteindre ce résultat, il est prudent de compter avec la force d'inertie du public; on ne le met pas en appétit en lui donnant du premier coup une indigestion. Il veut être apprivoisé peu à peu aux connaissances nouvelles, pris au piége de son plaisir, et forcé de s'instruire pour mieux goûter ce plaisir. Entrons dans cette humeur du public : à vouloir la contraindre, nous ne la réformerions pas, et nous laisserions en souffrance les intérêts supérieurs auxquels j'ai fait allusion. Pour être juste envers les morts et les vivants, une histoire des lettres russes devrait citer, depuis un siècle seulement, une longue liste de noms étranges pour nos oreilles, d'œuvres qu'aucune traduction n'a fait connaitre; il faudrait écrire en regard l'histoire politique et sociale des trois derniers règnes, qui n'est pas plus faite que l'autre, et qui expliquerait seule cette dernière. Faute d'une telle préparation, de vaines syllabes battraient l'air, sans rien laisser dans l'esprit du lecteur d'Occident; cette nomenclature ressemblerait aux cartes du ciel nocturne, aux catalogues d'étoiles invisibles dressés par les astronomes pour quelques initiés.

Il m'a paru préférable de procéder autrement, à la manière du naturaliste qui veut nous renseigner sur une contrée neuve. Il ne s'arrête point aux zones intermédiaires et peu tranchées; il va droit au cœur du pays, aux régions singulières. Là, parmi les nombreux échantillons de la faune et de la flore qui sollicitent son choix, il note pour mémoire les espèces communes à toutes les parties du monde, importées par le hasard ou l'industrie ; il passe rapidement sur les variétés fossiles ou dégénérées, qui n'ont qu'un intérêt historique : il s'attache aux familles locales et vigoureuses, caractéristiques de la terre et du climat ; parmi celles-ci, il choisit quelques individus-types, signalés par leur parfait développement. Ce sont les objets qu'il propose à notre examen, comme les plus propres à nous révéler les conditions actuelles et particulières de la vie sur ce coin de la planète.

Semblable est mon projet. Je rappellerai brièvement les origines de la littérature russe, ses petites destinées, longtemps asservies à des dominations étrangères, son émancipation durant notre siècle. A partir de ce moment, l'humble famille des écrivains devient foule et puissance; sa richesse fait notre embarras, comme auparavant sa pauvreté. Je m'attacherai à quelques figures qui résument la physionomie de cette foule inconnue. La méthode est d'autant plus légitime en Russie que dans ces masses jeunes, à peine travaillées, soumises à des développements uniformes, les différences individuelles sont moins accusées. Traversez cent villages entre Pétersbourg et Moscou : par les traits, les attitudes et le costume, tous les gens que vous rencontrerez sont frappés à la même effigie. Comme dans la plupart des civilisations très-neuves, l'effort personnel ne les a pas dégagés du lien collectif; quelques portraits pris au hasard peindront tous ces frères. Ainsi de leurs esprits : une âme est représentative de beaucoup plus d'âmes que chez nous. A vouloir multiplier les documents, on ne donnerait qu'une impression de monotonie.

Cette première série d'études est consacrée en grande

partie aux quatre romanciers contemporains hors de pair, déjà désignés à l'attention de l'Europe par des traductions partielles. Ces écrivains-types nous offriront une réduction éminente et complète du génie national que nous cherchons à dégager. J'ai tâché de montrer en eux l'homme autant que l'œuvre, et dans les deux, l'expression d'une société. Les questions d'art ont leur intérêt et leur grandeur; mais il y a plus encore d'intérêt et de grandeur dans le secret qu'elles m'aident à poursuivre, le secret de cet être mystérieux, la Russie. Sans grand souci des règles de la composition littéraire, j'ai dû accueillir tout ce qui servait mon dessein : détails biographiques, souvenirs personnels, digressions sur des points d'histoire et de politique, sans lesquelles tout serait inintelligible dans les évolutions morales d'un pays si caché. Il n'y a peut-être qu'une règle, c'est d'éclairer par tous les moyens l'objet que l'on montre, de le faire comprendre et toucher sous toutes ses faces.

A cette fin, j'ai usé et abusé de la comparaison entre les écrivains russes et ceux d'autres pays qui nous sont plus familiers; ce n'est point par vanité d'érudition facile; je sais d'ailleurs le danger de ces analogies, elles boitent toujours; mais pour faire deviner l'inconnu, il n'y a encore qu'un procédé rapide et sûr, la comparaison avec le connu. Il eût fallu des explications longues et obscures pour caractériser un homme ou une œuvre : un nom de connaissance en tient lieu; il évoque d'emblée dans l'esprit de chacun toute une physionomie littéraire, proche parente de celle qu'on étudie. C'est l'image qui éclaire le texte et permet de classer d'un regard les nouveaux venus par ordre de familles et de préséances.

On fait ensuite les réserves nécessaires pour marquer les différences entre ceux qu'on a momentanément rapprochés.

Quelques personnes s'étonneront que je demande le secret de la Russie à ses romanciers. Pour des raisons que l'on verra par la suite, la philosophie, l'histoire, l'éloquence de la chaire et du barreau, — je n'ajoute pas : de la tribune, — sont des genres presque absents de cette jeune littérature; ce qu'on trouverait en d'autres pays sous ces étiquettes arbitraires rentre en Russie dans les vastes cadres de la poésie et du roman, les deux formes d'expansion naturelles à la pensée nationale, les seules compatibles avec les exigences d'une censure jadis intraitable, aujourd'hui encore très-ombrageuse. Les idées ne passent que dissimulées dans les mailles souples de la fiction ; mais là elles passent toutes; et la fiction qui les abrite prend l'importance d'un traité doctrinal.

De ces deux formes souveraines, l'une, la poésie, a rempli le commencement du siècle; l'autre, le roman, a étouffé la première et tout accaparé depuis quarante ans.

Dominés par le grand nom de Pouchkine, les Russes considèrent la période romantique comme le moment de leur plus haute gloire intellectuelle. J'avais d'abord pensé avec eux et dirigé mes travaux vers la poésie. Deux motifs m'ont fait changer d'opinion. D'une part, l'entreprise est trop folle de parler sur des œuvres dont on ne peut rien montrer; c'est vouloir saisir des nuages qui passent dans un autre ciel. Les poëtes russes ne sont et ne seront jamais traduits. Un poëme lyrique est un être vivant d'une vie furtive qui réside dans l'arrangement des mots; on ne transporte pas cette vie dans un corps étranger. Je lisais naguère une traduction russe, fort exacte et fort convenable, des *Nuits* de Musset; cela donnait le même plaisir que le cadavre d'une belle personne; l'âme était partie, l'arome qui fait tout le prix de ces divines syllabes. Le problème est encore plus insoluble, quand l'échange s'opère de l'idiome le plus poétique de l'Europe à celui qui l'est le moins. Certains vers de Pouchkine et de Lermontof sont des plus beaux que je connaisse au monde; il en reste une pensée banale dans le pâle chiffon de prose où l'on recueille leurs débris. On s'y est essayé, on s'y essayera encore; le résultat ne vaut pas l'effort qu'il coûte.

D'autre part, je ne crois pas que la poésie romantique soit la manifestation la plus originale de l'esprit russe. En lui donnant le premier rang dans leur histoire littéraire, les critiques de ce pays subissent le prestige du passé et des enthousiasmes de jeunesse. Le temps fausse les mesures au détriment du présent, il rend vénérable tout ce qu'il recule. Un étranger est peut-être mieux placé pour entrevoir le jugement de l'avenir; la distance fait pour lui l'office des années, elle donne ces vues éloignées qui égalisent sur le même plan tous les objets à comparer.

Dans le règlement des comptes littéraires du siècle, j'estime que les grands romanciers des quarante dernières années serviront la Russie mieux que ses poëtes. Avec eux, elle a pour la première fois devancé le mouvement de l'Occident au lieu de le suivre; elle a enfin trouvé une esthétique et des nuances de pensée qui lui sont personnelles. Voilà ce qui m'a décidé à chercher d'abord dans le roman les traits épars du génie russe.

Dix années d'un commerce assidu avec les œuvres de ce génie m'ont suggéré quelques réflexions sur ses caractères particuliers, sur la part qu'il convient de lui assigner dans l'effort actuel de l'esprit humain. Puisque le roman se charge seul de poser tous les problèmes de la vie nationale, on ne s'étonnera pas que je prenne texte de légères fictions pour toucher à de graves sujets, pour lier quelques idées générales. Nous allons voir les Russes plaider la cause du réalisme avec des arguments nouveaux, avec des arguments meilleurs à mon sens que ceux de leurs émules d'Occident. C'est un grand procès; il fait à cette heure le fond de tous les différends littéraires dans le monde civilisé; et sous couleur de littérature, il révèle les conceptions les plus essentielles de nos contemporains. Avant d'introduire les écrivains russes comme partie principale dans ce procès, je voudrais résumer le débat en toute liberté et sincérité.

1

La littérature classique considérait l'homme sur les sommets de l'humanité, dans les grands transports de passion, en tant que protagoniste d'un drame très-noble, très-simple; dans ce drame, les acteurs se partageaient certains rôles de vertu ou de méchanceté, de

a.

bonheur ou de souffrance, rôles conformes à des conceptions idéales et absolues sur une vie supérieure, où le ressort de l'âme serait tendu tout entier vers un but unique. En un mot, l'homme classique était le *héros* que toutes les littératures primitives ont seul jugé digne de leur attention. L'action de ce héros correspondait à un groupe d'idées religieuses, monarchiques, sociales et morales, fondement sur lequel reposait la famille humaine depuis ses plus anciens essais d'organisation. En grandissant son personnage pour le bien ou pour le mal, le poëte classique proposait un exemple de ce qui devrait être ou ne pas être, plutôt qu'un exemplaire de ce qui existait dans la réalité.

Insensiblement, depuis un siècle, d'autres vues ont prévalu. Elles ont abouti à un art d'observation plus que d'imagination, qui se flatte d'observer la vie telle qu'elle est, dans son ensemble et sa complexité, avec le moindre parti pris possible chez l'artiste. Il prend l'homme dans les conditions communes, les caractères dans le train de chaque jour, moyens et changeants. Jaloux de la rigueur des procédés scientifiques, l'écrivain se propose de nous renseigner par une analyse perpétuelle des sentiments et des actes, bien plus que de nous divertir ou de nous émouvoir par l'intrigue et le spectacle des passions. L'art classique imitait un roi qui gouverne, punit, récompense, choisit ses préférés dans une élite aristocratique, leur impose des conventions d'élégance, de moralité et de bien dire. L'art nouveau cherche à imiter la nature dans son inconscience, son indifférence morale, son absence de choix; il exprime le triomphe de la collectivité sur l'individu, de la foule sur le héros, du relatif sur l'absolu. On l'a appelé réaliste, naturaliste : suffirait-il, pour le définir, de l'appeler démocratique?

Non, ce serait un regard trop court, celui qui s'arrêterait à cette racine apparente de notre littérature. Le changement de l'ordre politique n'est qu'un épisode dans l'universel et prodigieux changement qui s'accomplit. Observez dans toutes ses applications le travail de l'esprit humain depuis un siècle; on dirait d'une légion d'ouvriers, occupée à retourner, pour la replacer sur sa base, une énorme pyramide qui portait sur sa pointe. L'homme a repris à pied d'œuvre l'explication de l'univers; il s'est aperçu que l'existence, les grandeurs et les maux de cet univers provenaient du labeur incessant des infiniment petits. Tandis que les institutions remettaient le gouvernement des États à la multitude, les sciences rapportaient le gouvernement du monde aux atomes. Partout, dans l'analyse des phénomènes physiques et moraux, on a décomposé et pour ainsi dire émietté les anciennes causes; aux agents brusques et simples, procédant à grands coups de puissance, qui nous rendaient jadis raison des révolutions du globe, de l'histoire et de l'âme, on a substitué l'évolution constante d'êtres minimes et obscurs.

C'est comme une pente inévitable : dès qu'il bouge, l'esprit moderne la descend. Recherche-t-il les origines de la création? Ce n'est plus le chef-d'œuvre construit de toutes pièces en six jours, par l'opération soudaine d'un démiurge. Une vapeur qui se fixe, des gouttes d'eau, des molécules lentement agglomérées durant des myriades de siècles, voilà l'humble commencement des planètes; et celui de la vie, le léger soupir d'êtres sans nom, grouillant dans une flaque de boue. S'agit-il d'expliquer les transformations successives du globe? Les volcans, les déluges, les grands cataclysmes n'y ont plus qu'une faible part; c'est l'ouvrage des anonymes et des imperceptibles, le grain de sable roulé par la source durant des jours sans nombre, le rocher de corail qui devient continent par le travail des microzoaires, du petit peuple patient employé au fond de l'Océan. Si nous passons à notre propre machine, on a bien rabattu de sa gloire; tout ce merveilleux assemblage de ressorts n'est qu'une chaine de cellules, homme aujourd'hui, demain tige d'herbe ou anneaux du ver; tout, jusqu'à cette pincée de substance grise où je puise en ce moment mes idées sur le monde. Consultée sur la dissolution de cette machine, la science médicale conclut comme les autres à l'explication universelle; ce ne sont plus de grands mouvements de nos humeurs qui nous détruisent; les petites bêtes nous rongent, les œuvres de la vie et de la mort sont confiées à une animalité invisible. La découverte est d'une telle importance, qu'on se prend à douter si l'avenir, au lieu de désigner notre siècle par le nom de quelque rare génie, ne l'appellera pas le siècle des microbes; nul mot ne rendrait mieux notre physionomie et le sens de notre passage à travers les générations.

Les sciences morales suivent le branle communiqué par celles de la nature. L'histoire reçoit la déposition des peuples et repousse au second plan les seuls témoins qu'elle écoutât jadis, rois, ministres, capitaines; en parcourant ses nécropoles, elle s'arrête moins volontiers aux monuments pompeux, elle va dans la foule des tombes oubliées, s'efforçant de ressaisir leur murmure.

Pour éclairer le cours des événements, quelques volontés dominantes ne lui suffisent plus; l'esprit des races, les passions et les misères cachées, l'enchaînement des menus faits, tels sont les matériaux avec lesquels on reconstruit le passé. Même préoccupation chez le psychologue qui étudie les secrets de l'âme; la personnalité humaine lui apparaît comme la résultante d'une longue série de sensations et d'actes accumulés, comme un instrument sensible et variable, toujours influencé par le milieu.

Est-il besoin d'insister sur l'application de ces tendances à la vie pratique? Nivellement des classes, division des fortunes, suffrage universel, libertés et servitudes égales devant le juge, devant le fisc, à la caserne et à l'école, toutes les conséquences du principe viennent se résumer dans ce mot de démocratie, qui est l'enseigne de notre temps. On disait déjà, il y a soixante ans, que la démocratie coulait à pleins bords; aujourd'hui le fleuve est devenu mer, une mer qui prend son niveau sur toute la surface de l'Europe. Çà et là, des îlots semblent préservés, roches plus solides où l'on voit encore des trônes, des lambeaux de constitutions féodales, des restes de castes privilégiées; mais, dans ces castes et sur ces trônes, les plus clairvoyants savent bien que la mer monte. Leur seul espoir, et rien ne l'interdit, c'est que l'organisation démocratique ne soit pas incompatible avec la forme monarchique; nous trouverons en Russie une démocratie patriarcale grandissant à l'ombre du pouvoir absolu.

Non content de renouveler la structure politique des États, l'esprit irrésistible transforme toutes les fonctions de leur organisme; c'est lui qui substitue l'association à l'individu dans la plupart des entreprises; lui qui change l'assiette de la fortune publique en multipliant les institutions de crédit, les émissions de rentes, en mettant ainsi dans toutes les bourses une délégation sur le trésor commun; lui enfin qui modifie les conditions de l'industrie et les subordonne aux exigences du plus grand nombre. — Je ne prétends pas épuiser la démonstration; longtemps encore on pourrait poursuivre et vérifier la loi inflexible dans les entrailles de la terre, dans le corps de l'homme et dans les replis de son âme, dans le laboratoire du savant et dans le cabinet de l'administrateur; partout elle renverse les anciens principes de connaissance et d'action, elle nous ramène à la constatation d'un même fait : la remise du monde aux infiniment petits.

La littérature, cette confession des sociétés, ne pouvait pas rester étrangère au revirement général; par instinct d'abord, par doctrine ensuite, elle a réglé sur l'esprit nouveau ses méthodes et son idéal. Ses premiers essais de réformation furent incertains et gauches : le romantisme, il faut bien le reconnaître aujourd'hui, était un produit bâtard; il respirait la révolte, mauvaise condition pour être tranquille et fort comme la nature. Par réaction contre le héros classique, il allait chercher de préférence ses personnages dans les bas-fonds sociaux; mais comme à son insu il était encore tout pénétré de l'esprit classique, les monstres qu'il inventait redevenaient des héros à rebours : ses forçats, ses courtisanes, ses mendiants étaient plus soufflés et plus creux que les rois ou les princesses du vieux temps Le thème déclamatoire avait changé, et non la déclamation. On en fut vite lassé. On demanda aux écrivains des représentations du monde plus sincères, plus conformes aux enseignements des sciences positives qui gagnaient chaque jour du terrain; on voulut trouver dans leurs œuvres le sentiment de la complexité de la vie, des êtres, des idées, et cet esprit de relation qui a remplacé dans notre temps le goût de l'absolu. Alors naquit le réalisme; il s'empara de toutes les littératures européennes, il y règne en maître à cette heure, avec les nuances diverses que nous allons comparer. Son programme littéraire lui était tracé par la révolution universelle dont j'ai rappelé quelques effets; mais l'intelligence des causes qui avaient produit cette révolution pouvait seule lui donner un programme philosophique.

Quelles étaient ces causes? On s'est imaginé en France, avec une admirable fatuité, que ces grands changements de l'âme humaine étaient dus aux quelques philosophes qui écrivirent l'*Encyclopédie*, aux quelques mécontents qui démolirent la Bastille, et le reste. On a cru que la raison émancipée avait seule accompli ce miracle et déplacé l'axe de l'univers. L'homme de ce siècle a pris en lui-même une confiance bien excusable. Par un double et magnifique effort, son intelligence a pénétré la plupart des énigmes de la nature, sa volonté l'a affranchi de la plupart des gênes sociales qui pesaient sur ses devanciers. Le mécanisme rationnel du monde lui est enfin apparu; il l'a décomposé dans ses éléments premiers et dans ses lois génératrices; et comme, du même coup, il se proclamait libre de sa personne dans ce monde soumis à sa science, l'homme s'est cru destiné à tout connaître et à tout pouvoir. Jadis le petit domaine qui tombait sous ses prises était entouré d'une zone immense, mystérieuse, où le pauvre ignorant trouvait à la fois un tourment pour sa raison et un recours pour son espérance. Diminuée, reculée bien loin, cette ceinture de ténèbres semée d'étoiles sembla supprimée. On décida de n'en plus tenir compte. Dans l'explication des choses comme dans la conduite de la vie, on élimina toutes les anciennes pensées qui habitaient ce pays supérieur, c'est-à-dire tout l'ordre divin. Les vérités scientifiques les mieux acquises étaient souvent inconciliables avec l'anthropomorphisme grossier des aïeux, avec leurs idées sur la création, l'histoire, les rapports entre l'homme et la Divinité. Et le sentiment religieux paraissait inséparable des interprétations temporaires qu'on identifiait avec lui. D'ailleurs, à quoi bon rechercher des causes douteuses, quand le fonctionnement de l'univers et de l'homme devenait si clair pour le physicien, pour le physiologiste? Pourquoi un maître là-haut, alors qu'on n'en reconnaissait plus ici-bas? Le moindre tort de Dieu, c'était d'être inutile. De beaux esprits l'affirmèrent, et tous les médiocres en furent persuadés. Le dix-huitième siècle avait inauguré le culte de la raison : on vécut un moment dans l'ivresse de ce millénium.

Puis vint l'éternelle désillusion, la ruine périodique de tout ce que l'homme bâtit sur le creux de sa raison. D'une part, il dut s'avouer qu'en étendant son domaine, il avait étendu son regard, et que par delà le cercle des vérités conquises, l'abîme d'ignorance reparaissait, toujours aussi vaste, aussi irritant. D'autre part, l'expérience lui apprit que les lois politiques pouvaient bien peu pour sa liberté, opprimée par les lois naturelles; sujet d'un despote ou citoyen d'une république, après

comme avant la déclaration de ses droits, il se retrouva
l'esclave misérable qu'il est, asservi par ses passions,
limité dans tous ses désirs par les fatalités matérielles ;
il put se convaincre que la plus belle charte n'efface pas
un pli de souffrance au front des malheureux, ne donne
pas un morceau de pain à l'affamé. Sa présomption
extravagante s'évanouit. Il se vit retombé dans les incer-
titudes et les servitudes qui seront à jamais son lot ;
mieux armé et plus instruit, sans doute, mais qu'importe ? La nature semble avoir calculé une balance rigoureuse, dont elle rétablit sans cesse l'équilibre, entre nos
conquêtes et nos besoins, ceux-ci s'accroissant avec les
moyens de les satisfaire. Dans ce grand désenchantement, les vieux instincts se ranimèrent ; l'homme chercha au-dessus de lui un pouvoir surhumain à implorer ;
il n'y en avait plus.

Tout conspirait à rendre irréparable le divorce avec les
traditions du passé : l'orgueil de la raison, persuadée de
sa toute-puissance, aussi bien que les résistances cha-
grines de l'orthodoxie. — L'orgueil ne s'est jamais enflé
avec plus de superbe qu'à cette époque, où nous nous
proclamons nous-mêmes si petits et si débiles par rapport à l'énormité de l'univers. On trouverait communé-
ment dans les arrière-boutiques l'infatuation d'un Nabu-
chodonosor ou d'un Néron. Par une contradiction bien
instructive, l'attachement au sens propre a grandi avec
le doute universel qui ébranlait toutes les opinions.
Tous les sages ayant décidé que les nouvelles explications du monde étaient contradictoires aux explications religieuses, l'orgueil s'est refusé à reviser le
procès.

b

Les défenseurs de l'orthodoxie n'ont guère facilité l'accommodement. Ils n'ont pas toujours compris que leur doctrine était la source de tout progrès, et qu'ils détournaient cette source de sa pente naturelle en luttant pied à pied contre les découvertes des sciences et les mutations de l'ordre politique. Les orthodoxies aperçoivent rarement toute la force et la souplesse du principe qu'elles gardent; soucieuses de conserver intact le dépôt qui leur a été transmis, elles s'effrayent quand la vie intérieure du principe agit pour transformer le monde suivant un plan qui leur échappe. Tel l'émoi d'un homme qui verrait le pilier de sa maison, un tronc de chêne encore plein de sève, bourgeonner, pousser des branches, et s'élancer par-dessus le toit de la maison en l'effondrant. Le signe le plus manifeste de la vérité d'une doctrine, c'est le don de s'accommoder à tous les développements de l'humanité, sans cesser d'être elle-même; ne serait-ce pas qu'elle les contenait tous en germe? L'incomparable puissance des religions leur vient de ce don; quand l'orthodoxie le méconnait, elle déprécie sa propre raison d'être.

Par suite de ce malentendu, où chacun avait sa part de responsabilité, on a mis longtemps à apercevoir cette vérité si simple : le monde est travaillé depuis dix-huit siècles par un ferment, l'Évangile, et la dernière révolution sortie de cet Évangile en est le triomphe et l'avénement définitif. Tout ce que l'on renversait avait été sourdement miné par la vertu secrète de ce ferment. Bossuet, l'un des rares qui ont tout pressenti, le savait bien : « Jésus-Christ est venu au monde pour renverser l'ordre que l'orgueil y a établi; de là vient que sa politique est directement opposée à celle du siècle ¹. » Tout le grand effort de notre temps a été prédit et commandé par ce mot : *Misereor super turbam.* Cette goutte de pitié, tombée dans la dureté du vieux monde, a insensiblement adouci notre sang, elle a fait l'homme moderne avec ses conceptions morales et sociales, son esthétique, sa politique, son inclination d'esprit et de cœur vers les petites choses et les petites gens. Mais cette action constante de l'Évangile, qu'on accorde à la rigueur dans le passé, on la nie dans le présent. L'homme marche comme un voyageur du soir qui va vers l'Orient ; la nuit se fait toujours plus obscure devant ses yeux, il n'a un peu de clarté que derrière lui, sur la route connue où le jour meurt. D'ailleurs, la contradiction apparente était trop forte : d'une part, l'interprétation étroite de l'Évangile, — ce qu'on pourrait appeler le sens juif ; — d'autre part, une révolution qui semblait dirigée contre lui, tandis qu'elle était le développement naturel du sens chrétien. En dehors de quelques esprits dégagés de préventions, un Ballanche par exemple, il a fallu du temps pour qu'on saisît la relation de l'effet à la cause ; aujourd'hui, ces vérités sont dans l'air, comme on dit ; leur évidence est telle qu'à y insister plus longuement, je craindrais d'être taxé d'ingénuité.

Ces considérations étaient cependant nécessaires pour déterminer l'inspiration morale qui peut seule faire pardonner au réalisme la dureté de ses procédés. Il répond à l'une de nos exigences, quand il étudie la vie avec une précision rigoureuse, quand il démêle jusqu'aux

---

¹ *Sermon* de 1659, sur l'éminente dignité des pauvres.

plus petites racines de nos actions dans les fatalités qui les commandent; mais il trompe notre plus sûr instinct, quand il ignore volontairement le mystère qui subsiste par delà les explications rationnelles, la quantité possible de divin. Je veux bien qu'il n'affirme rien du monde inconnu : du moins il doit toujours trembler sur le seuil de ce monde. Puisqu'il se pique d'observer les phénomènes sans suggérer des interprétations arbitraires, il doit accepter ce fait d'évidence, la fermentation latente de l'esprit évangélique dans le monde moderne. Plus qu'à toute autre forme d'art, le sentiment religieux lui est indispensable; ce sentiment lui communique la charité dont il a besoin ; comme il ne recule pas devant les laideurs et les misères, il doit les rendre supportables par un perpétuel épanchement de pitié. Le réalisme devient odieux dès qu'il cesse d'être charitable. Et l'esprit de pitié, nous le verrons tout à l'heure, avorte et fait fausse route dans la littérature, aussitôt qu'il s'éloigne de sa source unique.

Oh! je sais bien qu'en assignant à l'art d'écrire un but moral, je vais faire sourire les adeptes de la doctrine en honneur : l'art pour l'art. J'avoue ne la comprendre pas, du moins dans le sens où on l'entend aujourd'hui. Certes, moralité et beauté sont synonymes en art ; un chant de Virgile vaut un chapitre de Tacite. Mais il ne faut pas confondre cette beauté spirituelle, qui naît d'une certaine illumination du regard chez l'artiste, avec l'habileté de main du prestidigitateur. Mes réserves portent sur cette confusion. Je ne croirai jamais que des hommes sérieux, soucieux de leur dignité et de l'estime publique, veuillent se réduire à l'emploi de gymnastes, d'amuseurs forains.

Ces délicats sont singuliers. Ils professent un beau mépris pour l'auteur bourgeois qui s'inquiète d'enseigner ou de consoler les hommes, et ils consentent à faire la roue devant la foule, à cette seule fin de lui faire admirer leur adresse; ils se vantent de n'avoir rien à lui dire au lieu de s'en excuser. Comment concilier cette abdication avec la part de pontificat que les littérateurs de notre temps sont si empressés à réclamer? Sans doute, chacun de nous cède quelquefois à la tentation d'écrire pour se divertir : que celui qui est sans péché jette la première pierre! Mais il est inconcevable qu'on érige en doctrine ce qui doit rester une exception, un délassement momentané au devoir humain du poëte. Si c'est là de la littérature, je demande pour l'autre un nom moins exposé aux usurpations; sauf l'usage des plumes et de l'encre, — on s'en sert aussi pour les exploits d'huissiers, — notre noble profession n'a rien de commun avec ce commerce; il est légitime à coup sûr, si l'on y apporte de la probité et de la décence, mais il ressemble à la littérature autant qu'une boutique de jouets à une bibliothèque. Je n'entends point ici déclasser tel ou tel genre, réputé léger : un roman, une comédie, peuvent être plus utiles aux hommes qu'un traité de théodicée. Je m'élève uniquement contre le parti pris de n'y mettre en aucun cas une intention morale. Heureusement, ceux-là mêmes qui défendent cette hérésie sont les premiers à la trahir, quand ils ont du cœur et du talent.

Pour résumer nos idées sur ce que devrait être le réalisme, je cherche une formule générale qui exprime à la fois sa méthode et son pouvoir de création. Je n'en trouve qu'une; elle est bien vieille; mais je n'en sais pas une meilleure, plus scientifique et qui serre de plus près le secret de toute création : « Le Seigneur Dieu forma l'homme du limon de la terre. » — Voyez comme ce mot est juste et significatif, le limon ! Sans rien préjuger ni contredire dans le détail, il renferme tout ce que nous devinons des origines de la vie ; il montre ces premiers tressaillements de la matière humide où s'est lentement formée et perfectionnée la série des organismes. La formation par le limon, c'est tout ce que peut connaitre la science expérimentale, le champ où son pouvoir de découverte est indéfini ; on y peut étudier la misère de l'animal humain, tout ce qu'il y a en lui de grossier, de fatal et de pourri. — Oui, mais il y a autre chose que la science expérimentale ; le limon ne suffit pas à accomplir le mystère de la vie, il n'est pas tout notre *moi :* ce grain de boue que nous sommes, qui nous est et nous sera de mieux en mieux connu, nous le sentons animé par un principe à jamais insaisissable pour nos instruments d'étude. Il faut compléter la formule pour nous rendre raison de la dualité de notre être ; aussi le texte ajoute : — « ...et il lui inspira un souffle de vie, et l'homme fut une âme vivante. » — Ce « souffle », puisé à la source de la vie universelle, c'est l'esprit, l'élément certain et impénétrable qui nous meut, qui nous enveloppe, qui déconcerte toutes nos explications, et sans lequel elles seront toujours insuffisantes. Le limon, voilà l'ordre des connaissances positives, ce qu'on tient de l'univers dans un laboratoire, de l'homme dans une clinique ; on y peut aller très-loin, mais tant qu'on ne fait pas intervenir le « souffle », on ne crée pas une âme vivante, car la vie ne commence que là où nous cessons de comprendre.

Le créateur littéraire doit régler son opération sur ce modèle. Comment le réalisme s'y est-il conformé, dans les littératures où il fait ses expériences?

II

Considérons-le d'abord dans notre pays. Nulle part le terrain ne lui était moins favorable. Notre tradition intellectuelle proteste contre l'esthétique nécessaire du réalisme. Notre génie est impatient de toute lenteur, amoureux d'effets brillants et rapides. L'art qui se pique d'imiter la nature a besoin comme elle de préparations lentes pour des effets rares et intenses. Il amoncelle les menus détails pour la composition d'une figure ou d'un tableau; nous voulons qu'on nous peigne en quelques traits un personnage, une scène. Le réalisme tire toute sa force de sa simplicité, de sa naïveté; rien n'est moins simple et moins naïf que le goût d'une race vieillie, spirituelle, saturée de rhétorique. Ainsi, en empruntant aux sciences naturelles leurs procédés d'analyse minutieuse, nos écrivains réalistes, naturalistes, — peu importe le nom qu'on leur donne, — se sont trouvés en face de ce problème redoutable : contraindre nos facultés littéraires à un emploi nouveau qui leur répugne. Toutefois, ces difficultés de forme ne suffisent pas à expliquer la résistance que ces écrivains rencontrent dans une grande partie du public. On leur reproche surtout de diminuer, d'attrister et d'avilir le spectacle du monde; nous leur en voulons de ce qu'ils ignorent la moitié de nous-mêmes et la meilleure moitié.

Leur impuissance est-elle donc inhérente à leur principe? Personne n'oserait le soutenir. Bien longtemps avant nos querelles, on attestait que la grandeur de l'univers est visible dans l'infiniment petit autant qu'à l'autre extrême, on s'émerveillait du ciron, aussi prodigieux que le colosse, on retrouvait l'immensité dans l'enceinte d'un raccourci d'atome. Le vice de l'école nouvelle n'est point dans ceci qu'elle prend l'infini par en bas, qu'elle s'intéresse aux petites choses et aux petites gens; il n'est pas dans l'objet d'étude, mais dans l'œil qui étudie cet objet.

On sait que la lignée réaliste se rattache à Stendhal. C'est hasard de rencontre plutôt que filiation prouvée. On ne médite pas toujours les enfants qu'on a. L'auteur de la *Chartreuse de Parme* ne songeait guère à faire souche littéraire; et je ne sais si ce quinteux eût avoué la famille posthume qui lui est survenue. Il en est de lui comme de ces aïeux qu'on se retrouve quand on se compose une généalogie. Par certains côtés, Stendhal est un écrivain du dix-huitième siècle, à la fois en retard et en avance sur ses contemporains. S'il lui arrive de croiser, dans le séjour des ombres, Diderot et Flaubert, c'est bien certainement au premier qu'il ira de confiance donner la main. Que les procédés de l'école nouvelle soient en germe dans le récit de la bataille de Waterloo, dans la peinture du caractère de Julien Sorel, le fait est évident; mais au moment de reconnaitre en Stendhal un vrai réaliste, nous sommes arrêté par une objection insurmontable; il a infiniment d'esprit, et même de bel esprit; nous le prenons sans cesse en flagrant délit d'intervention railleuse, de persiflage voltairien. Or, il y a incompatibilité entre cette qualité d'esprit et le réalisme; c'est même la plus grosse difficulté qui s'oppose, chez nous autres Français, à l'acclimatation de cette forme d'art. Beyle n'a rien de l'impassibilité, qui est un des dogmes de l'école; il a seulement une abominable sécheresse. Son cœur a été fabriqué, sous le Directoire, du bois dont était fait le cœur d'un Barras ou d'un Talleyrand; sa conception de la vie et du monde est de ce temps-là. Je crois bien qu'il a versé tout le contenu de son âme dans celle de Julien Sorel; c'est une âme méchante, très-inférieure à la moyenne. Je comprends et partage le plaisir qu'on trouve aujourd'hui à relire la *Chartreuse;* j'admire la finesse de l'observation, le mordant de la satire, la désinvolture du badinage : sont-ce là des vertus en honneur dans le réalisme actuel? Il m'est plus difficile de goûter *Rouge et noir,* livre haineux et triste; il a exercé une influence désastreuse sur le développement de l'école qui l'a réclamé; et pourtant il ne rentre pas dans la grande vérité humaine, car cette ténacité dans la poursuite du mal sent l'exception et l'artifice, comme l'invention des satans romantiques. — Enfin, pourquoi Beyle et pas Mérimée? On se tait prudemment sur ce dernier; le réalisme aurait les mêmes raisons pour revendiquer ou désavouer l'un et l'autre.

Si la paternité de Stendhal est sujette à des doutes, celle de Balzac passe pour un fait avéré. Malgré le consentement commun, je demande à formuler d'expresses réserves. Je ne me permettrai pas de juger en quelques lignes notre grand romancier; je cherche seulement la

b.

part qui lui revient dans les origines du réalisme. Elle est considérable, si l'on n'a égard qu'à la main-d'œuvre; construction de grands ensembles où tous les matériaux se commandent, préparation héréditaire des tempéraments, inventaire des milieux et démonstration de leur influence sur un caractère, Balzac a légué à ses successeurs toutes ces ressources de leur art; les a-t-il employées dans le même esprit? Cet ouvrier du réel demeure le plus fougueux idéaliste de notre siècle, le voyant qui a toujours vécu dans un mirage, mirage des millions, du pouvoir absolu, de l'amour pur, et tant d'autres. Les héros de la *Comédie humaine* ne sont parfois que des interprètes de leur père, chargés de nous traduire les systèmes qui hantent son imagination. Suivant les préceptes de l'art classique, ses personnages de premier plan sont poussés tout entiers vers une seule passion; voyez Nucingen, Balthazar Claës, Béatrix, Mme de Mortsauf... Pour saisir la différence fondamentale entre Balzac et les réalistes ultérieurs, il faut remonter à la conception première des caractères. Comme l'auteur classique, notre romancier se dit: Étant donnée cette passion, quel homme me servira à l'incarner? — Les autres font le raisonnement inverse : Étant donné cet homme, quelles sont les passions dominantes qu'il subit? — Aussi, chez ces derniers, les portraits sont exacts et tristes comme des signalements de police; ceux d'un Rastignac ou d'un Marsay sont transformés, glorifiés par la vision intérieure du peintre.

Certes, Balzac nous donne l'illusion de la vie, mais d'une vie mieux composée et plus ardente que celle de tous les jours; ses acteurs sont naturels, du naturel qu'ont les bons acteurs à la scène ; quand ils agissent et parlent, ils se savent regardés, écoutés ; ils ne vivent pas tout simplement pour eux-mêmes, comme ceux que nous rencontrerons chez d'autres romanciers. Dès que les personnages sont pris sur les sommets sociaux, ils perdent un peu de leur vérité ; Mme de Maufrigneuse et la duchesse de Langeais sont vraies en tant que femmes, elles sont moins vraies en tant qu'exemplaires de la société où elles figurent. En résumé, il n'est pas absolument exact de dire que Balzac décrit la vie réelle ; il décrit son rêve ; mais il a rêvé avec une telle précision de détails et une telle force de ressouvenir, que ce rêve s'impose à nous comme une réalité. Et cela nous explique une étrangeté qu'on a remarquée bien souvent : les peintures du romancier sont plus fidèles pour la génération qui l'a suivi que pour celle qui posait devant lui. Tant ses lecteurs s'étaient modelés sur les types idéaux qu'il leur proposait !

Nous arrivons à l'initiateur incontesté du réalisme, tel qu'il règne aujourd'hui, à Gustave Flaubert. Nous n'aurons pas besoin de chercher plus avant. Après lui, on inventera des noms nouveaux, on raffinera sur la méthode, on ne changera rien aux procédés du maître de Rouen, ni surtout à sa conception de la vie. Si M. Zola s'est imposé à nous avec une indiscutable puissance, c'est, ne lui en déplaise, grâce aux qualités épiques dont il ne peut se défaire. Dans ses romans, la partie réaliste est caduque ; il nous subjugue par les vieux moyens du romantisme, en créant un monstre synthétique, animé d'instincts formidables, qui absorbe les hommes et vit de sa vie propre au-dessus du réel ; un jardin dans la *Faut de l'abbé Mouret,* une halle dans le *Ventre de Paris,* un cabaret dans l'*Assommoir,* une mine dans *Germinal,* et toujours ainsi. J'allais ajouter : une cathédrale dans *Notre-Dame de Paris,* tant le travail d'idéalisation est identique avec celui de Victor Hugo. L'appareil réaliste semble plutôt une gêne pour le poëte épique, une concession aux goûts de l'époque qui doit répugner à son imagination abstraite.

Arrêtons-nous à Flaubert. Il a beaucoup grandi dans l'opinion depuis quelques années ; il a dû cette gloire posthume, moins à ses dons merveilleux de prosateur qu'à l'influence manifeste qu'on lui reconnaissait sur toute la littérature du dernier quart de siècle. En prenant son œuvre comme la représentation éminente du réalisme français, je ne pense pas rencontrer de contradicteurs. L'auteur de *Madame Bovary* est allé rapidement aux conséquences extrêmes du principe ; nul ne nous montrerait mieux que lui le néant de ce principe.

Oh ! qu'elle est instructive, l'étude de cet esprit sincère ! Comme dans un miroir, on y voit l'image du monde reflétée d'abord avec éclat, puis faussée et racornie ; elle diminue, diminue, noircit et se déforme en caricature. Au début, c'est un fervent du romantisme, épris du grandiose et du sonore. Bientôt il est frappé de la différence entre la vie telle qu'il la voit et celle que ses maîtres lui peignent ; il l'observe autour de lui, il reproduit son impression directe. Plus rien de l'esprit de Stendhal, du rêve de Balzac. Mais à mesure que sa vision se fait plus exacte, elle devient plus limitée et plus triste ; aucun ressort moral ne le soutient.

Avec son bon sens normand, il a vérifié l'inanité des

pauvres idoles auxquelles la littérature croyait tant bien que mal : la passion divinisée, la réhabilitation des coquins, le libéralisme de Béranger, l'humanitarisme révolutionnaire de 1848. Il a compris ce qu'il y avait de factice dans la sympathie humaine de ses devanciers ; sympathie doublée d'une haine, pur jeu d'antithèses qui relevait les misérables pour faire d'eux une machine de guerre contre la société. Cet humanitarisme agace Flaubert à bon droit. D'après la théorie qu'on lui propose, il faut plaindre le peuple, mais en même temps il faut proclamer ce peuple doué de toute sagesse et de toute vertu ; le réaliste qui regarde les hommes sans parti pris sait bien ce qu'il en est de ces fables ; il repousse en bloc la théorie. Et comme il ignore l'existence d'une source plus haute de charité, il dépouille toute pitié ; il ne voit plus dans l'univers que des animaux bêtes ou méchants, soumis à ses expériences, le monde des Bovary et des Homais. On lui a enseigné que sa raison était un instrument infaillible, et qu'il ne devait la courber sous aucune discipline ; or, il s'aperçoit qu'elle trébuche à chaque pas ; et, de colère, il en démasque le ridicule. Il conçoit pour les hommes et pour leur raison un effroyable mépris ; il le déverse dans son livre préféré, dans l'Iliade grotesque du nihilisme, *Bouvard et Pécuchet*.

Ecce homo ! Bouvard, voilà l'homme tel que l'ont fait le progrès, la science, les immortels principes, sans une grâce supérieure qui le dirige : un idiot instruit, qui tourne dans le monde des idées comme un écureuil dans sa cage. Le malheureux Flaubert s'acharne sur cet idiot ; il oublie que l'infirmité morale est digne de compassion tout comme l'infirmité physique ; sans doute il corrigerait l'enfant assez cruel pour injurier un cul-de-jatte ou un bossu ; et il se comporte comme cet enfant vis-à-vis de l'estropié intellectuel. C'est logique ; il ignore ou dédaigne la parole qui a commandé le respect pour les simples d'esprit en leur promettant le bonheur.

Bouvard et Pécuchet, c'est le dernier mot, l'aboutissement nécessaire du réalisme sans foi, sans émotion, sans charité. Un critique l'a remarqué justement, ce réalisme est condamné à finir dans la caricature ; et Paul de Kock est en un sens son véritable père. Flaubert disait de son livre : « Je veux produire une telle impression de lassitude et d'ennui, qu'en lisant ce livre on puisse croire qu'il a été fait par un crétin. » — Que penser de cette ambition artistique inverse ? Est-elle assez caractéristique d'une décadence avancée ? Qu'on ne s'y trompe pas, néanmoins ; dans la pensée de l'auteur, ce livre n'était pas une farce, mais la synthèse de sa philosophie, la philosophie du nihilisme. Si j'y insiste, c'est avec la conviction qu'il a eu sur notre génération littéraire une influence bien plus grande qu'on ne le suppose ; de tous les ouvrages du romancier, c'est aujourd'hui le plus goûté. Nous allons étudier le nihilisme chez les Russes ; nous ne trouverons pas chez eux cette maladie morale aussi aiguë, aussi triomphante. Flaubert et ses disciples ont fait le vide absolu dans l'âme de leurs lecteurs ; dans cette âme dévastée il n'y a plus qu'un sentiment, produit fatal du nihilisme : le pessimisme.

On a disserté à perte d'haleine sur le pessimisme depuis quelque temps. Les personnes qui digèrent bien et pensent peu l'ont déclaré répréhensible ; c'est ce que pourraient dire de la fièvre, dans les **pays malsains,** les gens

qui ne l'ont pas. On nous a charitablement conseillé
d'être gais, avec la candeur de ces médecins qui disent à
un hypochondriaque : « Reposez votre esprit sur des idées
riantes. » Parmi les docteurs qui nous donnaient ce conseil, certains auraient pu se demander s'ils n'avaient pas
aidé quelque peu à l'envahissement du matérialisme
sceptique ; et le pessimisme en est sorti, comme le ver du
fruit pourri. On a produit des arguments dont je reconnais l'efficacité indirecte ; ils sont de nature si joyeuse
qu'ils devraient guérir nos humeurs noires par la vertu
souveraine du rire. J'ai lu quelque part qu'il fallait bien
de la mauvaise volonté pour être pessimiste après 89,
après les grands principes, après quinze ans de république ; on nous a fait honte de notre découragement
en nous disant que M. Thiers n'était pas pessimiste, ni
M. Gambetta non plus. Voilà un grand réconfort pour
l'éternelle inquiétude de l'âme ! D'autres ont traité la
question avec plus d'ampleur, en la ramenant aux vastes
problèmes du mal, de la douleur et de la mort ; — du
péché, a même dit quelqu'un, et l'on s'est étonné, et
l'on n'a pas compris ce qu'il y avait de neuf et de profond dans l'emploi scientifique de ce mot.

Je crois, pour ma part, que, sans remonter à des causes
générales, permanentes, vieilles comme le monde, il
suffit de dire, pour expliquer l'intensité de la crise
actuelle, que le pessimisme est le parasite naturel du
vide, et qu'il habite forcément là où il n'y a plus ni foi ni
amour. Quand on en est là, on l'invente de soi-même,
sans avoir lu Schopenhauer. Seulement, il en faut distinguer deux variétés. L'une est le pessimisme matérialiste, résigné pourvu qu'il ait sa provende de plaisir

quotidien, décidé à mépriser les hommes en tirant d'eux le meilleur parti possible pour ses jouissances. Nous le voyons s'épanouir dans notre littérature. L'autre est le pessimisme douloureux, révolté, et celui-ci cache une espérance sous ses malédictions; dernier terme de l'évolution nihiliste, il est en même temps le premier symptôme d'une résurrection morale. On a dit de lui avec raison qu'il était l'instrument de tout progrès, car le monde n'est jamais transformé ni amélioré par ceux qu'il satisfait pleinement.

Pour conclure, notre littérature réaliste ne nous a laissé que le choix entre ces deux formes du pessimisme, parce qu'elle a manqué du sens divin et du sens humain. Inaugurée par Stendhal, puisqu'on y tient, consommée par Flaubert, vulgarisée dans le même esprit par les successeurs de ce dernier, elle a failli à une partie de sa tâche, qui était de consoler les humbles et de nous rapprocher d'eux en nous les faisant mieux connaître. Au point de vue purement littéraire, elle a payé ses torts moraux en ne nous offrant qu'une représentation du monde partielle et déformée, sans air ambiant, sans perspectives lointaines. Du précepte de la création elle n'a retenu que la première moitié : elle a pétri le limon, elle l'a curieusement fouillé, elle en a tiré tout ce qu'il contient; elle a oublié de lui inspirer le souffle qui fait « une âme vivante ». Cette littérature a cru suppléer à tout par des raffinements d'art égoïstes; ce travers l'a conduite à se constituer en mandarinat, à s'isoler de la vie générale, dont elle devrait être la servante. Elle se dessèche et périt comme la verveine du poëte dans le vase fêlé d'où l'eau nourricière a fui.

On s'en éloigne, on cherche autre chose; pour tout observateur désintéressé, ce mouvement de recul est très-sensible. Depuis vingt-cinq ou trente ans, l'instinct des générations nouvelles, lassé des inventions puériles et affamé de vérité, demandait impérieusement qu'on revînt à l'étude consciencieuse de la vie et qu'on la rendît avec une grande simplicité. Mais sous les variations du goût, le fond de l'être humain ne change pas, il demeure avec son éternel besoin de sympathie et d'espérance; on ne nous prend que par ces nobles faiblesses, on ne nous prend bien qu'en nous soulevant de terre. Celui qui nous abaisse et mutile nos espérances peut assurément nous amuser une heure; il ne nous gardera pas longtemps. On oublie aujourd'hui ces vérités aussi durables que l'homme, parce que nous sommes dans un moment de transition et d'universelle incertitude. Les âmes n'appartiennent à personne, elles tournoient, cherchant un guide, comme les hirondelles rasent le marais sous l'orage, éperdues dans le froid, les ténèbres et le bruit. Essayez de leur dire qu'il est une retraite où l'on ramasse et réchauffe les oiseaux blessés; vous les verrez s'assembler, toutes ces âmes, monter, partir à grand vol, par delà vos déserts arides, vers l'écrivain qui les aura appelées d'un cri de son cœur.

III

Tandis que le réalisme s'implantait péniblement en France, il avait déjà conquis deux grandes littératures, en Angleterre et en Russie. Là, le sol était préparé pour le recevoir, et tout favorisait sa croissance. Nous et tous nos frères de race, nous avons hérité de nos maîtres latins le génie de l'absolu; les races du Nord, slaves ou anglo-germaines, ont le génie du relatif; qu'il s'agisse des croyances religieuses, des principes du droit ou des procédés littéraires, cette profonde division de la famille européenne éclate tout le long de l'histoire. Contrairement à notre esprit, net et clair, toujours porté à restreindre son champ d'études, l'esprit de ces peuples est large et trouble, parce qu'il voit beaucoup de choses en même temps. Il ne possède pas notre éducation classique, qui nous permet d'isoler un fait, un caractère, et dans ce caractère une passion, de suppléer par mille conventions à tout ce qu'on ne nous montre pas; il estime que les représentations du monde doivent être complexes et contradictoires comme ce monde lui-même; il souffre dans sa bonne foi quand on lui cèle quelque partie de cet ensemble, où tout se tient dans une étroite dépendance. Voyez à quelles exigences différentes répondent les compositions dramatiques; dans les nôtres, une figure centrale, quelques rares figures secondaires, une action rigoureusement délimitée, *le Cid, Phèdre, Zaïre;*

chez les tragiques anglais ou allemands, une multitude
tumultueuse qui se précipite au travers d'événements
successifs et, si l'on peut dire, un morceau de la vie
générale, détaché sans apprêts, sans mutilations: *Henri VI,
Richard III, Wallenstein*. De même pour les compositions
romanesques; les lecteurs patients de ces pays ne crai-
gnent pas un roman touffu, philosophique, bourré
d'idées, qui fait travailler leur intelligence autant qu'un
livre de science pure.

Toutefois, la distinction capitale entre notre réalisme
et celui des gens du Nord doit être cherchée ailleurs;
nous la trouverons dans la source d'inspiration morale
bien plus encore que dans les divergences d'esthétique.
Sur ce point, tous les critiques sont d'accord.

M. Taine dit de Stendhal et de Balzac, en les comparant
à Dickens : « Ils aiment l'art plus que les hommes... ils
n'écrivent pas par sympathie pour les misérables, mais
par amour du beau [1]. » — Tout est là, et cette distinction
devient plus évidente, à mesure qu'on la poursuit entre
nos réalistes actuels et les continuateurs de Dickens ou
les réalistes russes. M. Montégut la creuse davantage,
dans ses études sur George Eliot; il rappelle et résume
des travaux antérieurs dans une phrase à laquelle je
souscris pleinement : « A cette origine religieuse j'attri-
buais l'esprit moral qui n'a cessé de distinguer le roman
anglais, même dans ses productions les plus hardies ou
les plus cyniques, et j'avançais que le réalisme, parfaitement acceptable lorsqu'il est fécondé par cet élément,
ne pouvait, s'il en était privé, produire que des œuvres

---

[1] *Littérature anglaise*, Dickens.

inférieures, puériles et immorales : je n'ai pas varié d'avis à cet égard[1]. » — Toujours à propos d'Eliot, M. Brunetière dit à son tour : « S'il est vrai, comme je crois l'avoir montré, que l'observation en quelque sorte hostile, ironique, railleuse tout au moins, de nos naturalistes français ne pénètre guère au delà de l'écorce des choses, tandis qu'inversement il n'est guère de repli caché de l'âme humaine que le naturalisme anglais n'ait atteint, ne prenez ni le temps ni la peine d'en aller chercher la cause ailleurs; elle est là. En effet, la sympathie, non pas cette sympathie banale qui fait larmoyer le richard de l'épigramme sur le pauvre Holopherne, mais cette sympathie de l'intelligence éclairée par l'amour, qui descend doucement et se met sans faste à la portée de ceux qu'elle veut comprendre : tel est, tel a toujours été, tel sera toujours l'instrument de l'analyse psychologique[2]. »

J'ai tenu à citer ces opinions, parce qu'elles peuvent s'appliquer au réalisme russe avec la même précision qu'au réalisme anglais.

Je ne m'étendrai pas sur ce dernier. MM. Taine, Montégut et Schérer, pour ne parler que de ceux-là, ont épuisé le sujet en France. L'Angleterre garde l'honneur d'avoir inauguré et porté à son plus haut point de perfection la forme d'art qui correspond aux besoins nouveaux des esprits dans toute l'Europe. Le réalisme, procédant de Richardson, a marqué là ses plus glorieuses étapes avec Dickens, Thackeray et George Eliot. A l'heure où Flaubert entraînait chez nous la doctrine dans

---

[1] *George Eliot.* (*Revue des Deux Mondes*, 1ᵉʳ mars 1883.)
[2] *Le Roman naturaliste*, le Naturalisme anglais.

la chute de son intelligence, Eliot lui donnait une sérénité et une grandeur que nul n'a égalées. Malgré mon goût décidé pour Tourguénef et pour Tolstoï, je leur préfère peut-être cette enchanteresse de Mary Evans; si on lit encore dans cent ans les romans du passé, je crois bien que l'admiration de nos neveux hésitera entre ces trois noms.

Sans doute, il faut concéder aux Anglais la lenteur de leur mise en train; comme la vie, le réalisme exige de nous un tribut de patience pour nous donner du plaisir; en le pressant sur cet article, on fausse tous ses ressorts. Il faut se résigner à voir tout un volume rempli par l'éducation de deux enfants, dans la *Famille Tulliver,* pour comprendre plus tard l'adorable petite âme de Maggie. En lisant ces ouvrages limpides, où rien ne fait mesurer l'espace parcouru, il semble qu'on descende insensiblement dans une eau profonde; elle n'a rien de particulier, elle est pareille à toutes les eaux; soudain, je ne sais quel frisson vous avertit que c'est l'eau de l'Océan et que vous y êtes abîmé. Prenez *Adam Bede* ou *Silas Marner;* on lit des pages, des pages, ce sont des mots simples pour peindre des faits encore plus simples; vous les auriez écrits, et moi aussi. — Qu'ai-je à faire de ces choses et de ces gens? se dit-on. Et tout à coup, sans motif, sans événement tragique, par la seule pression de cette grandeur invisible qui s'accumule depuis une heure, une larme tombe sur le livre; pourquoi, je défie le plus subtil de le dire; c'est que c'est beau comme si Dieu parlait, voilà tout.

C'est beau comme la Bible; la visite de Dinah chez Lisbeth et vingt autres passages semblent écrits de la même main que le *Livre de Ruth*. On sent là combien cette Angleterre est pénétrée jusqu'aux moelles par sa Bible. Et chez George Eliot, c'est bien influence de race, d'atmosphère et d'éducation. Ses opinions sont des moins conformistes, on le sait; elle a rejeté pour son compte la vieille foi; n'importe, elle l'a dans le sang, « cette monade religieuse première, déposée dans les âmes anglaises par le protestantisme, à laquelle il faut attribuer la supériorité du roman anglais sur les nôtres [1] ». Nous retrouverons le même phénomène chez les auteurs russes; détachés personnellement du dogme chrétien, ils en gardent la forte trempe, cloches du temple qui sonnent toujours les choses divines, alors même qu'on les affecte à des usages profanes. La doctrine momentanée de l'écrivain n'a parfois que peu d'effet sur son œuvre; ce qui compte le plus chez lui, ce qui manque surtout aux nôtres, c'est la longue préparation inconsciente dans un milieu sain, c'est la qualité religieuse du cœur. Quelles que soient les croyances auxquelles s'arrêtera Mary Evans, elle pourra toujours s'attribuer ces paroles de la méthodiste Dinah Morris, où elle a concentré l'essence de sa pensée : « Il me semble qu'il n'y a point place dans mon âme pour des inquiétudes sur moi-même, tant il a plu à Dieu de remplir abondamment mon cœur de compassion pour les souffrances des pauvres gens qui lui appartiennent. »

Ainsi pensent et pourraient parler plusieurs de ces Russes qui disputent maintenant aux Anglais la primauté dans le roman réaliste. Leur arrivée sur la grande scène

---

[1] MONTÉGUT, *loc. cit.*

littéraire a été soudaine et imprévue. Jusqu'à ces dernières années, on remettait à quelques orientalistes le soin de vérifier les écritures de ces Sarmates. On soupçonnait bien qu'une littérature pouvait exister chez eux, comme en Perse ou en Arabie; elle inspirait une confiance médiocre. Mérimée avait reconnu le premier cette contrée peu fréquentée, il y avait signalé des écrivains de talent et des œuvres originales. Tourguénef était venu chez nous comme un missionnaire du génie russe; il prouvait, par son exemple, la haute valeur artistique de ce génie; le public d'Occident demeurait sceptique. Nos opinions sur la Russie étaient déterminées par une de ces formules faciles qu'on affectionne en France et sous lesquelles on écrase un pays comme un individu : « Nation pourrie avant d'être mûre », disions-nous, et cela répondait à tout. Les Russes ne pouvaient guère nous en vouloir : on verra que certains, et des plus considérables, ont porté contre eux-mêmes cette sentence. Gardons-nous des jugements sommaires. Sait-on bien que Mirabeau s'exprimait sur la monarchie prussienne en termes identiques ? Il écrivait dans son *Histoire secrète* : « Pourriture avant maturité, j'ai grand'peur que ce ne soit la devise de la puissance prussienne. » — La suite a prouvé que cette peur était bien mal placée. De même J. J. Rousseau, parlant de la Russie dans le *Contrat social*, n'avait pas manqué l'occasion d'émettre un paradoxe : « L'empire de Russie voudra subjuguer l'Europe et sera subjugué lui-même. Les Tartares, ses sujets ou ses voisins, deviendront ses maîtres et les nôtres; cette révolution me paraît infaillible. » — Ségur, mieux informé par son expérience personnelle, disait avec plus de justesse :

« Les Russes sont encore ce qu'on les fait; plus libres un jour, ils seront eux-mêmes. »

Ce jour, qui tarde à venir sous d'autres rapports, est venu du moins pour la littérature, bien avant que l'Europe daignât s'en apercevoir. Vers 1840, une école qui s'intitulait elle-même l'*école naturelle,* — ou naturaliste, le mot russe peut aussi bien se traduire des deux façons, — a absorbé toutes les forces littéraires du pays. Elle s'est vouée au roman et a produit aussitôt des œuvres remarquables. Cette école rappelait celle d'Angleterre et devait beaucoup à Dickens, fort peu à Balzac, dont la renommée n'était pas encore assise au dehors; elle devançait notre réalisme, tel que Flaubert allait le fixer plus tard. Quelques-uns de ces Russes atteignaient du premier coup les conceptions désolées et les grossièretés d'expression auxquelles nous sommes venus tout récemment, à force de labeur; si c'est là un mérite, il importait de leur en restituer la priorité. Mais d'autres écrivains dégageaient le réalisme de ces excès, et, comme les Anglais, ils lui communiquaient une beauté supérieure, due à la même inspiration morale : la compassion, filtrée de tout élément impur et sublimée par l'esprit évangélique.

Ils n'ont pas la solidité intellectuelle et la force virile des Anglo-Saxons, de cette race de granit toujours sûre d'elle-même, qui se maîtrise comme elle maîtrise l'Océan. L'âme flottante des Russes dérive à travers toutes les philosophies et toutes les erreurs; elle fait ses stations dans le nihilisme et le pessimisme; un lecteur superficiel pourrait parfois confondre Tolstoï et Flaubert. Mais ce nihilisme n'est jamais accepté sans révolte, cette âme n'est jamais impénitente, on l'entend gémir et chercher

elle se reprend finalement et se rachète par la charité ;
charité plus ou moins active chez Tourguénef et Tolstoï,
effrénée chez Dostoïevsky jusqu'à devenir une passion
douloureuse. Ils branlent au vent de toutes les doctrines
qu'on leur apporte du dehors, sceptiques, fatalistes, positivistes ; mais à leur insu, dans les fibres les plus intimes de leur cœur, ils demeurent toujours ces chrétiens
dont une voix éloquente disait naguère : « Ils n'ont pas
cessé de compatir à ce pleur universel dont les hommes
et les choses, tributaires du temps, alimentent le flot intarissable. » — En parcourant leurs livres les plus étranges,
on devine dans le voisinage un livre régulateur vers lequel tous les autres gravitent ; c'est le vénérable volume
qu'on voit à la place d'honneur, dans la Bibliothèque
impériale de Pétersbourg, l'Évangile d'Ostromir de Novgorod (1056) ; au milieu des productions si récentes de
la littérature nationale, ce volume symbolise leur source
et leur esprit.

Après la sympathie, le trait distinctif de ces réalistes
est l'intelligence des dessous, de l'entour de la vie. Ils
serrent l'étude du réel de plus près qu'on ne l'a jamais
fait, ils y paraissent confinés ; et néanmoins, ils méditent
sur l'invisible ; par delà les choses connues qu'ils décrivent exactement, ils accordent une secrète attention aux
choses inconnues qu'ils soupçonnent. Leurs personnages
sont inquiets du mystère universel, et, si fort engagés
qu'on les croie dans le drame du moment, ils prêtent
une oreille au murmure des idées abstraites ; elles peuplent l'atmosphère profonde où respirent les créatures
de Tourguénef, de Tolstoï, de Dostoïevsky. Les régions
que fréquentent de préférence ces écrivains ressemblent

aux terres des côtes; on y jouit des collines, des arbres et des fleurs, mais tous les points de vue sont commandés par l'horizon mouvant de la mer, qui ajoute aux grâces du paysage le sentiment de l'illimité du monde, le témoignage toujours présent de l'infini.

Comme leur inspiration, leur pratique littéraire les rapproche des Anglais; ils font acheter l'intérêt et l'émotion au même prix de patience. En entrant dans leurs œuvres, nous sommes désorientés par l'absence de composition et d'action apparente, lassés par l'effort d'attention et de mémoire qu'ils nous demandent. Ces esprits paresseux et réfléchis s'attardent à chaque pas, reviennent sur leur route, suscitent des visions précises dans le détail, confuses dans l'ensemble, aux contours mal arrêtés; ils font trop large et tirent les choses de trop loin pour les habitudes de notre goût : le rapport des mots russes aux nôtres est celui du mètre au pied. Malgré tout, nous sommes séduits par ces qualités qui paraissent s'exclure, la plus naïve simplicité et la subtilité de l'analyse psychologique; nous sommes émerveillés par une compréhension totale de l'homme intérieur que nous n'avions jamais rencontrée, par la perfection du naturel, par la vérité des sentiments et du langage chez tous les acteurs. Les romans russes étant presque toujours écrits par des gens de condition, nous y retrouvons, pour la première fois, les habitudes et le ton des meilleures compagnies, sans une seule fausse note; mais, en quittant la Cour, ces observateurs impeccables font parler un paysan avec la même propriété, sans travestir un instant son humble pensée. Par les seules vertus du naturel et de l'émotion, le réaliste Tolstoï arrive, comme

George Eliot, à faire des histoires les plus banales une épopée tranquille, saisissante pourtant; il nous contraint de saluer en lui le plus grand évocateur de la vie qui ait peut-être paru depuis Gœthe.

Je ne veux point développer une analyse à laquelle j'aurai souvent occasion de revenir dans ce volume, à propos de chaque écrivain en particulier. En la résumant ici, mon unique dessein était de montrer les liens qui rattachent le réalisme russe au réalisme anglais, et ce par quoi ils diffèrent tous deux du nôtre; de faire entendre comment cette forme d'art, parfois injustement décriée, a pu produire ailleurs des chefs-d'œuvre, dès qu'on la ramenait à ses véritables sources de force, un peu de lumière et de chaleur. Car la littérature opère comme tous les foyers, en vertu de la loi souveraine qui régit le monde physique et moral; elle change en force tout ce qu'elle reçoit de lumière et de chaleur, elle donne l'une dans la mesure où elle possède les deux autres. Là où nous avons échoué, les Anglais et les Russes ont réussi, parce qu'ils appliquaient tout entier le précepte de création; ils prenaient l'homme dans le limon, mais ils lui inspiraient le souffle de vie et ils formaient « des âmes vivantes ».

Aussi leur littérature a fait fortune, elle pénètre insensiblement le public européen. Elle répond à toutes les exigences, parce qu'elle satisfait par le fond les besoins permanents de l'âme humaine, par la forme le goût de réalisme particulier à notre époque, tel qu'il est déterminé par la pente universelle des esprits dont je parlais en commençant.

Ceci nous amène à de tristes et nécessaires réflexions.

Grâce à la fréquence et à la rapidité des échanges de toute sorte, grâce à la solidarité croissante qui unifie le monde, il se crée de nos jours, au-dessus des préférences de coterie et de nationalité, un esprit européen, un fonds de culture, d'idées et d'inclinations communes à toutes les sociétés intelligentes ; comme l'habit partout uniforme, on retrouve cet esprit assez semblable et docile aux mêmes influences, à Londres, à Pétersbourg, à Rome ou à Berlin. On le retrouve même beaucoup plus loin, sur le paquebot qui sillonne le Pacifique, dans la prairie qu'un émigrant défriche, dans le comptoir qu'un négociant installe aux antipodes.

Cet esprit nous échappe; les philosophies et les littératures de nos rivaux font lentement sa conquête. Cet esprit n'est plus le nôtre; nous ne le communiquons pas, nous le suivons à la remorque, avec succès parfois; mais suivre n'est plus guider. Je n'ignore pas que notre énorme production romanesque peut encore se targuer de triompher sur les grands marchés de librairie; on l'achète par habitude et par mode, on s'en amuse un instant; mais, sauf de rares exceptions, le livre qui agit et nourrit, celui qu'on prend avec sérieux, qu'on lit dans la famille assemblée et qui façonne à la longue les intelligences, ce livre ne vient plus de Paris. Je note ici, le cœur chagrin et désirant me tromper, l'observation qui résume pour moi un long commerce avec l'étranger : les idées générales qui transforment l'Europe ne sortent plus de l'âme française. Aussi malheureuse que notre politique, dessaisie de l'empire matériel du monde, notre littérature laisse perdre par ses fautes l'empire intellectuel qui était notre patrimoine incontesté.

IV

On voudra bien croire qu'en établissant ces parallèles, je ne cherche pas le plaisir impie de diminuer mon pays. Si je croyais irrémédiable cette déchéance momentanée, je me tairais. Je parle librement, parce qu'aujourd'hui plus que jamais, je suis persuadé du contraire. Après le grand malheur, on s'est imaginé que l'esprit national allait changer tout d'un coup et que la littérature porterait témoignage de ce changement. C'était bien mal connaitre l'histoire et la nature, qui agissent lentement. Qu'on se reporte à la « Muse » des années qui suivirent les secousses terribles de la Révolution; elle continuait de languir, semblable de tout point à ce qu'elle était la veille du drame. Pour elle, le monde n'avait pas bougé. Chateaubriand n'entre en scène que six ans après la Terreur, et il demeure une exception unique; le puissant mouvement littéraire qui permet de mesurer les bouleversements de l'intelligence française ne se déclare que vingt ans plus tard. C'est que les catastrophes n'instruisent et ne modifient guère leurs témoins déjà mûrs; ils se retrouvent le lendemain avec leurs habitudes d'esprit, leurs préjugés et leur routine. Elles opèrent d'une façon inexplicable sur les imaginations encore tendres, sur les enfants, qui les grossissent en ouvrant devant elles ces beaux yeux étonnés où tout spectacle s'agrandit. Ces petits deviennent hommes, et l'on reconnaît en eux les enfants de la tempête.

Il en aura été ainsi pour notre époque. Depuis quinze ans, on s'est retourné sur le vieux lit où la blessure nous avait surpris; on a vécu sur des formules usées, la littérature n'a pas varié ses recettes. A l'interroger, on pourrait croire que personne ne demande des aliments plus sains. Ce serait une erreur. Ceux-là le savent qui regardent du côté de la jeunesse. Il ne faut pas la juger sur quelques fantaisies bruyantes et bizarres. Un esprit d'inquiétude travaille cette jeunesse lettrée, elle cherche dans le monde des idées un point d'appui nouveau. Elle montre une répugnance égale pour tout ce qu'on lui sert. Les derniers soupirs de l'art idéaliste ne la touchent guère; inattentive à ce doux bruit d'une chose qui meurt, elle se refuse aux conventions élégantes et aux fictions légères qui charmèrent encore notre génération. Mais elle n'est pas moins rebelle à la littérature matérialiste, au ras de terre. Ni musc ni fumier, de l'air, telle semble être sa devise. Sa générosité native est rebutée par le détachement égoïste et l'intolérable sécheresse du seul réalisme qu'on lui propose. Les négations brutales du positivisme ne la satisfont plus. Lui parle-t-on de la nécessité d'une rénovation religieuse dans les lettres, elle écoute avec curiosité, sans prévention et sans haine, car, à défaut de foi, elle a au plus haut degré le sens du mystère, c'est là son trait distinctif. On lui reproche son pessimisme, et on ne lui offre rien pour la guérir de ce mal; ces pessimistes, ce sont des âmes qui rôdent autour d'une vérité.

Leur cas n'est pas nouveau, et pour deviner ce qu'il présage, on ne saurait trop relire le livre qui éclaire le mieux tout le début de notre siècle, ces admirables

Mémoires de Ségur. Vous rappelez-vous comment le jeune homme dépeint son découragement et celui de ses contemporains, vers 1796 ? — « Toute croyance était ébranlée, toute direction effacée ou devenue incertaine; et plus les âmes neuves étaient pensives et ardentes, plus elles erraient et se fatiguaient sans soutien dans ce vague infini, désert sans limites, où rien ne contenait leurs écarts, où beaucoup s'affaissant enfin, et retombant désenchantées sur elles-mêmes, n'apercevaient de certain, au travers de la poussière de tant de débris, que la mort pour borne !... Je ne vis plus qu'elle en tout et partout... Ainsi mon âme s'usait, prête à emporter tout le reste ; je languissais... » — Le pessimisme contemporain parlerait-il autrement? On sait comment le futur général secoua le sien, un jour de brumaire, à la grille du pont Tournant, pour fournir une vaillante carrière de soldat et d'écrivain. Le nôtre est tout aussi guérissable, à la merci de l'homme ou de l'idée qui soulèveront ces jeunes gens. On se laisse volontiers abattre par ce mot fatidique : une fin de siècle. C'est un leurre. Le siècle commence toujours pour ceux qui ont vingt ans. Nous avons divisé le temps en périodes artificielles, nous les comparons au décours d'une existence humaine; la force créatrice de la nature se soucie peu de nos calculs ; elle pousse sans relâche des générations dans le monde, elle leur confie un nouveau trésor de vie, sans regarder l'heure à notre cadran.

On taxera peut-être ces pronostics d'illusions, et l'on se demandera ce qu'ils ont à faire avec la littérature russe. Un des symptômes qui m'ont le plus frappé, c'est la passion avec laquelle la jeunesse s'est jetée sur le fruit nouveau. Pouchkine appelle quelque part les traducteurs « les chevaux de renfort de la civilisation ». On ne pouvait mieux peindre la dureté et l'utilité de leur office. Ceux qui ont tenté les premiers d'initier le public français aux livres de la Russie ne prévoyaient guère toute la suite de leur entreprise. Ils s'étaient dit que la France ne doit jamais rester en arrière d'une idée, et qu'il ne fallait pas laisser le monopole d'une étude nouvelle à l'Allemagne, où MM. Reinholdt, Zabel et Brandes poursuivent depuis quelques années des travaux considérables sur les littératures slaves. Ils ne pensaient qu'à éveiller l'émulation et la curiosité dans les cercles de lettrés. Ils ont été surpris les premiers par le succès inattendu de ces romans, si différents des nôtres et d'un abord si difficile. Pour ma part, je n'espérais point voir notre goût partagé, et quand le public a manifesté le sien, j'ai compris que, sous l'immobilité apparente de ces quinze années, il s'était fait dans l'esprit national beaucoup de changements et d'ouvertures.

Pour expliquer la fortune des Russes, on a parlé de mode et d'engouement. Ah! que voilà un regard superficiel! Je veux bien qu'il y ait un peu de mode, — c'est la plante parasite attachée à tout arbre qui pousse, — et de l'engouement dans quelques salons. Mais le roman russe a trouvé son vrai public dans la jeunesse studieuse de toute condition. Ce qui l'a séduite, ce n'est point la couleur locale et le ragoût d'étrangeté ; c'est l'esprit de vie qui anime ces livres, l'accent de sincérité et de sympathie. La jeunesse y a trouvé l'aliment spirituel que notre littérature d'imagination ne lui donne plus, et comme elle avait bien faim, elle y a mordu avec ravissement. Je ne parle point au hasard; combien de lettres de jeunes gens, d'amis connus ou inconnus, je pourrais citer comme pièces justificatives !

Il est probable qu'une faveur si marquée aura deux légers inconvénients. Nous verrons traduire sans discernement tout ce qui vient de Russie, — on a déjà commencé, — et dans le tas d'assez pauvres ouvrages; nous en serons quitte pour ne pas les lire. D'autre part, on m'assure que de jeunes « décadents », touchés surtout par les bizarreries qui déparent le talent de Dostoïevsky, prennent modèle sur ses exagérations pour renforcer leur littérature chimérique. Cela devait arriver, il faut leur laisser jeter cette gourme. Ces réserves faites, j'ai la conviction que l'influence des grands écrivains russes sera salutaire pour notre art épuisé; elle l'aidera à reprendre du vol, à mieux observer le réel, tout en regardant plus loin, et surtout à retrouver de l'émotion. On en voit déjà percer quelque chose dans certaines œuvres romanesques d'une valeur morale toute nouvelle. J'ai peine à comprendre ceux qui s'effrayent de ces emprunts faits au dehors et semblent craindre pour l'intégrité du génie français. Ils oublient donc toute notre histoire littéraire? Comme tout ce qui existe, la littérature est un organisme qui vit de nutrition; elle doit s'assimiler sans cesse des éléments étrangers pour les transformer en sa propre substance. Si l'estomac est bon, l'assimilation est sans danger; s'il est trop usé, il ne lui reste que le choix de périr par inanition ou par indigestion. Si tel était notre cas, un brouet russe de plus ou de moins ne changerait rien à notre arrêt de mort.

Quand le grand siècle commença, la littérature agonisait dans les mièvreries de l'hôtel de Rambouillet; Corneille alla faire ses provisions en Espagne, et Molière fit de même en Italie. Nous avions alors une merveilleuse santé, et nous vécûmes deux cents ans sur notre propre fonds. D'autres besoins naquirent avec notre dix-neuvième siècle, l'épargne nationale se trouva derechef tarie ; on emprunta alors en Angleterre et en Allemagne, et la littérature, remise à flot, eut le beau renouveau que l'on sait. Voici les temps de famine et d'anémie revenus pour elle : les Russes arrivent à point; si nous sommes encore capables de digérer, nous referons notre sang à leurs dépens. A ceux qui rougiraient de devoir quelque chose aux « barbares », rappelons que le monde intellectuel est une vaste société de secours mutuels et de charité. Il y a dans le Coran une bien belle sourate : « A quoi reconnaîtra-t-on que la fin du monde est venue? demande le Prophète. — Ce sera le jour où une âme ne pourra plus rien pour une autre âme. » — Fasse le ciel que l'âme russe puisse beaucoup pour la nôtre !

Au moment de l'étudier dans sa littérature, cette âme de la Russie, j'ai presque uniquement parlé de nos lettres françaises, et je ne m'en excuse pas. Durant les années passées là-bas à surprendre la pensée étrangère, à écouter cette langue vague, musicale, souple vêtement d'idées nouvelles, je rêvais sans cesse à ce qu'on en pouvait rapporter pour enrichir notre pensée, notre vieille langue, faite du travail et des acquisitions des ancêtres. Ils ont mis le monde à contribution pour parer leur reine, ils savaient que pour son service tout est permis, qu'on peut rançonner les passants, armer des corsaires, écumer les mers et guetter l'épave.

Imitons-les. Certains lettrés prétendent que la pensée française n'a que faire de courir l'univers, et qu'il lui suffit de se contempler elle-même dans son miroir parisien. D'autres disent que la langue doit être désormais une voix impersonnelle, impassible, qu'on la doit travailler comme ces mosaïques de pierres dures et froides que les petits-fils de Raphaël fabriquent à Florence pour les Américains. Pauvre langue! je croyais que les siècles l'avaient fondue au feu, coulée dans la fournaise, cloche qui enverra au monde ses puissantes volées. Pour la faire plus résistante et plus superbe, comme ils jetaient dans la cuve leurs rires, leurs colères, leurs amours, leurs désespoirs, toute leur âme, ces rudes ouvriers, Rabelais, Pascal, Saint-Simon, Mirabeau, Chateaubriand, Michelet!... Langue et pensée, chaque époque doit les refondre sans relâche; voici qu'après des jours mauvais où elles ont fléchi, cette tâche nous revient; travaillons-les à la façon de ce métal de Corinthe, qui sortit de la défaite et de l'incendie riche de tous les trésors du monde, de toutes les reliques de la patrie, riche de ses ruines et de ses malheurs, métal éclatant et sonore, bon pour forger des joyaux et des épées.

Paris, mai 1886.

LE
ROMAN RUSSE

CHAPITRE PREMIER

LES ORIGINES. — LE MOYEN AGE. — LA PÉRIODE CLASSIQUE.

Avant d'étudier les écrivains contemporains qui nous révéleront la physionomie actuelle du génie russe, il est indispensable d'accorder un instant d'attention à leurs prédécesseurs. Un coup d'œil sur la longue enfance de cette littérature nous aidera peut-être à comprendre la direction qu'elle a prise de nos jours. Dans notre enquête sommaire sur le passé, nous chercherons surtout la préparation du présent. Je voudrais montrer comment tout a contrarié cette pauvre pensée et retardé sa maturité.

On peut diviser la littérature russe en quatre âges bien distincts. Le premier ne finit qu'au règne de Pierre le Grand; c'est le moyen âge de ce pays, époque d'essais barbares et de poésie populaire, durant laquelle le fonds des traditions nationales s'est accumulé. La seconde période embrasse le dernier siècle, depuis le Réformateur jusqu'à Alexandre Ier; c'est la plus stérile, malgré son faux air de progrès sur la précédente; elle est caractérisée par l'imitation servile de l'Occident. La troisième, remplie par le romantisme, nous offre dans un court espace de temps une brillante éclosion de poésie; l'histoire générale des lettres tiendra compte de cette délicieuse floraison; mais ce sont encore des fleurs de serre, le produit d'une culture importée du dehors; elles renseignent imparfaitement sur les propriétés natives de la terre russe. Depuis quarante ans, une quatrième époque a commencé; la Russie a donné enfin quelque chose d'original et de spontané; avec le roman réaliste, le génie national a pris conscience de lui-même; il se rattache dans le passé à ses racines populaires, il balbutie son programme d'avenir.

Regardons ce génie sortir des ténèbres et monter du fond de l'histoire, toujours comprimé par la cruauté de cette histoire, déconcerté par ses brusques volte-face. Et d'abord, rappelons-nous les origines intellectuelles et les pérégrinations morales de cette race; nous compatirons mieux ensuite à tout ce qu'il y a dans sa littérature de triste, de confus et d'irrésolu.

I

On découvre dans le cas du peuple russe une peine historique; elle provient en partie d'un mal héréditaire, dû aux premiers ancêtres, en partie de maux contractés durant la suite de l'existence. Le mal héréditaire, gardé des plus lointaines origines, c'est le penchant de l'esprit slave vers cette doctrine négative que nous appelons aujourd'hui le nihilisme et qui s'est appelée du même nom chez les pères hindous, le *nirvâna*. Si l'on veut bien connaître la Russie, il faut se remémorer tout ce que l'on a appris de l'Inde ancienne. Cette vue paraîtra peut-être un peu trop nouvelle au lecteur français pour qu'il l'accepte ; elle est familière au monde savant en Russie, où quelques philosophes se réclament directement de la doctrine du Bouddha et vantent avec fierté la pureté de leur sang aryen. Il n'est pas rare d'entendre un savant de ce pays dire à un étranger avec une certaine présomption : « Vous ne comprendrez jamais comme nous l'esprit des vieux Aryas ; vous n'êtes que leurs neveux éloignés ; nous sommes leur lignée immédiate. »

Ceux qui parlent ainsi ne manquent pas d'arguments à l'appui de leur thèse. Ils ont d'abord le type physique, resté si pur dans les familles qui ne sont pas mélangées de sang tartare ; tel étudiant de Moscou, tel paysan de certaines provinces pourraient passer dans une rue de Lahore ou de Bénarès, sans que rien les distinguât, sauf le teint, des indigènes de la vallée du Gange. Ils ont surtout des raisons philologiques de premier ordre. Si l'on classe les langues indo-européennes d'après leur ordre de parenté avec le sanscrit, les idiomes slaves occuperont une place à part, plus rapprochée que les autres de la langue mère, ou de la langue sœur. Les tables comparatives dressées par les linguistes qui font autorité dans ces questions accusent un parallélisme plus étroit entre le vieux slavon et le sanscrit, qu'entre cette dernière langue et le grec des plus anciennes époques. Les radicaux se sont à peine modifiés dans les mots essentiels ; la grammaire obéit aux mêmes lois. Nommez à un paysan russe le Véda; il comprendra sans plus d'explication; le verbe *védat*[1] est un des plus usuels de son parler Si ce même homme vous demande du feu, il se servira du mot primordial avec lequel ses ancêtres adoraient cet élément. On pourrait accumuler les exemples et montrer dans les lois qui régissent les deux idiomes des preuves plus rigoureuses de leur parenté; mais ces inductions philologiques sont moins décisives encore que celles tirées de l'étude de l'esprit russe.

Si l'on admet qu'il y a des types intellectuels particuliers aux grandes familles humaines, on reconnaîtra aisément dans le type intellectuel slave la survivance du type hindou. J'aurai occasion de revenir sur cette constatation à propos de l'état religieux et moral du peuple russe. Si l'on veut bien la tenir pour fondée, on comprendra les transformations historiques possibles en Russie en étudiant les révolutions de l'Inde. Demandez aux auteurs les plus compétents, à Burnouf, à Max Müller, ce qu'a été la révolution bouddhique; ils vous diront qu'elle fut une réaction sociale, bien plus que religieuse, du sentiment populaire contre l'esprit de caste, contre l'organisation étroite et dure de la société, telle que l'avaient constituée les brahmanes. Comme le christianisme pour l'Occident, le bouddhisme fut pour l'extrême Orient la révélation de charité, de douceur, de liberté morale et sociale qui devait rendre la vie plus supportable à des multitudes d'êtres humains, courbés sous le joug d'une théocratie implacable. Les meilleures doctrines doivent comporter, pour réussir, certaines exagérations qui ré-

[1] *Védat*, savoir, connaître; feu, sanscrit *agnî*, russe *ognia*, au cas oblique.

pondent aux prédispositions maladives des races; elles doivent tolérer certaines erreurs qui séduisent les imaginations faussées par de longues souffrances. A ces dernières, le christianisme offrit l'ascétisme; le bouddhisme leur ménagea les joies de l'anéantissement, le *nirvâna*. C'est pour traduire ce mot que celui de *nihilisme* a été, si je ne me trompe, inventé par Burnouf. Si vous voulez une définition plus précise du *nirvâna*, Max Müller vous dira que le vocable sanscrit signifie proprement: « L'action d'éteindre une lumière en la soufflant[1]. » Cette définition ne convient-elle pas au nihilisme russe? N'est-ce pas la lumière de la civilisation qu'il veut souffler, pour se replonger dans le néant?

Sans doute, des causes nombreuses et plus récentes ont donné à l'esprit national ce tour particulier de découragement, devenu dans les natures violentes la fureur de détruire tout ce qui est, parce que tout ce qui est est mauvais. En outre, le christianisme a prêté une formule nouvelle à ce qu'il y avait de bon dans les vieux instincts; son action a été profonde, elle suffirait pour expliquer les sentiments de fraternité et d'abnégation qui sont l'honneur de ce peuple. Mais je ne puis m'empêcher de croire qu'il faut remonter à des habitudes de pensée très-anciennes, dans cette race immobile, pour mieux pénétrer ses inclinations et le malaise dont elle souffre. Voyons maintenant par quelle série d'accidents ces dispositions premières ont été aggravées ou modifiées.

Je ne sache pas de peuple qui ait été plus que le peuple russe bouleversé dans ses destinées. Il nous apparaît

---

[1] *Essais sur l'histoire des religions*, p. 387.

comme un de ces fleuves qui ont plusieurs fois changé de lit, sous l'action de brusques cataclysmes, comme un de ces hommes maltraités par la vie qui ont fourni plusieurs carrières dissemblables sans jamais arriver au but. Les nations d'Occident se sont développées dans des conditions bien autrement favorables; après l'établissement barbare et le recul de l'Islam, elles ont eu une douzaine de siècles pour travailler sur elles-mêmes dans une paix relative; les révolutions et les guerres ne les ont jamais jetées complétement hors de la voie où elles s'étaient engagées dès le début. En Russie, au contraire, l'histoire semble s'être réservé un champ d'expériences radicales; elle y procède par grandes foulées; elle arrête et renverse tous les deux ou trois cents ans ce pauvre peuple, au moment où il s'essaye à marcher dans une direction quelconque. On a le vertige à regarder les balancements désordonnés de ce grand corps sous le choc des idées et des faits.

L'anarchie barbare et païenne, les luttes de tribu à tribu se poursuivent là-bas deux ou trois siècles après qu'elles ont cessé chez nous. Enfin, le christianisme arrive, mais de Byzance, de sa source la moins pure ; un christianisme vicié, énervé par l'esprit caduc du Bas-Empire oriental. Ces Slaves, ces Lithuaniens, ces Finnois doivent se faire Grecs par la religion, les lois, le gouvernement; ces âmes commencent une histoire : pourront-elles vivre sur le testament d'âmes séniles et épuisées, qui en finissaient une autre? C'est le germe de vie pourtant, le premier gage de la fusion avec les peuples d'Europe, élus à ce moment pour conduire l'humanité. Le germe aura-t-il le temps de mûrir? Deux cents ans après les baptêmes de Kief, la Russie est submergée par l'invasion mongole; c'est le reflux de l'Asie qui reprend sa proie et retire à elle la jeune terre chrétienne, gravitant déjà vers l'Europe. Arrivés païens, les Tartares passent à l'Islam, restent Asiatiques, et façonnent aux mœurs orientales leurs sujets russes. On n'a jamais été impunément raïa : comme les Bulgares ou les Arméniens de la Turquie moderne, les raïas de la Horde d'Or garderont longtemps au cœur et au cerveau les stigmates du joug tartare.

Au quinzième siècle, alors que luit déjà pour nous l'aube de la Renaissance, les Russes commencent seulement à secouer ce joug. Une suite d'efforts généreux les délivre; l'Asie recule, lentement; le croissant ne disparait du Volga qu'après 1550; mais son esprit est resté, l'empreinte orientale ne s'effacera pas de sitôt. Rendu à lui-même, le peuple russe est broyé sous un despotisme de fer, mélange de pratiques mongoles et d'étiquettes byzantines. A peine émancipé de l'oppression étrangère, ce peuple est attaché à la glèbe; Boris Godounof le condamne au servage, et voilà toutes ses conditions sociales changées d'un trait de plume en un jour, ce jour néfaste de la Saint-Georges que le moujik maudira pendant près de trois cents ans. Au siècle suivant, nouvelle invasion, venue de l'Occident cette fois; les Polonais détiennent la moitié de la Russie et commandent à Moscou. On les chasse à leur tour; enfin, la nation pourra respirer et regarder devant elle . de quel côté? Vers l'Europe ou vers l'Asie? Ses traditions la feraient naturellement dévier vers cette dernière; on va les forcer encore une fois Un rude pilote surgit, qui donne son coup de barre brutal à ce grand radeau, flottant à l'aventure, et le jette à l'Europe d'un seul effort de sa volonté.

A ce moment, avec Pierre le Grand, commence la plus curieuse peut-être, la plus anormale à coup sûr des expériences tentées par l'histoire sur la Russie. Figurez-vous, pour continuer la comparaison, un bâtiment où le capitaine et les officiers gouverneraient à l'ouest, tandis que le reste de l'équipage présenterait les voiles au vent qui porte à l'est. Tel fut le singulier état de choses qui dura cent cinquante ans, depuis l'avénement de Pierre jusqu'à la mort de l'empereur Nicolas, et dont les mœurs témoignent encore. Ce furent d'abord le souverain et quelques hommes appelés par lui qui abjurèrent la vie orientale, se firent Européens par les idées, la politique, la langue, le costume. Peu à peu, la haute classe suivit l'exemple et l'impulsion, durant toute la fin du dernier siècle; dans la première moitié du nôtre, par la force des choses, l'influence européenne descendit plus bas, dans les sphères administratives, les écoles, la noblesse de province; quelques parcelles se détachèrent de la masse, entraînées par le mouvement ascensionnel; mais les couches profondes de la nation demeurèrent rebelles, immobiles, orientées vers le soleil levant, comme les chevets de leurs églises, comme la prière de leurs anciens maîtres tartares. Il y a quarante ans, les clartés de l'Occident n'illuminaient encore que les hauts sommets; les larges vallées restaient plongées dans l'ombre du passé, elles en sortent à peine.

Durant toute cette période, on vit ce spectacle unique: une petite classe dirigeante, étrangère par les mœurs, les idées, par la langue souvent, au peuple immense qui vivait sous elle; cette classe recevant tous ses aliments intellectuels, moraux et politiques par importation, si l'on peut dire, tour à tour d'Allemagne, d'Angleterre, de France, mais toujours du dehors; le gouvernement de la terre orthodoxe confié fréquemment à des étrangers, à des « païens », comme dit le paysan russe. Dans cette patrie de rencontre, ces étrangers ne voyaient qu'une large feuille d'impôt et de recrutement, destinée à leur fournir les instruments nécessaires pour faire prévaloir leurs combinaisons diplomatiques sur l'échiquier européen. Il y eut des exceptions, sans doute, de courts essais de politique nationale, d'apprentissage intérieur; mais la règle fut l'ignorance du pays, l'expatriation intellectuelle pour tout ce qui était du bon ton. Des aïeules survivent encore, en Russie, qui brillent dans notre langue et sont incapables de parler ou tout au moins d'écrire celle de leurs petits-enfants. Ce fut depuis Catherine une série de générations aimables, vivant de la vie élégante du Paris de Louis XV, de l'Empire et de la Restauration, subissant nos souffles révolutionnaires, ouvertes à nos aspirations, façonnées par nos livres, grandes théoriciennes d'administration et d'économie politique; mais ces administrateurs ne se demandaient même pas comment pense, existe et peine un moujik d'Iaroslaf ou de Samara; ces économistes ignoraient comment pousse le blé russe, et Pouchkine affirme qu'il ne pousse pas comme le blé anglais. A l'ombre de ces plantes exotiques, le peuple abandonné à lui-même végétait, se développait suivant les lois obscures de sa nature orientale.

On devine le désarroi entretenu dans l'âme nationale par une pareille scission. Chez nous, des formations historiques plus lentes ont produit des classes moyennes, conductrices naturelles des idées dirigeantes entre le sommet et la base de la société. En Russie, ces classes moyennes manquaient, elles manquent encore; rien ne pouvait combler l'espace vide, le *pérélom,* comme on dit là-bas. On a compris toute la largeur de l'abime, le jour où les Russes éclairés se sont retournés vers la Russie. Les symptômes de cette évolution se manifestèrent dans les dernières années du règne d'Alexandre Ier. La fusion nationale s'ébaucha, comme toujours, sur les champs de bataille où l'on tombait côte à côte devant l'envahisseur. Mais les premières tentatives pour rétablir le contact furent isolées et stériles; chaque jour, des individus plus nombreux venaient s'agréger au noyau civilisé; ce dernier grossissait, le rapprochement ne se faisait pas. C'est ce qui permet de prolonger la période où la Russie a vécu en partie double jusqu'à la mort de l'empereur Nicolas.

Depuis lors, le besoin d'une vie plus régulière fut éprouvé par tous, le sentiment russe fit explosion. Il se traduisit d'abord par une révolution sociale, l'émancipation des serfs. Secousse formidable, nouveau changement de direction dans la conscience populaire. Durant le dernier quart de siècle, toutes les bonnes volontés ont travaillé en commun pour constituer la patrie une et solide : mais que d'obstacles! Comment abolir le passé et par où se reprendre les uns aux autres? On croit voir un de ces mondes qui cheminent là-haut, sollicités par des attractions contraires; il se brise, un fragment court à l'étoile lointaine qui l'appelle, tandis que le gros de la planète continue à graviter vers les sphères plus voisines ; malgré tout, ces deux morceaux de monde tendent à se réunir ; comment y parviendront-ils à travers le vide des espaces et à l'encontre des forces acquises ? Ainsi la Russie, faite de tant d'éléments dissemblables, attirée tour à tour par des pôles opposés, jetée à maintes reprises de l'Europe à l'Asie, de l'Asie à l'Europe, et en dernier lieu divisée contre elle-même.

Voilà ce que j'appelais la peine historique, le trouble et le découragement profond de ce peuple à qui Dieu n'a jamais dit clairement : « Va là ! »

Il faut ajouter aux malechances de l'histoire celles de la terre et du climat où se déroule le drame russe. De rigoureux, d'interminables hivers accablent l'homme, interrompent son travail, attristent sa pensée. Dans la partie septentrionale, une végétation indigente ne peut donner le vigoureux exemple de la nature, conviant la créature humaine à lutter avec elle d'énergie et d'expansion. N'est-il pas vrai qu'à la longue l'esprit se modèle sur le relief des lieux où il vit ? S'il en est ainsi, comme je le crois, les contrées aux horizons tranchés, aux formes accusées, fortement différenciées, doivent aider au développement de l'individualité, à la netteté des conceptions, à la persévérance des efforts. Rien de pareil sur la terre russe, du moins dans la région centrale où la race dominante s'est formée ; un reste humide du chaos, où le Créateur oublia de faire l'opération première, la séparation des eaux ; pas de pierres, pas de muscles dans ce corps flasque; l'alternative monotone dont parle Tacite, *aut silvis horrida, aut paludibus fœda;* une plaine qui court durant des milliers de verstes, semblable à elle-même, sans horizons distincts, sans contours arrêtés, avec des mirages de neige, de marais ou de sable. Nulle part la montagne qui dit à l'homme : « Arrête-toi ici ou lutte pour me gravir. » Partout l'infini qui trouble et attire sans but. Tolstoï l'a bien dépeint, « ce lointain sans bornes qui appelle à lui ».

Pays d'âmes vagues comme les âmes des gens de mer, concentrées, longuement résignées, avec des violences soudaines de désir; terre faite pour les tentes plus que pour les maisons, où les idées sont nomades ainsi que les hommes. Comme les vents qui portent le froid sans obstacles de la mer Blanche à la mer Noire, les invasions, les misères, les tristesses, les servitudes roulent rapides et invincibles sur ces étendues vides. On y va devant soi, au hasard. C'est le sol propice pour nourrir les aspirations confuses au néant que le cœur russe tient de ses origines ; ce n'est pas celui qui convient aux robustes productions de l'esprit, à la croissance des lettres et des arts. Néanmoins, sous le ciel trop rude et parmi tant de traverses, nous allons voir lever la semence obstinée; elle est si nécessaire à l'homme qu'il semble avoir apporté, on ne sait d'où, un printemps éternel pour la sauvegarder dans tous les climats.

II

Le moyen âge, — et l'on peut appeler de ce nom, en Russie, la période qui dure jusqu'à Pierre le Grand, — a déposé son esprit dans un double monument : la littérature ecclésiastique, sermons, chroniques, traités de morale et d'édification ; la littérature populaire, épopées, chansons de gestes et légendes.

De la première, il n'y a rien à dire qui ne puisse s'appliquer à l'Occident. C'est la même veine, retardée et plus pauvre. Comme dans toute la chrétienté, l'Église demeure longtemps l'éducatrice unique; hors de son giron, tout est barbarie; moine et homme de lettres sont synonymes. Au début, l'écrivain n'est qu'un ouvrier matériel, un scribe chinois; avec les roseaux de la Grèce il copie laborieusement les Évangiles, la Bible. On respecte en lui le dépositaire d'un secret de vie; un miracle si difficile ne peut être accompli que par une grâce spéciale d'en haut. Bien des générations de moines ont passé avant que l'idée leur vînt, à ces humbles copistes, d'utiliser leur art pour la notation d'impressions personnelles. Ce sont d'abord des homélies, à l'imitation des Pères de Byzance, puis des vies de saints, la légende dorée qui se fixe et s'enrichit dans la Laure de Kief, le grand centre de prière et de travail du monde slave. C'est le roman de ce temps-là, le premier effort de l'imagination pour réaliser l'idéal qui séduit toutes les âmes. Enfin viennent les chroniques, le registre des guerres et des misères qu'on subit. Nestor, le père de l'histoire russe, a sans doute prêté son nom à une légion d'annalistes; il voit et raconte comme notre Grégoire de Tours.

L'invasion tartare étouffe ces faibles germes de culture; à peine si l'on discerne leur progrès du treizième au quinzième siècle. La traduction de la Bible en slavon ne s'achève qu'en 1498. En 1518, Maxime le Grec arrive à Moscou; c'est un moine de l'Athos, qui a vécu à Florence près de Savonarole, un ami d'Alde Manuce; il apporte les premiers imprimés, réforme les écoles, groupe autour de lui un cercle de gens curieux d'apprendre. Vers cette époque les « diacres civils », embryon du *tchinovnisme* futur, commencent d'aider les clercs dans leurs traductions du latin et du grec. Le pope Sylvestre écrit le *Domostroï*, traité de morale courante et d'économie domestique, encyclopédie pratique du seizième siècle russe.

Dans la seconde moitié de ce siècle, Ivan le Terrible dote son pays de l'imprimerie, il bâtit à Moscou l'« Hôtel des Imprimeurs », vénérable maison qui subsiste encore en partie. Le tsar avait essayé d'attirer d'Allemagne des gens habiles dans l'art nouveau; on les lui refusa; les souverains gardaient avec un soin jaloux les maîtres du grand arcane, comme de bons alchimistes ou d'adroits forgeurs d'épées. Un clerc de Moscou, Ivan Fédorof, fondit des caractères slavons et se mit à l'œuvre; il donna en 1564 les *Actes des apôtres*, le plus ancien monument de la typographie nationale. Accusé d'hérésie, le premier des imprimeurs russes dut s'enfuir; sa vie misérable semble le symbole prophétique des destinées réservées à la pensée dans son pays. Fédorof erra chez les magnats de Lithuanie, imprima quelques livres dans leurs châteaux; ses protecteurs l'arrachèrent à ses presses pour l'assujettir au travail de la terre. — « Je n'avais pas affaire de semer le grain du blé, mais de répandre dans le monde les semences spirituelles, de donner à tous la nourriture de l'âme », écrit cet homme[1]. Il se réfugia à Lemberg et y mourut de misère, ayant engagé ses caractères à un Juif. On reconnaît sa tombe, dans le cimetière de l'église Saint-Onuphre, à cette ligne gravée par la main pieuse de quelque disciple : « L'imprimeur de Moscou, qui imprimait des livres inconnus avant lui... »

Au dix-septième siècle, nous rencontrons quelques essais de littérature séculière ; l'heure n'est guère favorable; c'est le « temps des troubles », des usurpateurs et de l'invasion polonaise. Sous le règne d'Alexis Michaïlovitch, avec la première aube de la civilisation occidentale qui point en Russie, la vie intellectuelle se réveille. Le tsar fonde l'académie Slave-gréco-latine, il fait venir des troupes de comédie et de ballet pour représenter les mystères de Siméon Polotzky. Mais la théologie reste souveraine maîtresse de l'Hôtel des Imprimeurs; les polémiques engagées pour ou contre le schisme, le *raskol*, absorbent l'activité du patriarche Nikon et des canonistes. Jusque sous Pierre le Grand, les écrivains de marque sont des théologiens, Féofane Procopovitch et Stéfane Yavorsky; les livres s'intitulent : « Le Règlement spirituel », « La Pierre de la Foi », « Les Signes pré-

[1] Appendice de l'*Apôtre*, imprimé à Lemberg, 1573.

curseurs de l'Antechrist ». La Russie suit fidèlement les évolutions de l'esprit occidental, mais avec un retard de plusieurs siècles; son développement au dix-septième offre beaucoup d'analogie avec le nôtre au quinzième; encore ne trouverait-on à Moscou ni un Froissard ni un Commines.

Bien autrement riche est la littérature populaire. Chez aucun peuple la Folk Lore n'est aussi vivante et aussi variée que chez les Slaves. La nature et l'histoire leur faisaient une condition trop médiocre, la face réelle des choses leur apparaissait trop chagrine; leur imagination se réfugia dans ce monde de secours, ébauché au-dessus de l'autre par un jeu divin du Créateur, pour que l'homme y refasse sa vie libre et charmante, sur le modèle fantastique de ce qui aurait pu être. Le critique Biélinsky traduira le sentiment de sa race, le jour où il dira avec tant de justesse : « Notre patrie est un mirage. » Le poëte Tutchef sera entendu de tous, quand il écrira ces vers mystérieux :

> Comme le globe terrestre
> Est enveloppé par l'Océan,
> Ainsi la vie terrestre
> Est entourée de songes...

Le cycle des *bylines* embrasse et transmute en rêves toute la vie nationale : mythes de dieux déchus et d'hommes fabuleux, souvenirs de merveilles qui poursuivent la race humaine et qu'elle se transmet à travers les âges, sous des vêtements toujours changeants; épopées des ancêtres, chansons héroïques ou tendres, complaintes des chétives misères, rhapsodies où reviennent tous les noms que le peuple a aimés ou haïs; c'est la musique de l'histoire ; depuis huit siècles, plus peut-être, elle se chante chez les pêcheurs des grands fleuves, chez les Cosaques d'Ukraine. Voilà les eaux profondes, les eaux mères des perles. Plus tard, quand la Russie enfantera de vrais poëtes, ils n'auront qu'à puiser à ces vieilles sources pour emplir leur écrin. Ils ne feront jamais aussi bien. Ah! la pauvre besogne, le travail du lettré qui cisèle péniblement son bijou d'apparat ! Il y a plus de magnificence dans l'imagination de cet auteur anonyme, le peuple, et dans son humble cœur plus de poésie, parce qu'il y a plus de foi, de simplicité et de douleur.

On m'a conté une belle folie d'Alexis Tolstoï, un des derniers poëtes de la pléiade romantique. Un jour, il avait promis des vers à la femme qu'il aimait ; il ne trouvait dans son âme rien d'assez triste, rien d'assez beau ; il se souvint alors d'un Kirghiz rencontré durant un voyage par delà l'Oural, dans la steppe d'Orenbourg : un de ces chameliers qui tirent d'un long roseau leur vieille mélopée d'Asie. Tolstoï écrivit qu'on lui fît venir cet homme de l'autre bout de la Russie ; il l'envoya jouer chez celle qui lui demandait un poëme ; il savait que tout son art n'égalerait pas ce chant, fait par tant d'âmes et tant de siècles.

Quel morceau lyrique pourrait-on opposer à cette explication du monde, dans le « Livre de la Colombe » (quinzième siècle)?

« Le soleil est le feu de la face de Dieu ; les étoiles tombent de son manteau... La nuit est noire des pensées du Seigneur : l'aurore matinale sort de ses yeux... »

Et les romanciers de la pitié sociale que nous allons

étudier, trouveront-ils des traits plus tendres et plus amers que ceux du vieux fabliau, « l'Ascension du Christ »? — Jésus va monter au ciel, il dit adieu aux pauvres gens qui l'entourent, navrés :

« Père, qui nous nourrira? Qui nous protégera dans la nuit sombre? » Le Christ les console : « Ne pleurez pas, mes petits frères, je vous donnerai une montagne d'or, une rivière de miel, je vous laisserai des jardins plantés de vignes, des fruits et la manne du ciel... » Mais l'apôtre Jean l'interrompt : « Ne leur donne pas la montagne d'or, les princes et les boyards la prendront, ils la partageront entre eux et ne laisseront pas approcher nos petits frères. Si tu veux qu'ils soient nourris, vêtus et abrités, eux les misérables, laisse-leur ton saint nom, afin qu'ils aillent par le monde en le glorifiant. »

Au-dessus de la poésie populaire du moyen âge, un monument se dresse, le plus ancien et le prototype de tous les autres : le *Dit de la bande d'Igor*. Cette épopée symbolise et célèbre la lutte nationale contre les Polovtzi, les hordes païennes du sud-est, comme la chanson de Roland les luttes des Francs contre les Maures. Le chantre anonyme d'Igor est de fort peu postérieur à notre Théroulde, il peut lui disputer une part de l'héritage d'Homère. De la donnée habituelle à tous les chants épiques, il a tiré un poëme tragique où la nature entière est associée aux gestes des héros russes : ce profond sentiment naturaliste fait l'originalité de son œuvre. N'y cherchez pas la piété chrétienne des épopées occidentales, la dévotion à la Vierge et aux saints, le ciel intimement mêlé à l'action. L'âme de l'aëde slave n'est chrétienne que de nom; il donne aux Polovtzi l'épithète de païens, mais il est lui-même un païen baptisé de la veille. Les puissances auxquelles il croit, ce sont les forces élémentaires, la vie obscure de l'univers; ses invocations s'adressent aux fleuves, à la mer, aux ténèbres, aux vents, au soleil « trois fois saint ». L'opposition constante entre la lumière bienfaisante et les méchantes ténèbres rappelle les hymnes égyptiens, avec leur dogme fondamental, la lutte du jour et de la nuit.

Jamais, par des moyens plus simples et plus naïfs, on n'a produit une plus poignante impression d'horreur fantastique. Les animaux néfastes suivent et guettent l'armée d'Igor; on entend toujours derrière le récit leur chœur lugubre, le croassement des corbeaux flairant la chair morte, le jacassement des pies, le hurlement des loups. Dès le début, l'effroi de la steppe déserte vous saisit, avec ses grands bruits d'herbes agitées, ses voiles de brouillards, ses inquiétudes vagues. Par moments, ces plantes s'attendrissent, ces arbres se penchent sur les jeunes héros frappés de mort. Igor remercie le Don de l'avoir caché dans ses eaux, sous les roseaux humides; la légende des *Roussalki* est là en germe, avec cette pénétrante poésie des rivières qui tiendra tant de place dans l'imagination slave. Et tout cela peint en quelques traits rapides et forts, relevé d'images personnelles qu'on n'a vues nulle part.

Le chant d'Igor contient en puissance toute la poésie lyrique du dix-neuvième siècle russe. Les érudits discutent son authenticité, on a attribué le manuscrit trouvé en 1795 et brûlé en 1812 à quelque émule de Macpherson, l'inventeur d'Ossian; je me range à l'opinion de Pouchkine, dans son étude sur l'épopée nationale :

« Tous nos poëtes du dix-huitième siècle n'avaient pas ensemble assez de poésie pour comprendre, à plus forte raison pour imaginer deux lignes du chant d'Igor. »

Issu de cette origine, le cycle des bylines grossit durant le cours du moyen âge; il se prolonge jusqu'à nos jours avec la végétation incessante des légendes et des chansons populaires. Tout ce qui passe sur la terre et dans le ciel russes lui appartient. Je n'ai pas à insister sur son développement; ce chapitre d'histoire littéraire n'a été traité nulle part mieux qu'en France et par un des nôtres[1]. Je me borne à faire observer combien cette poésie épique est représentative de la race, par son mode d'accroissement, par son caractère cosmopolite et œcuménique. Elle plonge ses racines dans l'antiquité asiatique, dans les mythes hindous et persans; plus tard on reconnaît sur plusieurs des branches qu'elle jette la marque d'une greffe étrangère. Les héros nationaux, Ilia de Mourom, Vladimir, Ivan le Terrible, Mazeppa, coudoient ceux de Byzance, de la Table ronde et des Mille et une Nuits, Alexandre le Macédonien, Salomon, le tsar Kitovras, le sage Akir, le beau Deugène du roman de chevalerie grecque. Dans ces apports alternés de l'Orient et de l'Occident, on retrouve l'oscillation perpétuelle de l'esprit russe entre les deux pôles qui l'attirent. Il se souvient et il imite plus qu'il ne crée; mais les images étrangères qu'il réfléchit prennent en le traversant des contours plus larges, une teinte mélancolique, un accent de plainte et de pitié fraternelle.

---

[1] A. RAMBAUD, *la Russie épique.*

III

Il n'en sera pas de même dans la période où nous allons entrer. Pourtant Biélinsky a dit, dans ses études sur le dix-huitième siècle : « Notre littérature commence en 1739, à l'apparition de la première ode de Lomonosof. » C'est le : « Enfin Malherbe vint... » de Despréaux. Ce jugement est fondé, si l'on entend par littérature, au sens restreint du mot, la pratique professionnelle d'un art cultivé pour lui-même et suivant certaines règles. Dans l'édifice reconstruit de toutes pièces par le charpentier de Saardam, l'écrivain devient un serviteur de l'État, un mandarin qui a sa tâche et son *tchine* comme les autres, soldats, administrateurs, magistrats; comme ceux-ci, il va tout rapprendre à l'école de l'Occident. Toujours en retard, la Russie fait au dix-huitième siècle ce que nous avons fait au seizième. Elle crée lentement sa langue littéraire; jusqu'alors le vieux slavon d'Église était seul en usage dans les livres; on le déroidit, on le sécularise, on le soude au langage populaire, élevé à la dignité du « style soutenu »; dans cette combinaison des deux idiomes, on fond les termes étrangers; ils affluent de partout avec les innovations empruntées au dehors. Comme la langue, la pensée sort de l'Église, elle aborde la science et la poésie mondaines, définitivement séparées des choses de la foi; elle va chercher ses modèles dans l'antiquité classique et chez des peuples plus avancés. On le voit, c'est le travail de Rabelais, d'Amyot, de Ronsard, poursuivi avec infiniment moins d'énergie et de bonheur. Ce qui fut chez nous travail national, résultat d'une révolution intellectuelle déjà mûre dans les esprits, ne fut en Russie que l'effet d'une volonté unique, l'œuvre artificielle d'un homme qui sonnait la diane avant l'heure à des gens endormis. On ne crée pas une littérature comme une armée ou un code, d'en haut et par ukase. Imaginez la Renaissance décrétée par Philippe le Bel; voilà ce qu'on tenta en Russie, voilà pourquoi le succès fut si chétif.

Un autre trait de ressemblance, commun à toutes ces époques de rénovation, c'est l'union du savant et du lettré chez les ouvriers de la pensée. Tout est à fonder dans un champ encore étroit; les pionniers qui s'y aventurent doivent tout savoir, ils sont à la fois physiciens, géomètres, grammairiens, poëtes. Pierre a institué une Académie des sciences à Pétersbourg; c'est à elle que viennent ressortir toutes les choses de l'esprit. De par la volonté du fondateur, les académiciens seront les sergents-instructeurs de son peuple pour toutes les disciplines intellectuelles. On les envoie d'abord s'instruire eux-mêmes à l'étranger. Il en est ainsi durant un siècle; ce haut professorat absorbe et hiérarchise les talents pour un service d'utilité publique.

Le plus mémorable de ces initiateurs fut Lomonosof. Fils d'un pêcheur de la mer Blanche, enfant de peuple et de misère, à force de volonté, ce petit mendiant de savoir fait son intelligence, puis sa situation. Il marque dans une école, l'État le prend; on l'adjoint à une de ces bandes d'étudiants qu'on expédie en Allemagne, sauf à les y laisser vivre d'aumônes dans les Universités. Revenu à Pétersbourg, il retrouve ses maîtres allemands installés dans l'Académie, qu'ils tiennent à fief; il lutte contre eux, entre dans la place, et y fait enfin triompher l'élément russe; le premier, dans ses odes, il assujettit le vers à un mètre raisonné; enfin il lègue à son pays le poëme épique de rigueur, la *Pétriade*. Que reste-t-il de tout cela? Rien qu'un nom justement vénéré. Durant ces périodes de préparation, les hommes les mieux doués sont comme des architectes condamnés au travail ingrat des fondations; leur génie demeure enfoui sous terre; pour être équitable envers eux, il faut se souvenir que le monument élevé par de plus heureux porte tout entier sur les travaux de ce génie sacrifié.

Il semblerait que le règne de Catherine II eût dû ajouter la gloire littéraire à toutes les autres. Cette femme extraordinaire stimula les goûts délicats dans la petite élite dont elle était l'âme; elle-même brochait des comédies pour son théâtre de l'Ermitage et des traités d'éducation pour ses petits-enfants, tandis que son amie la princesse Dachkof présidait les séances de l'Académie. L'Impératrice eût voulu montrer à ses illustres courtisans du dehors, les philosophes français, des rivaux dignes de se mesurer avec eux; elle ne put qu'en imposer à Voltaire en lui vantant les pâles imitateurs de ses œuvres. Le fond était trop pauvre.

Chéraskof rime la *Rossiade*, une épopée suivant les recettes classiques. Soumarokof fournit la Cour de tragédies; ses contemporains l'avaient surnommé le Racine russe; ils auraient dit plus exactement: le Campistron. on Vizine mérite davantage de survivre; on relit encore sans ennui ses deux comédies, le *Brigadier* et le *Mineur*: l'intrigue est faible, le trait grossier et trop appuyé pour notre goût, mais il y a de la saveur dans ce fruit vert, une curieuse satire des mœurs du temps, une verve âpre et franche, et, comme on dit aujourd'hui, un tempérament[1].

Le nom de Derjavine domine cette époque et éclipse tous les autres. Les Russes placent très-haut le « Chantre de Catherine », le Pindare officiel qui façonna leur langue à la poésie lyrique; je crois qu'on donne toujours cette appellation de courtoisie aux productions des Jean-Baptiste Rousseau et des Lefranc de Pompignan. Derjavine ne fut ni pire ni meilleur que ses modèles français; il atteignit comme eux cet enthousiasme correct qu'on peut trouver en s'échauffant à son bureau, à l'heure où l'on fait habituellement son ode. Le bénéfice du genre, c'est qu'il amène fréquemment à paraphraser les psaumes; un habile ouvrier donne l'illusion de la grandeur, quand il est porté par cette poésie souveraine. Derjavine eut la bonne fortune de vivre très-vieux et d'être bien en cour sous plusieurs règnes; avénements, victoires, anniversaires, tous les sujets de dithyrambes qui caressaient l'orgueil national lui revinrent de droit. C'est la gloire de la vieille Russie et la grande mémoire de Catherine qu'on respecte dans son œuvre, plus que la

---

[1] On a traduit récemment un petit volume de lettres écrites par Von Vizine de Montpellier, durant un séjour qu'il y fit pour la santé de sa femme. Ces observations d'un étranger sont pleines de détails piquants sur notre vie provinciale au siècle dernier, sur la session des États de Languedoc à laquelle il assista. Cette correspondance offre pour nous un intérêt historique au moins aussi grand que celle de Karamsine, datée de Paris, dont on nous a également donné une traduction.

rhétorique ampoulée de ses vers. Pouchkine ne s'y trompait pas; alors que sa génération s'inclinait encore devant l'idole, il écrivait à son ami Delvig : « Ce phénomène n'a connu ni la grammaire ni l'esprit de notre langue, et voilà en quoi il est inférieur à Lomonosof... Quand avec le temps on traduira Derjavine, l'Europe sera stupéfaite, et par fierté nationale, nous n'oserons pas dire tout ce que nous pensons de lui... Il faudrait conserver huit odes et quelques fragments de Derjavine, puis brûler le reste. »

On peut rattacher à cette période le fabuliste Krylof, bien qu'il ait vécu fort avant dans notre siècle. Celui-ci imita la Fontaine, dans le genre littéraire où il est le plus difficile d'être original. La fable est une vieille monnaie, usée à force d'échanges, refrappée dans chaque pays, mais jamais refondue. Krylof eut le talent de lui donner une apparence vraiment russe, une bonhomie rude et populaire, différente de la douce bonhomie du modèle.

Citerai-je encore d'autres noms, célèbres il y a cent ans ? Ce serait accorder bien du temps à des exercices de collège. Littérature artificielle, qui se traîne sur des idées banales et fanées, à l'heure où le monde est en travail d'idées nouvelles. De leur communication intime avec les écrivains français du dix-huitième siècle, les disciples russes ont retenu surtout les petits vers, la tragédie, la défroque mythologique et les grâces flétries. Ils nous prennent la perruque et presque rien du cerveau. On dirait que ces amis de Voltaire, de Montesquieu et de Diderot n'ont lu que Chompré, Crébillon ou Chaulieu. Catherine réservait la philosophie pour sa correspondance avec les étrangers; en Russie, elle maintenait ses poëtes domestiques sur un terrain moins dangereux. A lire la prose et les vers qu'ils déclamaient à l'Ermitage, on croit entendre de beaux esprits, réunis pour un jeu de société qui les distrait de leurs véritables affaires. C'est de peu d'intérêt.

Il faut arriver à Karamsine pour trouver du moins un courant nouveau dans l'imitation. Enthousiaste de Jean-Jacques, ce gentilhomme rapporte de ses voyages en France le condiment littéraire à la mode, la « sensibilité. » Poëte, critique, économiste, romancier, historien, il prend le gouvernement des lettres à la fin du dix-huitième siècle et au début du nôtre, durant les dernières années de Catherine et les premières d'Alexandre. Il est l'anneau intermédiaire entre les classiques et les romantiques, à la fois le Rousseau et le Chateaubriand de son pays. Son nom demeure surtout attaché à la grande *Histoire de Russie* qui absorba la seconde moitié de sa carrière. Elle a vieilli par la forme, une narration oratoire trop tendue, et par le fond : l'historien réduit arbitrairement toute la vie nationale aux développements du grand-duché de Moscovie; son patriotisme l'égare, il ennoblit dans des tableaux flatteurs le plus cruel despotisme qui ait pesé sur un peuple chrétien; les documents mis au jour depuis l'époque où écrivait Karamsine détruisent ses assertions sur bien des points. Mais cette histoire a le plus incontestable des mérites, celui d'être la première, la seule où l'on ait pu s'instruire jusqu'à ces derniers vingt ans, jusqu'à ce que M. Solovief eût publié sa laborieuse compilation. Encore est-ce affaire aux érudits de préférer dans celle-ci un amas consciencieux et indigeste de citations, amoncelées sans souci de l'ordonnance ni du style; ceux qui cherchent dans l'histoire un art autant qu'un enseignement peuvent soutenir que jusqu'à ce jour Karamsine n'a pas rencontré de rival.

Il ne dut point d'abord sa renommée à ce grand ouvrage; elle lui vint de quelques petits romans du genre sentimental, d'un surtout, *La pauvre Lise*. C'est le cas d'*Atala*, entraînant dans sa fortune le *Génie du Christianisme*. La comparaison est d'autant plus de mise, qu'au même moment et par des causes semblables, les deux opuscules révolutionnaient de même Pétersbourg et Paris. On sera peut-être curieux de savoir ce qui fit tant pleurer les grand'mères des lecteurs du roman réaliste. Voici la fable en deux mots. La « tendre et sensible Lise, une villageoise belle d'âme et de corps », fait impression sur le cœur d'Éraste, riche gentilhomme; « ce cœur lui avait été donné bon par la nature, mais il était faible et inconstant ». Au sein de l'idylle champêtre, Éraste « se reporte par la pensée à ces temps où les humains erraient sans soucis dans les prairies, se baignaient dans les pures fontaines, s'embrassaient comme les colombes et reposaient dans une heureuse oisiveté sous les roses et les myrtes ». Éraste a oublié les préjugés de sa caste » et promet à Lise d'être son époux; mais il devance le moment dans l'une de ces minutes « où l'ombre du soir nourrit les désirs et où aucun rayon n'éclaire les erreurs ». Trompée, la pauvre Lise renonce à la vie, elle se noie dans un étang, « sous les antiques ombrages naguère témoins de ses transports ». On imagine assez les développements du thème; ce qu'on ne peut imaginer, c'est la fureur d'attendrissement et d'admiration qui accueillit cette historiette. Comme Atala, la pauvre Lise inspira tous les artistes, depuis les peintres jusqu'aux porcelainiers. Les pièces d'eau reçurent son nom, dans les parcs des gens sensibles; que de flaques d'eau saumâtre j'ai encore vues, au fond des campagnes russes, qui gardaient ce baptême de quelque aïeule! Sourions, mais pas trop; demain peut-être on retrouvera des larmes pour des livres semblables; tant les modes littéraires tournent dans un cercle fermé!

Je prends encore quelques lignes au hasard dans un essai de Karamsine sur les sciences : « Les fleurs des Grâces embellissent toutes les conditions; le laboureur instruit s'assied après son travail sur les tendres gazons, avec son aimable compagne, et il n'envie pas la félicité du plus luxueux satrape. »

Maintenant, rapprochez ce passage, dans une lettre de l'historien à son frère : « Il n'y a plus moyen d'acheter un bon cuisinier; on ne vend que des ivrognes et des voleurs de la dernière catégorie. »

Entendez-vous l'ours dans la bergerie? Toute la Russie d'alors tient dans ces deux citations, avec ses moujiks déguisés en villageois de Florian, sa barbarie native sous un vernis d'élégance empruntée.

Cependant, par le travail successif de tous ces écrivains secondaires, la langue se fait. C'est là leur véritable service, leur meilleure contribution au progrès intellectuel du pays. Karamsine s'en est acquitté pour la prose, comme Derjavine pour le vers; en moins de cent ans, l'idiome littéraire a été créé; il n'attend plus que d'être manié par Pouchkine pour fournir l'un des plus puissants instruments dont une littérature ait jamais disposé. — Est-ce à dire que rien dans cette période n'ait décelé les inclinations propres du génie russe, préparé ses évolutions futures? J'y trouve deux symptômes qui méritent notre attention : un premier soubresaut de réaction nationale, une violente poussée de mysticisme.

Ce même Karamsine joua un rôle politique bien différent de son rôle littéraire. Par une contradiction fréquente chez ses compatriotes, le lettré qui copie Rousseau est en politique un Vieux-Russe intransigeant. C'est avec des arguments tirés de Montesquieu qu'il combat les velléités libérales d'Alexandre. Opposé à l'émancipation des serfs, déjà agitée dans les conseils de l'Empereur, il se fait le champion de ce système qu'on pourrait appeler le *moscovitisme,* qui se nommera quarante ans plus tard le *slavophilisme*. Alors comme aujourd'hui, le cri des conservateurs, demandant qu'on se repliât sur le passé, partait de Moscou, où résidait l'historiographe de l'Empire. Karamsine lutte contre Spéransky, le ministre novateur et constitutionnel; au moment où celui-ci est ébranlé, en 1811, son adversaire adresse au souverain un mémoire fameux, *De l'Ancienne et de la Nouvelle Russie,* qui retourne l'humeur mobile d'Alexandre et porte le coup de grâce à Spéransky. On devance, dit l'auteur, les besoins de la Russie, « où il n'y a peut-être pas actuellement cent personnes sachant l'orthographe ». Il faut revenir aux traditions nationales et rompre avec les idées importées d'Occident. Aucun Russe ne comprendra les fictions constitutionnelles, la limitation du pouvoir autocratique. L'autocrate puise sa sagesse en lui-même et dans l'amour de son peuple, conclut le mémoire.

De nos jours, M. Aksakof ne parlera pas autrement; toutes les revendications futures de l'école moscovite sont contenues en germe dans l'*Ancienne et la Nouvelle Russie;* Karamsine est l'ancêtre direct des slavophiles, du parti qui tiendra pour non avenues les réformes de Pierre le Grand, qui se proposera pour idéal la reconstitution d'une Russie autochthone, en dehors du mouvement européen. Comme ce programme politique deviendra avec le temps un programme littéraire, il importait d'en marquer la première apparition.

J'en dirai autant pour le mysticisme, cet élément essentiel de l'esprit russe, qui fait explosion sous le couvert de la franc-maçonnerie. Durant le règne de Catherine, les doctrines des théosophes, apportées de Suède et d'Allemagne, s'infiltrent en Russie ; avidement accueillies par le petit cercle de littérateurs et de gens du monde que dirige Novikof, ces idées troubles prennent corps dans l'affiliation maçonnique. Les loges se multiplient à Pétersbourg et à Moscou; Novikof fonde la « Société amicale », un cénacle où passent la plupart des écrivains et des hommes d'État destinés à marquer sous Alexandre ; Karamsine en était. Ces jeunes gens traduisent et répandent dans les écoles les ouvrages de philosophie piétiste qui foisonnent à ce moment en Europe. La Révolution française éclate ; Catherine s'effraye des progrès de l'illuminisme, elle fait fermer les loges, saisir les livres suspects ; le mouvement est enrayé en 1792 par le procès et la condamnation de Novikof.

Il reprend avec plus de force sous le règne d'Alexandre, encouragé cette fois par le souverain. On sait quel attrait ressentait l'ami de madame de Krudener pour tout ce qui confinait au mysticisme; on sait moins que cet engouement fut commun à toute la Russie intelligente de ce temps. Il n'y avait de faveur que pour les sociétés bibliques, les martinistes, les rose-croix, les swedenborgiens. Les plus vigoureuses intelligences cèdent à la contagion ; Spéransky, le ministre réformateur, l'auteur du Code, le Russe qui eut le plus de génie après Pierre le Grand, Spéransky se console dans son exil en lisant Saint-Martin et Swedenborg; il écrit à Zeier pour lui recommander « la contemplation mystique en fixant un point, plutôt le nombril [1] ». L'état d'esprit des hautes classes est fidèlement dépeint dans le roman historique de Léon Tolstoï, *Guerre et Paix,* en la personne de Pierre Bézouchof. Voyez le chapitre où est racontée l'initiation de Pierre à la franc-maçonnerie.

Sans doute cet état d'esprit n'est pas spécial au pays qui nous occupe : toute l'Europe de la fin du dix-huitième siècle en fut obscurcie, comme d'un brouillard avant l'orage; mais il trouva son terrain d'élection en Russie, dans une société déjà détachée de l'orthodoxie, possédée du besoin de croire à côté, profondément remuée par le grand effort de 1812, ne sachant plus que faire des forces secrètes déchaînées en elle. Chez un Novikof, un Spéransky, le mysticisme est la protestation confuse de l'âme contre la philosophie négative des encyclopédistes, contre l'envahissement du rationalisme :

---

[1] Lettre de 1817, dans l'*Archive russe,* année 1870.

nous retrouverons chez nos contemporains, un Tolstoï, un Dostoïevsky, cette même protestation opposée de nouveau à la dureté des sciences positives. Sous ce rapport comme sous bien d'autres, le règne d'Alexandre Ier offrirait le sujet d'une curieuse étude, encore à tenter : c'est le point de formation de tous les grands courants qui agitent la Russie actuelle, après avoir disparu et cheminé sous terre pendant la compression de Nicolas.

Inoffensives au début, les loges maçonniques n'avaient été que des laboratoires d'alchimie religieuse ; insensiblement, elles s'entr'ouvrirent à la politique, elles fournirent après 1815 les cadres d'une société célèbre, calquée sur le Tugendbund allemand, « l'Alliance de la Bienfaisance ». De là sortit la conspiration libérale des décembristes, écrasée en 1825. La crainte de nos idées révolutionnaires et les cruels souvenirs de 1812 déterminèrent un brusque changement dans l'orientation de la Russie ; un éloignement momentané succéda à la docilité qu'elle témoignait jusqu'alors aux influences françaises. L'Allemagne, l'alliée avec qui l'on avait combattu pour la délivrance commune, hérita de notre magistère. Ce revirement devait être d'une grande conséquence pour la littérature. Pendant tout le dix-huitième siècle, nous avions dressé l'esprit russe à l'imitation classique ; il s'en détourne en même temps que de nous ; les Allemands vont l'instruire au romantisme.

CHAPITRE II

LE ROMANTISME. — POUCHKINE ET LA POÉSIE.

Ce fut un beau printemps de siècle, en Russie et dans toute l'Europe : la trêve des poëtes, une trêve de vingt-cinq ans après les grandes guerres politiques, avant les grandes luttes sociales et industrielles. L'homme, ayant démoli sa vieille maison, se reposa un instant pour chanter avant de la reconstruire, comme fait l'ouvrier qui interrompt son travail. Durant ces années du romantisme, si courtes et si remplies, qu'on peut circonscrire entre 1815 et 1840, la Russie intelligente sembla ne vivre que d'idée, de passion et d'harmonie. La soudaineté est le caractère de toutes les éclosions dans ce pays ; il se couvrit de poëtes comme ses prairies se parent de fleurs, en quelques jours, au premier rayon qui fond les neiges. Un temps, les vers furent la langue universelle : tout homme cultivé la parla naturellement. De ces poëtes, beaucoup sont aimables, un seul est admirable, celui qui les absorbe tous dans son rayonnement, qui a donné son nom à cette époque, le glorieux Pouchkine.

Voilà pourtant une grande injustice et un exemple frappant de cette vérité, qu'en littérature la priorité des titres n'est rien, leur beauté est tout. Joukovsky, plus âgé de vingt ans, a précédé Pouchkine et lui a longtemps survécu ; qu'il soit le véritable initiateur du romantisme, aucun critique ne le conteste ; le premier, il apporta d'Allemagne la doctrine nouvelle, et lui resta fidèle pendant un demi-siècle. Son œuvre est considérable : une version d'Homère où la langue russe, grâce à ses affinités avec la langue grecque, rend chaque nuance et chaque effet de cette dernière, aussi fidèlement qu'un surmoulage de cire molle ; des imitations nombreuses de Schiller, de Gœthe, d'Uhland ; des compositions personnelles, élégies ou ballades, poésie mélancolique et languissante, toute colorée du bleu allemand, qu'on dirait empruntée au doux Novalis. Joukovsky prélude à la plupart des thèmes que reprendra Pouchkine, dans le même ton, sur le même instrument ; c'est le Pérugin de ce Raphaël ; à l'heure où l'élève est à peine au collége, son maître écrit déjà des ballades sur des sujets russes, *Ludmila* (1808), *Svétlana* (1811) ; prenez dans ces pièces une des bonnes strophes, glissez-la dans *Rousslan* ou dans le *Prisonnier du Caucase;* il faudra un œil bien exercé pour apercevoir la supercherie ; néanmoins, d'un consentement unanime, les Russes vous diront que la poésie nouvelle date de Pouchkine et reste identifiée avec son nom. Joukovsky fut de ces esprits timides qui naissent et demeurent satellites, astres de reflet, alors même qu'ils se lèvent les premiers ; si vive et si pareille à l'aube que soit la clarté de la lune, nous ne comptons le jour que de l'instant où le soleil la remplace.

I

Voici qu'il se déclare, le prédestiné, lumineux et insolent de bonheur. Il mène à la victoire toute une pléiade d'intelligences, groupées autour de lui au Lycée, maintenues sous sa domination à l'Arzamas. Ces deux berceaux du romantisme ont laissé un grand souvenir dans l'histoire de la Russie; leur légende remplit les travaux des critiques et des biographes que je résume ici. Pour apprécier l'importance de leur rôle, il faut se souvenir que dans ce vaste pays russe, où les multitudes humaines sembleraient devoir noyer les institutions et les individus, le monde intellectuel formait naguère encore un tout petit pays; le plus mince groupe influait sur la direction générale; une faible main de femme, un salon restreint, un pamphlet manuscrit ont souvent fait marcher le colosse obéissant et aveugle.

Au commencement du siècle, l'éducation de l'aristocratie moscovite était confiée aux Jésuites, très-soutenus par l'empereur Paul. Un des premiers effets de la réaction nationale fut de retirer l'enseignement public à ces maîtres étrangers pour le remettre en des mains russes. Alexandre Ier fonda en 1811 le Lycée de Tsarskoé-Sélo, sur le modèle des lycées napoléoniens; il fit de l'admission dans cet établissement une faveur accordée à la naissance et au mérite. La plupart des noms qui remplissent la première « promotion » du Lycée, celle de

1817, ont marqué dans le siècle, et en tête les deux plus illustres, Pouchkine, Gortchakof. Tsarskoé-Sélo ne fut point un foyer de fortes études. Les maîtres avaient été improvisés sans trop de choix. Je trouve parmi eux l'inspecteur des classes Piletzky, illuminé, martiniste, disciple d'une prophétesse alors fameuse, la Tatarinova ; le professeur de littérature, M. de Boudry : sous ce nom se cachait le propre frère de Marat ; il racontait à ses élèves comment l'Ami du peuple avait été méchamment mis à mort par Charlotte Corday, « un second Ravaillac ». On découvrit qu'un des maîtres d'étude était un forçat évadé, et qu'il avait sur la conscience quatre ou cinq assassinats.

Les lycéens fusionnaient avec les régiments de la garde, cantonnés comme eux dans la résidence impériale ; ils partageaient les soupers et les frasques des hussards, appliquant de bonne heure aux suivantes de la Cour les leçons de *Faublas,* leur classique de chevet. Cette éducation ne fit pas des savants ; mais il souffla tout à coup, sous les mélèzes du parc de Catherine, un vent de poésie qui réunit et attisa toutes ces flammes de jeunesse mal dirigées ; de poésie et de patriotisme. On interrompait les classes pour lire les bulletins de Borodino, de Moscou et de la Bérésina. Ces enfants devenaient hommes au lendemain de 1812, ils avaient vu la superbe levée de poitrines qui couvrit la patrie envahie ; leur imagination était pleine de désastres et d'héroïsmes. Le nom de Napoléon reviendra souvent dans les vers irrités de Pouchkine. Si l'on savait le secret des gestations intellectuelles, il faudrait sans doute rapporter à cette « année terrible » de la Russie la naissance morale de plus d'un élu, parmi les poëtes, les penseurs, les politiques de ce pays.

Au sortir du Lycée, cette élite ardente, cimentée par de solides amitiés, se retrouva à l'Arzamas. On appelait ainsi une sorte de cercle ou d'académie qui a été pour le romantisme russe ce que le Cénacle fut pour le nôtre un peu plus tard: le centre d'attaque et de résistance contre les classiques. Les réunions de l'Arzamas devinrent fameuses à un autre titre; les joutes poétiques y dégénérèrent vite en discussions politiques; les têtes les plus chaudes du groupe, les amis de Ryléef, commencèrent d'y agiter les idées et les projets qui aboutirent au complot de décembre 1825. — Un puissant courant littéraire se répandit de là sur la société de Pétersbourg; société légère et choisie, avide du plaisir sous toutes ses formes, même les plus délicates, préparée à toutes les témérités par les grands événements qu'elle venait de traverser, ayant encore les élégances de l'ancien régime avec les illusions et les enthousiasmes du temps nouveau.

Aussitôt apparu dans ce milieu, Pouchkine y est acclamé comme un maître, reconnu chef par ses émules, Delvig, Baratinsky, Yazikof, par ses aînés, Joukovsky, Batiouchkof. A toutes les époques littéraires, un de ces privilégiés surgit et accapare à lui seul le peu de chances heureuses dispensées à sa génération; sur la table de jeu où tous tremblent et doutent, c'est le joueur souriant et certain de lui-même qui asservit à toutes ses audaces l'inexplicable faveur du hasard, fuyante entre les mains des autres, prisonnière dans les siennes. En 1817, il arrive du Lycée, déjà célèbre, *enfant sublime,* lui aussi:

il a juste l'âge du siècle. Le vieux Derjavine, en lui remettant les couronnes scolaires, le sacre son héritier. On s'arrache ses vers encore inédits ; ils sortent sans effort de cette âme d'avril, toujours partie pour fleurir. Pouchkine les jette dédaigneusement aux salons; il n'a pas besoin de ce luxe pour se faire bienvenir d'eux; il porte un nom historique, qui a sonné fièrement durant tout le moyen âge, au travers des guerres polonaises et des tragédies du Kremlin. Il a mieux encore, le don de plaire et d'éblouir. Pour pénétrer son génie, il ne faut pas perdre de vue sa double origine; le fils des vieux boyars avait pour aïeul maternel un nègre abyssin, Abraham Hannibal, cet esclave volé au Séraï de Constantinople, jeté en Russie par un corsaire, adopté par Pierre le Grand, qui le fit général et le maria à une dame de la Cour [1]. Un caprice d'atavisme reproduisait chez le poëte les traits du général noir; ils étonnent tout d'abord, quand on regarde ses portraits; remarquez, dans cette laideur spirituelle et charmante, les grosses lèvres, les dents blanches, les cheveux crépus. La goutte de sang d'Afrique tombée dans les neiges russes peut expliquer bien des contrastes, la fougue et la mélancolie mariées dans cette nature extrême.

La jeunesse de Pouchkine, c'est un poëme comme celle de Lamartine et de Byron : le rêve de tous les adolescents réalisé par un seul, qui semble avoir volé toute l'aurore du siècle. On la retrouve, racontée, persiflée, pleurée, dans *Oniéguine* et dans les *Élégies*. Ses journées sont seigneuriales et folles : jamais enfant ne se préci-

---

[1] Joukovsky était, lui aussi, le fils naturel d'une esclave turque.

pita dans le monde d'un bond plus furieux, ramassant toute la vie sur son cœur pour la brûler plus vite. Il dira sans mentir : « J'ai joui de tout et pleinement [1]. » En vain les portes de fer de la gloire, si dures pour les autres, lui cèdent et l'invitent ; ce qu'il veut, c'est de la passion ; au début, pour lui comme pour tant d'autres, la renommée poétique n'est qu'un moyen de conquête ou de vengeance au service de la passion.

« Si je veux de la gloire, c'est pour que mon nom — frappe à toute heure ton oreille ; afin que tu sois entourée — par moi ; afin qu'en rumeurs éclatantes — tout, tout retentisse de moi autour de toi ; — afin qu'en écoutant dans le silence la voix fidèle, — tu te souviennes de mes dernières supplications, — au jardin, dans l'ombre de nuit, à la minute des adieux [2]. »

Tout lui réussit, ses folies mêmes le gardent. Frondeur et libertin d'idées, intimement lié avec les conjurés de décembre, il semblait fatalement dévoué à conspirer et à sombrer avec ses amis. Son bonheur veut qu'il encoure à l'avance la colère impériale ; des vers impertinents et une incartade avec des images de saints renouvelée d'Alcibiade lui valurent cette disgrâce. Il en fut quitte pour un léger exil sur les bords de la mer Noire, quelques saisons d'aventures radieuses au Caucase, en Crimée, en Bessarabie. Sur ces côtes enchantées, l'Orient se révèle à lui et le transporte ; il travaille, il grandit ; cet heureux exil, en l'arrachant à l'Arzamas, lui épargna sans doute celui de Sibérie. Il revient, guère plus sage, mais avec un talent en pleine maturité à vingt-cinq ans.

[1] *Oniéguine*, chant VI.
[2] *Désir de gloire*, 1825

Durant ces courtes années, les chefs-d'œuvre se pressent sous sa plume, les grands projets bouillonnent dans son cerveau, tandis qu'il dépense son cœur à tous les hasards d'amour, ses gros gains littéraires sur toutes les tables d'auberge où un hussard lui offre un brelan. On le vit un jour, à Moscou, en plein théâtre, dans un accès de jalousie, mordre à l'épaule la femme du gouverneur général, la comtesse Z..., dont il était alors occupé. Il fut ainsi jusqu'au bout, toujours éperdu, exhalé, demandant à ce pauvre arbre de la vie plus de fruits qu'il n'en peut porter sans rompre.

Il rompit avant l'heure, abîmé dans une tragédie mystérieuse. Le poëte avait épousé en 1830 une personne aussi célèbre par sa beauté qu'il l'était par son génie : femme de simple race humaine, elle comprit mal ce génie et la passion du dieu qui l'avait ravie. Cet amour africain inspira à madame Pouchkine un épouvantement dont elle ne revint jamais. — « Il m'avait entourée de flammes », disait-elle plus tard, remariée à un honnête colonel qui la rendait fort heureuse. Elle fut la cause innocente de la mort de son mari. Harcelé par des ennemis invisibles, victime d'une intrigue obscure dont on n'a jamais découvert le secret, le poëte prêta l'oreille aux calomnies qui rampaient autour de son foyer ; on sait l'histoire du duel où il tomba, à trente-sept ans, sous la balle d'un officier aux gardes russes, futur sénateur du second empire français.

Son bonheur l'avait donc abandonné? Non, je le reconnais encore. Le déclin, triste à chacun, est surtout douloureux au poëte; pour lui, il n'y a pas de grâce à vieillir. Pouchkine l'a rencontrée, cette balle que des admirateurs ont osé souhaiter à Lamartine. Il disparut jeune, en pleine force, en pleine gloire, avec le crédit de chefs-d'œuvre espérés que nous faisons volontiers à de telles morts. Il ne vit pas l'agonie de sa doctrine, la trahison des disciples qui en cherchent une nouvelle; il avait suscité le romantisme, il l'avait conduit à travers toutes les étapes que cette forme de l'art comportait; comme elle allait expirer, il l'entraîna dans sa tombe; on demeura persuadé qu'elle n'avait vécu que par lui. Faut-il plaindre ceux qu'on ensevelit dans leur drapeau ou ceux qui lui survivent?

On vient d'entrevoir l'homme; si l'on jugeait de son œuvre par induction, on la croirait désordonnée et violente, faite uniquement de cris de passion. Ce serait une grande erreur. Près de ce cœur de fou résidait l'esprit littéraire le plus sage, clair et mesuré, classique dans la meilleure acception du terme. Chose étrange! ce romantique n'estimait chez nous que les écrivains classiques; dans ses lettres, ses essais critiques, il est dur et méprisant pour les poètes qui accomplissent en France une révolution analogue à celle qu'il dirige en Russie; il se déclare contre eux, pour Racine et Boileau. Dès qu'il arrive à la pleine possession de son talent, le dessin l'emporte chez lui sur la couleur. Dans ses poëmes plastiques, on surprend la réaction continue de la raison contre le sentiment lyrique, l'effort obstiné de l'artiste, contrariant et contenant sa nature. Cette nature est mobile, impressionnable à l'excès; moins bien gouvernée, ce serait une plaque trop sensible à toutes les vibrations lumineuses, qui ne rendrait pas des images nettes du monde extérieur. Voyez-le quand il s'abandonne à sa spontanéité d'impressions; par exemple, dans ce fragment, écrit à un bivouac du Caucase; il lisait Dante, un tambour vient à battre :

« On bat la diane... de mes mains — mon vieux Dante est tombé; — sur mes lèvres, le vers commencé — a expiré sans que j'aie achevé de le lire... — Le son s'envole au loin... — Bruit familier! bruit vivant! — Que de fois tu as retenti — là-bas, dans la retraite où j'ai grandi, — là-bas, pour moi,... en ces jours lointains[1]! »

Voilà le poëte à l'état libre, si l'on peut dire, quand il ne se garde pas : une lyre frémissante à tout ce qui passe. Mais l'artiste sévère intervient aussitôt pour régler le diapason; il a reçu ce qu'il faut le plus souhaiter à l'écrivain, une éducation tout à l'encontre de ses instincts; il la doit à ses premiers maîtres français, surtout à Voltaire; de là l'équilibre de ses facultés. Quand il se prendra à un sujet historique, *Poltava, Boris Godounof,* son goût acquis refrénera sans pitié les dons innés; ce lyrique saura être impersonnel, il s'effacera derrière les personnages qu'il crée.

Cet équilibre parfait, Pouchkine le doit aussi à sa gaieté. Car il est gai, ce poëte qui a jeté quelques-unes des plaintes les plus pénétrantes d'une époque où l'on s'est tant plaint. Nul n'a mieux fait à la vie son procès de mensonge, nul n'a remué d'une main plus lasse les cendres des joies mortes; que de fois et sous combien de formes il a retourné ces vers d'*Oniéguine :*

« Celui qui a vécu et pensé, celui-là ne peut pas — ne point mépriser les hommes dans son âme; — celui qui

---

[1] *La Diane,* 1829.

a senti sera toujours tourmenté — par le mirage des jours irréparables. — Pour lui plus d'enchantements ; — pour lui la vipère du souvenir[1]. »

Il le dit, et sa bonne humeur reprend le dessus, car elle est la santé de son esprit. Il a cet illogisme désirable auquel on doit atteindre pour n'être ni imbécile ni impuissant ; il voit clairement la piperie, et il consent à en être dupe ; il sait que le monde sonne creux sous les pieds, et il continue de marcher. Les contradictions et l'unité de sa personne morale sont bien reflétées dans ce poëme d'*Oniéguine,* compagnon de toute sa jeunesse, lentement développé avec elle durant huit années. On croit entendre tantôt Mardoche et tantôt Childe-Harold. Qui nous parle ainsi ? Est-ce un gamin, un philosophe, un sceptique, un enthousiaste ? Tous ensemble, un être vivant. La séduction de Pouchkine est dans sa prodigieuse intensité de vie ; car la vie a un magnétisme tout-puissant sur les hommes ; ils viennent à vous comme les pauvres vont au riche, d'autant plus nombreux et soumis qu'ils vous sentent plus favorisé de ce grand bien.

Il faut étudier le poëte dans ses lettres. Quel torrent d'eau vive ! quelle variété d'aperçus ! quel naturel ! Oui, telle est bien sa qualité maitresse : le naturel. Voilà pourquoi sa « tristesse poétique », son « vague des passions » ne nous ennuient jamais ; chez lui, le cri d'âme blessée est sincère, presque involontaire ; il fait vite place à l'entrain habituel, à la griserie de l'esprit qui cherche à s'étourdir. Nos grands attristés et leurs imitateurs ne sortent que vêtus de noir ; ils ne se mettent à

---

[1] *Oniéguine,* chant I.

l'aise qu'à huis clos; ce deuil perpétuel nous excède, parce qu'il n'est pas vrai, pas naturel.

Voilà aussi pourquoi cette figure nous apparaît si contrastée, si malaisée à emprisonner dans un de ces cadres qui satisfont le critique et le lecteur. Ceux, — et ils sont nombreux, — qui se donnent une attitude, une *pose,* comme on dit si bien, ceux-là sont commodes à saisir. Le secret de la célébrité facile est peut-être de ne pas bouger : on a pour soi tous les photographes. Celui qui possède une attitude nous semble logique, nous le comprenons, car le génie qu'il montre est une création humaine, de celles qui tombent sous notre sens; nous lui sommes reconnaissants de le si bien comprendre; nous le croyons plus fort, innocents que nous sommes. Au contraire, l'homme naturel laisse se faire en lui l'œuvre divine; celle-là nous échappe, nous ne la comprendrons jamais; et notre courte logique s'irrite d'être déconcertée. Pour concilier les contradictions de Pouchkine, on invoque sa double origine, africaine et russe, son éducation, son milieu; c'est le devoir de la critique d'emprunter ces faibles secours, je m'y essaye, mais j'en connais les limites. En parlant d'un poëte surtout, la prétention de tout expliquer ne sied guère; il tient de la femme, mieux vaut l'aimer comme elle, sans chercher à les trop comprendre; le regard qui scrute n'est déjà plus un regard aimant. Et Pouchkine mérite d'être aimé.

Je n'en puis fournir la preuve. Pour les raisons indiquées plus haut, je n'entrerai pas ici dans le détail de son œuvre. Il faudrait citer, traduire cette langue de diamant; c'est une gageure à rendre fou de désespoir.

Lui-même l'affirmait : « A mon avis, rien n'est plus difficile que de traduire des vers russes en vers français; vu la concision de notre langue, on ne peut jamais être assez bref[1]. » Mérimée a fort justement observé que le latin pourrait seul rendre autant de pensées en aussi peu de mots, avec le même éclat, les mêmes tours. Je me souviens d'avoir vu, entre deux feuillets d'un exemplaire d'*Oniéguine*, une luciole rapportée de Naples par une jeune voyageuse; de l'étoile des nuits italiennes, il restait un triste vermisseau; tout son charme, fait de sa lumière, s'était évanoui dès qu'on y avait touché. Ainsi mourrait cette poésie, si je la transportais sur ces pages. D'autre part, l'objet principal de ce volume est de rechercher comment le génie particulier du peuple russe se manifeste dans l'œuvre de ses écrivains : je ne crois pas que Pouchkine puisse nous avancer beaucoup dans notre étude. Cette opinion hétérodoxe indignera les compatriotes du poëte, fort susceptibles à son endroit. Je dois m'en expliquer.

Certes, il serait souverainement injuste de voir en lui un imitateur servile, comme ceux qui nous ont occupé jusqu'ici. Les modèles dont il s'inspira auraient pu répéter ce que Gœthe disait de Byron : « Lord Byron m'a pris mon Faust et l'a fait sien; l'œuvre est entièrement renouvelée. » Il n'en est pas moins vrai que Pouchkine, dans les manières successives qui ont caractérisé son talent, se rattache toujours et directement aux grands courants de la littérature européenne. Enfant, son esprit fut formé par des émigrés, MM. de Montfort, Rousselot, Xa-

---

[1] Lettre au prince Galitzine, 1831.

vier de Maistre; son père savait par cœur Molière, son oncle mourut en lisant Béranger. Quand il entre au lycée, il écrit à peine sa langue maternelle, mais il est nourri de Voltaire, il raffole de Parny et d'autres sires de cette espèce. A leur exemple, il trousse galamment des polissonneries ou des bouquets à Chloris en vers français, et ses premiers vers russes ne sont que des thèmes sur les madrigaux de ces rimeurs. *Rousslan et Ludmila,* le poëme de jeunesse qui engagea la bataille romantique, est imité de l'Arioste. Un vieil enchanteur, le Merlin de la légende slave, tourmente les deux amants, le héros délivre sa belle à grands coups d'épée; c'est de la fantasmagorie du genre troubadour : nous avons peine à comprendre aujourd'hui l'enthousiasme qu'excita cette machine puérile, artificielle, vraie composition d'écolier. Dans le *Prisonnier du Caucase* (1824), l'influence de Byron apparaît ; elle sera prédominante désormais ; Pouchkine se livre d'abord sans réserve à celui qu'il appelle « le maître de ses pensées ». Peu à peu sa personnalité se dégage, on la voit grandir dans les chants successifs d'*Oniéguine,* un Childe-Harold qui se sépare lentement de son sosie anglais pour conquérir une originalité propre; mais il est certain que sans Byron, *Oniéguine,* les *Bohémiens*, les poëmes orientaux et même cet admirable *Poltava* n'auraient jamais existé.

Dans la dernière partie de sa vie, le poëte se prend de passion pour l'histoire; il se tourne alors vers Shakspeare, il lui demande les procédés du drame historique: on en trouve l'aveu dans les deux lettres qui servent de préface à *Boris Godounof.* Pouchkine ne se méprend pas sur son œuvre; il a fait un drame shakspearien sur un sujet moscovite. Dans les *Nouvelles de Bielkine,* la *Fille du capitaine,* la *Dame de pique,* et surtout dans l'*Histoire de la révolte de Pougatchef,* nous retrouvons un prosateur qui a reçu l'empreinte ineffaçable de Voltaire; l'ordonnance du plan, le choix des détails, la phrase claire et courte, un peu sèche, tout cela semble pensé en français, et ce style n'a pas d'analogue dans la prose russe.

Je sais bien où m'attendent les slavophiles, qui veulent voir quand même en Pouchkine l'évocateur mystique de l'âme russe : aux *Chants des Slaves d'Occident.* Hélas! c'est mystifié qu'il faut dire! Le pauvre poëte traduisit de confiance les chants « serbes » de la *Guzla,* composés par Mérimée, d'après les notes de l'abbé Forti : et tous les contemporains de s'écrier que la poésie nationale était ressuscitée! Les slavophiles, il est vrai, ne se tiennent pas pour battus; ils assurent que par le seul fait d'avoir été retraduite en vers russes, la plaisanterie impertinente d'un Français est redevenue un monument sacré, habité par le dieu de la race. C'est une douce hallucination; il y aurait cruauté à insister sur cet épisode.

Voici, je crois, la vérité. Si l'on met à part les derniers chants d'*Oniéguine,* qui encadrent la délicieuse figure de Tatiana, et quelques pièces d'un sentiment très-particulier, la *Route d'hiver,* la *Roussalka,* l'*Ourse,* il faut reconnaître que l'œuvre de Pouchkine, prise dans son ensemble, ne nous révèle aucun caractère ethnique. C'est un romantique, pénétré de l'esprit qui anime au même moment ses frères d'Allemagne, d'Angleterre et de France; il exprime des sentiments universels, il les applique à des thèmes russes; mais il regarde la vie nationale du dehors, comme tous ceux de son monde, en artiste libre de toute influence de race. Comparez ses descriptions du Caucase à celles de Léon Tolstoï, dans les *Cosaques;* le poëte de 1820 voit la nature et les hommes d'Orient du même œil qu'un Byron ou un Lamartine; c'est pour lui un décor splendide, peuplé d'êtres poétiques, qui aiment, souffrent et pensent à la mode européenne de ce temps. Pour l'observateur de 1850, au contraire, ce coin de l'Asie est une ancienne patrie retrouvée; il s'ingénie à comprendre ces demi-frères, il nous les montre réels et exacts, avec leur conception de la vie si différente de la nôtre, mais qui est un peu la sienne. Si vous voulez un autre exemple, prenez le beau poëme *les Deux Frères bandits,* rapprochez-le des portraits de forçats peints d'après nature par Dostoïevsky. Dans le tableau romantique, les bandits russes sont des bâtards de Lara, vus de haut et de loin par un grand seigneur, qui leur fait un large crédit de poésie; rien au monde n'empêche qu'ils ne soient Catalans ou Siciliens; tandis que les forçats de Dostoïevsky sont des paysans du Dniéper ou du Volga, et celui qui les peint, on le sent de reste, assassinerait et expierait comme eux, si sa mauvaise étoile l'y poussait.

Enfin, et c'est là le nœud du débat, vous ne trouverez chez Pouchkine aucun des traits communs à ses successeurs : pas l'ombre de mysticisme, ni d'inquiétude philosophique; le sentiment religieux n'est pour lui, je le crains, qu'un moyen poétique. Ce Slave a sur toutes choses les idées claires d'un Athénien. Sa mélancolie ne lui vient point de l'écrasement russe, de l'épouvante morne sous un ciel livide, triste de voir tant de misère en bas; elle lui vient du « mal du siècle » et de tous les siècles, de ce que la vie, qui était bonne, a le tort de fuir trop vite, l'amour celui de finir. Par contre, il a toutes les qualités littéraires qu'on ne reverra plus chez les écrivains de son pays; il est aussi concis qu'ils sont diffus, aussi limpide qu'ils sont troubles; son style châtié, alerte, est élégant et pur de son comme un bronze grec; en un mot, il a le goût, un terme qui après lui n'aura plus guère d'emploi dans les lettres russes.

Est-ce diminuer Pouchkine que de l'enlever à sa race pour le rendre à l'humanité? Je ne le pense pas. Disons, si l'on veut, qu'il représente une petite classe de ce grand pays, l'aristocratie cosmopolite à laquelle il appartenait, et dans cette classe une aptitude dominante, son incroyable souplesse à sortir d'elle-même, à se modeler sur tous les patrons. Ce jugement contiendra une part de vérité, il ne sera pas toute la vérité. Le hasard qui fit naître cet homme en Russie eût pu le jeter dans toute autre contrée; son œuvre n'en eût guère été modifiée; elle fût restée ce qu'elle est, un miroir simple et fidèle où se reflètent tous les sentiments humains, sous le vêtement adopté vers 1830 par la société polie d'Europe. Ces mêmes vers qui célèbrent la nature russe, l'amour russe, le patriotisme russe, changez-y quelques mots, et ils chanteront les mêmes choses pour l'Anglais, le Français ou l'Italien. Encore une fois, j'en demande pardon aux slavophiles que je contriste; mais s'il est beau d'être fils de Rurik, il est encore plus beau d'être fils d'Adam; et s'il y a, comme ils le pensent, un grand mérite à n'être compris que dans Moscou, il y en a peut-être un plus grand à faire penser, pleurer et sourire partout où respire un homme; Pouchkine y réussit. Il a bien servi ce pays auquel il ressemble si peu ; plus que tout autre écrivain, il l'a suscité à la vie intellectuelle, ce n'est pas trop de l'appeler le Pierre le Grand des lettres. La reconnaissance nationale ne s'y est pas trompée ; elle a donné raison à ces vers, où le poëte disait fièrement :

« Le monument que je me suis élevé n'est pas fait de main mortelle ; — et l'herbe ne croîtra pas dans le sentier populaire qui y conduit. »

II

Autour et au-dessous de Pouchkine, la forêt romantique est touffue ; ils se pressent à son ombre, tous ces poëtes, comme les bouleaux qu'on voit groupés auprès d'un chêne dans les landes humides de Russie ; légères visions blanches, frêles et gracieuses, toutes semblables d'aspect, chantant la même chanson au même vent qui emporte les feuilles de leur rapide été. Parmi tant de noms qui ont eu leur éclair de fortune, deux surtout méritent de nous arrêter : ceux de Griboïédof et de Lermontof. Ceux-là sont hors de pair ; le temps seul leur a manqué pour réaliser de magnifiques promesses ; ils ont été enlevés, avant l'heure des grands travaux, par la fatalité de mort violente acharnée sur tous ces écrivains.

Le premier n'a laissé qu'une comédie, mais cette comédie est le chef-d'œuvre du théâtre russe et l'une des plus fortes œuvres du théâtre universel. Griboïédof est intéressant parce qu'il échappe à toute classification, à toutes les influences régnantes; contemporain de Pouchkine, il ne lui doit rien; il ignore la révolution qui s'accomplit. Cantonné dans l'étude des vieilles mœurs moscovites, hostile aux livres étrangers qu'il fait maudire par un de ses personnages, Griboïédof est Russe, il l'est jusqu'aux moelles; ce sont les gens et les humeurs de son pays qu'il porte sur la scène; il s'est si bien approprié la fibre populaire que chacun de ses vers a passé en proverbe; on les retrouve sur toutes les lèvres, fort au-dessous des milieux lettrés. Et pourtant Molière est son maître. Le *Mal de trop d'esprit* a plus d'une analogie avec le *Misanthrope,* auquel l'ambition un peu hardie des critiques russes l'a souvent comparé; Tchatzky est un frère cadet d'Alceste, plus amer, plus révolté, conscient de son impuissance, comme le seront certains héros de Tourguénef, un Roudine, par exemple.

Qu'il était noir et brouillé de bile, le regard qui a vu la société humaine telle qu'elle apparait dans cette comédie! Mais qu'il était malicieux et pénétrant! Nous retrouverons dans le *Reviseur* cette gaieté cruelle, assaisonnement ordinaire de la comédie russe, qui semble toujours une protestation : mais l'œuvre de Griboïédof est, à mon avis, bien supérieure à celle de Gogol; à la fois plus large et plus fouillée, la verve est d'une qualité plus fine. Elle éclate surtout au premier acte, comme un feu de mitraille; ces vers se hâtent, coulés d'un seul jet, chargés de pensées : chacun d'eux fait balle et enfonce dans l'esprit du spectateur un trait de satire, une observation ingénieuse, un cri de bon sens. Le troisième acte s'achève sur un effet de scène d'une rare puissance et qui ne déparerait pas *Hamlet* : Tchatzky, le misanthrope patriote, est au milieu d'un bal, il tonne contre les singeries françaises des gens de Moscou et plaide pour le bon vieux temps ; on l'écoute d'abord, mais peu à peu les groupes de danseurs se reforment, les violons reprennent, tandis qu'il poursuit sa véhémente apostrophe ; il se retourne, s'interrompt, regarde : les jeunes couples dansent gaiement sans l'entendre, l'air de valse emporte les vérités moroses qu'il débitait.

Maintenant encore, alors que les plus belles pages des romantiques ont un relent de fleurs fanées, le *Mal de trop d'esprit* n'a pas vieilli d'un jour. La satire contemporaine ne peint pas d'une autre couleur les travers, les rancunes, les passions qu'elle continue d'observer dans la Russie actuelle. Faudrait-il tirer de là une triste conclusion ? La peinture des laideurs de l'homme serait-elle moins sujette à vieillir que les efforts de son imagination pour embellir la vie ? — Quand le manuscrit de Griboïédof commença de circuler, en 1824 (la censure en interdit la publication, et l'auteur ne vit jamais sa pièce imprimée), sa gloire naquit d'un coup, comme elle naissait alors, dans les cercles choisis qui imposaient leurs admirations à la masse ; elle balança un instant celle de Pouchkine. Celui-ci devait être trop vite rassuré, et de la façon la plus douloureuse pour son noble cœur. En 1829, comme il voyageait au Caucase, il rencontre un chariot au bac d'une rivière. — « Deux bœufs attelés à ce chariot gravissaient la côte. Quelques Géorgiens les accompagnaient. D'où venez-vous ? leur demandai-je. — De Téhéran. — Et que portez-vous là ? — Griboïédof. — C'était le corps de Griboïédof qu'ils ramenaient à Tiflis[1]. » L'auteur du *Mal de trop d'esprit*, ministre de Russie auprès du schah, avait été assassiné en Perse, à trente-quatre ans, par un parti de maraudeurs.

Restons au Caucase pour y attendre Lermontof. C'est le poëte attitré de ce beau pays. Durant la première moitié du siècle, le Caucase fut pour la Russie ce que l'Afrique était pour nous, une terre d'aventures et de rêves, où les plus fous et les plus forts allaient jeter leur gourme de jeunesse. Mais tandis qu'Alger ne nous renvoyait que de bons officiers, Tiflis rendait des poëtes. On comprend la fascination de cet Éden; il offrait aux jeunes Russes ce qui leur manquait le plus : des montagnes, du soleil, de la liberté. Là-bas, tout au bout de l'accablante plaine de neige, l'Elbrouz, « la Cime des Bienheureux », dressait dans l'azur ses glaciers étincelants. Par delà la montagne, c'était l'Asie et ses féeries, nature superbe, peuples pittoresques, torrents chantant sous les platanes, filles de Kabarda dansant dans les *aouls* du Térek; la vie large des bivouacs dans la forêt, la gloire ramassée sous le drapeau des héros légendaires : Paskévitch, Yermolof, Bariatinsky. Tous ceux qui étaient blasés ou croyaient l'être dans les ennuis de Pétersbourg couraient là; on les y exilait parfois, comme il arriva à Pouchkine et plus tard à Lermontof. Officier dans un des régiments qui faisaient la conquête du Caucase, ce dernier a passé sa courte vie dans les montagnes lesghiennes, il y a placé la scène de tous ses poëmes; il y est tombé, lui aussi, tué en duel à vingt-six

---

[1] POUCHKINE, *Voyage à Erzeroum*.

ans, comme son ainé Pouchkine, et au moment où la voix publique lui décernait la succession de cet ainé (1841).

Avec Lermontof, nous rentrons au plus fort du courant romantique. Il a reçu l'instrument façonné par son devancier, mais il se rattache surtout à leur maitre commun, à Byron. Le créateur d'*Oniéguine* n'avait pris à celui de *Childe-Harold* que sa poétique; Lermontof lui a pris son âme. Il peut revendiquer ce qui a été dit de Byron : « Les sources vives dans ce cœur étaient trop pleines et dégorgeaient le bien, le mal au moindre choc[1]. » Peu de bien. Concentrés et bouillants dans ce sombre jeune homme, tous les sentiments se changent pour lui en poison. Il a les passions forcenées de Pouchkine sans l'heureux naturel qui les corrige : ses contemporains s'accordent à nous le représenter vindicatif et hargneux, un méchant compagnon. Ils disent que pour peindre Lucifer, l'auteur du *Démon* n'eut qu'à regarder au dedans de soi.

L'œuvre d'un poëte mort à vingt-six ans est nécessairement bien réduite; elle a des parties éclatantes et durables comme ces glaciers de l'Elbrouz qu'il a chantés. Son poëme le plus célèbre, *le Démon*, rappelle par le sujet l'*Éloa* d'Alfred de Vigny[2]; mais pour la magnificence des descriptions et la force des sentiments, c'est à Milton qu'il faudrait comparer Lermontof. On a écrit peu de vers plus beaux que ceux où l'ange déchu, descendu sur la terre, dit son amour à la fille de Géorgie :

---

[1] TAINE, *Littérature anglaise*.
[2] Il y eut rencontre et non imitation. *Éloa* est de 1823, le *Démon* de 1829. La renommée discrète de Vigny n'était certainement pas parvenue au Caucase à cette époque.

« Mon paradis et mon enfer sont dans tes yeux. — Je t'aime d'une passion inconnue ici-bas, — et comme tu ne pourrais pas aimer; — de toute l'ivresse, de toute la puissance — d'une pensée et d'un rêve immortels. — Dans mon âme, dès l'origine du monde, — ton image était gravée; — elle flottait devant moi — dans les déserts de l'éther primordial... »

On a retrouvé et publié récemment un poëme inconnu de Lermontof, *Sachka,* sorte d'autobiographie, où cet esprit tourmenté se montre tout entier, avec son mélange d'imaginations grandioses et d'amères railleries. Ces fragments en donneront une idée :

« Tout disparaîtra. Je suis porté à croire — que notre monde sans lumière propre n'est que la cendre funéraire — d'un autre; une poignée de terre qui dans la lutte des siècles — s'est conservée par hasard et a été violemment — jetée dans le tourbillon éternel des mondes. — Les étoiles sont ses cousines, — quoique vêtues de robes aux traînes de feu, — et parfois, aux heures clémentes, elles ont — une bienveillante influence sur nous... — Mais qu'il y ait rencontre, la danse commencera, — on boxera, et adieu notre planète!...

« Éternité, éternité! que trouverons-nous là-bas, — par delà cette frontière d'outre-terre? — Un océan trouble et désordonné, où pour les siècles — il n'y a plus de chiffre et plus de nom; où sans asile — les étoiles rôdent à la suite d'autres étoiles. — Jeté parmi leurs chœurs silencieux, — que fera l'orgueilleux roi de la création? »

Le morceau finit en rappelant à ce roi qu'il est « terriblement pareil à un singe ». — L'inspiration est proche parente de celle qui nous donnait à la même époque *Rolla* et *Namouna ;* un lyrisme effréné, tournant soudain au persiflage; toujours le procédé byronien. Où le poëte me paraît inimitable, c'est dans telles petites pièces, faites d'une larme, chefs-d'œuvre de tendresse brûlante ou de mélancolie. Moins harmonieux et moins parfaits que les vers de Pouchkine, ceux de Lermontof ont parfois des vibrations plus douloureuses,

> Et j'en sais d'immortels qui sont de purs sanglots.

Quand il ne devrait rester de toute la poésie du siècle qu'une anthologie de quelques pages, il y faudrait conserver certains de ces quatrains qui demeurent en Russie dans toutes les mémoires, ceux-ci, par exemple :

« Nous nous sommes quittés, mais ton portrait, — sur mon cœur je le garde; — comme un pâle fantôme des années meilleures — il réjouit mon âme. — Abandonné à de nouvelles passions, — je n'ai pas pu le désaimer; — ainsi le temple déserté est toujours un temple, — et l'idole renversée, toujours un dieu[1]. »

Mais j'enfreins ma résolution de ne pas citer de vers. Je me la rappelle en voyant que ces petites perles, tombées dans une prose étrangère, y paraissent mortes et n'ont plus d'orient.

Le prosateur vaut le poëte chez Lermontof. Ceux qui ont lu, dans la traduction de M. X. Marmier, la *Prin-*

---

[1] La pensée appartient à Chateaubriand : ...Le dieu n'est point anéanti parce que le temple est désert... » — Lettre sur la mort du duc d'Enghien, *Mém. d'outre-tombe.*

cesse Marie, se rappellent sans doute le charme délicat de ce récit. C'est une des brèves esquisses de la vie caucasienne réunies sous ce titre : *Un héros de notre temps.* Ce héros, Petchorine, personnifie l'âme de sa génération ; il promène son désenchantement au travers de paysages qui l'enchantent pourtant, puisqu'il les décrit si bien ; il reparaît sans cesse pour apporter la note satanique et désolée qui date ces pages. Petchorine oublie que même au Caucase, surtout au Caucase, le pessimisme n'est pas d'un effet nouveau. Sur ces rochers, il y a bien des siècles, Prométhée exhalait déjà sa plainte contre la vie et les dieux.

III

Après 1840, on cherche vainement le chœur des poëtes qui faisaient écho à la voix de Pouchkine ; ils sont dispersés, silencieux ou disparus. Batiouchkof s'est éteint dans une maison de fous. Delvig a osé se prononcer en faveur de la révolution de Juillet : la disgrâce impériale l'a frappé, et l'on en meurt, comme Racine mourait d'un regard de Louis XIV. Baratinsky se débat contre les soucis, il ne chante plus. Yazikof et Joukovsky sont stérilisés par le mysticisme où ils s'enfoncent. Lermontof a jeté les derniers cris romantiques et les plus stridents. Montée à ce paroxysme, la fièvre byronienne devait tomber ; la poésie surmenée va languir et déchoir.

En vingt-cinq ans, le romantisme a traversé les trois étapes qu'il était destiné à fournir, en Russie comme partout ailleurs. Au début, l'enfant candide et crédule apporte d'Allemagne les contes de sa nourrice : ballades, élégies sentimentales, légendes merveilleuses, douces histoires de chevaliers et d'ondines. Bientôt les orages de l'adolescence surviennent, on ajoute à la lyre des cordes personnelles et douloureuses; c'est l'Angleterre qui les a touchées la première, la voix de son poëte va mener le concert des malédictions. Mais le désespoir tout seul n'est pas un aliment pour une littérature. Le romantisme ne pouvait guère durer sous sa forme lyrique, pas plus que ne dure une crise de passion; sous cette forme, il avait été surtout une réaction inconsciente contre l'idéal philosophique du dix-huitième siècle. A la fin de ce siècle, des prophètes et des apôtres étaient venus, qui annonçaient aux hommes le bonheur fondé sur la raison, le règne de la vertu et de la liberté, organisé par un miracle métaphysique. Les hommes avaient cru au nouveau mythe, ils en avaient poursuivi le fantôme à travers les ruines; comme ils ne pouvaient l'étreindre, comme leurs passions continuaient de leur déchirer le cœur et de les tenir en esclavage, malgré la grande promesse de bonheur et de liberté, ils tombèrent en mélancolie ou se révoltèrent contre la fatalité. De là le sanglot des René, des Childe-Harold, des Olympio, de toute la famille éplorée. Certes, ils n'apercevaient pas encore la source de leur mal; seul peut-être, ce grand fou de Rolla y vit clair. Aujourd'hui même, après cent ans d'expériences qui ont crevé le mensonge, nous commençons à peine à comprendre que notre pessimisme et notre découragement proviennent de cette immense banqueroute de l'idéal philosophique.

La Russie n'avait été associée que de bien loin à nos espérances et à nos désillusions; chez elle la désolation lyrique d'un Oniéguine, d'un Petchorine, semblait plus qu'ailleurs factice et empruntée; on devait vite s'en déprendre. Le nouvel état d'âme avait créé une rhétorique particulière qui demandait à s'essayer sur des objets plus substantiels. Las de planer trop haut dans les espaces imaginaires, le romantisme chercha dans l'histoire un terrain plus solide où se poser. Les faiseurs d'élégies et de ballades se tournèrent vers le drame historique, vers les côtés pittoresques de la vie populaire. On recula de Byron à Shakspeare, qui apparut comme le docteur universel. Les Russes découvrirent leur moyen âge à l'heure même où nous exhumions le nôtre. Pouchkine se donna tout entier à cette résurrection du passé avec *Boris Godounof* et les poëmes de sa maturité. Ses disciples le suivirent dans cette voie, comme on suivait chez nous les inventeurs de *Henri III*, de *Marion Delorme* et de *Notre-Dame de Paris*. La parfaite simultanéité des deux mouvements exclut toute subordination de l'un à l'autre; dans toute l'Europe, les mêmes causes produisaient les mêmes effets. Mais comme la rhétorique de la nouvelle école était aussi conventionnelle que celle des périodes classiques, elle faussa les images qu'elle évoquait. La personnalité exaspérée qui faisait le fond de l'esprit romantique ne sut pas s'effacer pour laisser parler les gens d'un autre temps et d'une autre condition; les écrivains soufflèrent aux acteurs qu'ils mettaient en scène leurs doctrines et leurs sentiments. Ils avaient invoqué contre les vieilles règles le besoin de vérité ; ce besoin devait se retourner à leurs dépens et réagir contre leurs emportements d'imagination.

Il y avait une autre raison pour que la succession du romantisme s'ouvrît à bref délai. Le mouvement littéraire de 1830, en Russie, était purement esthétique ; confiné dans les jouissances d'art, les querelles de forme, il n'offrait aucune satisfaction aux besoins moraux et sociaux d'un pays affamé de réformes, d'idées, de solutions pour tous les problèmes qui commençaient de se poser. Le romantisme donna l'illusion d'une guerre de principes : quand on parcourt les Revues de cette époque (les journaux ne comptaient pas encore), on est d'abord assourdi par un fracas de bataille. Pouchkine joignait à tant d'autres passions celle du journalisme ; dans les organes qu'il dirigea à plusieurs reprises, le *Messager de Moscou*, la *Gazette littéraire*, la polémique est vivement menée contre les tenants de la tradition classique. Mais ce sont là des controverses bonnes pour le loisir des beaux-esprits, des dilettanti ; elles ne touchent pas aux intérêts généraux, aux soucis plus sérieux.

Pourtant les écoles philosophiques divisent et passionnent la jeunesse ; la question de l'émancipation des serfs, soulevée sous Alexandre I*er*, pèse lourdement sur la conscience nationale ; bien des gens s'inquiètent de savoir enfin quelle part la Russie va prendre dans le progrès humain. De tout cela, le romantisme n'a cure ; il gémit et décrit ; il ne légifère que sur l'émancipation du style et sur la constitution du drame. Un peuple, surtout un peuple qui souffre et attend, ne se nourrit pas longtemps de rhétorique ; il laisse ce luxe aux salons et aux lettrés. Le romantisme fut un divertissement à l'usage de ces derniers; il passa au sommet de la société russe sans jeter des racines profondes dans le sous-sol. La première voix qui allait faire entendre une parole plus virile devait sonner le glas de ce phénomène aristocratique et artificiel.

Ce fut celle de Tchaadaief, dans la fameuse *Lettre philosophique* publiée en 1836. Tchaadaief était un homme du monde, instruit, élégant, répandu, un de ces philosophes de salon, nombreux à Moscou, amis du paradoxe et de la fronde, soucieux de ne pas trop se compromettre, habiles à se rétablir. L'idée fondamentale de la *Lettre,* c'est que la Russie a été jusqu'alors une branche parasite de l'arbre européen, pourrie parce qu'elle a tiré sa séve de Byzance, inutile à la civilisation, étrangère à la grande formation religieuse du moyen âge occidental, puis à l'affranchissement laïque de la société moderne. Au dire de l'auteur, l'Église d'Orient est morte, sans force pour la direction de la vie nationale. — « Solitaires dans le monde, nous ne lui avons rien donné ni rien pris : nous n'avons pas ajouté une idée au trésor des idées de l'humanité, nous n'avons aidé en rien au perfectionnement de la raison humaine et nous avons vicié tout ce que cette raison nous communiquait... Nous avons dans le sang un principe hostile et réfractaire à la civilisation... Nous poussons, nous ne mûrissons pas. » — La voilà qui sort de la bouche d'un Russe, l'accusation tant de fois portée contre la Russie par ses détracteurs. Et il n'est pas seul à penser ainsi; avant peu d'années, des échos multipliés vont lui répondre. Biélinsky dira : « Nous sommes des gens sans patrie;

pis que cela, des gens qui ont un mirage pour patrie. »
Et Tourguénef prêtera à l'un de ses personnages cette
amère boutade : « Nous n'avons su donner au monde
que le samovar, et encore se peut-il qu'il ne soit pas de
notre invention. »

Jamais on ne s'était dit à soi-même d'aussi dures
vérités. Le philosophe s'abstenait de toutes critiques
contre la « Russie officielle[1] »; mais le soufflet retombait forcément sur celle-ci. L'émoi fut vif à Moscou et
ailleurs; le *Télescope,* qui avait inséré la *Lettre,* fut supprimé, l'éditeur exilé à Vologda, le censeur destitué;
quant à l'auteur, l'arrêté rendu contre lui portait que
« la *Lettre* n'ayant pu être écrite que par un Russe qui
ne se trouvait pas dans son bon sens, Tchaadaief serait
confié aux soins d'un médecin aliéniste qui le visiterait
chaque jour ». Cette étrange punition se continua pendant un mois. — Par la suite, Herzen et l'opposition
libérale réclamèrent Tchaadaief comme leur père légitime; on força le sens de la *Lettre philosophique,* qui
était surtout un aveu d'angoisse religieuse, pour la travestir en pamphlet politique; on fit de l'auteur un sceptique et un révolutionnaire. Il passa pour avoir jeté le
« premier cri ».

A ce même moment, on traduisait Kant, Schelling,
Hegel; une grande partie de la jeunesse allait chercher
le rationalisme à ses sources, dans les universités allemandes. La génération de 1840 reçut ce baptême d'eau

---

[1] Euphémisme consacré pour désigner le gouvernement, quand
on n'a rien d'agréable à lui signifier; il s'emploie dans les cas où
l'on disait chez nous, il y a quinze ans, « le pouvoir exécutif » au
lieu de dire « l'Empereur ».

trouble, elle en revint transformée. A l'ivresse du sentiment, qui avait caractérisé la génération précédente, succéda l'orgie de la métaphysique; la mode délaissa le « vague des passions » pour la « raison pure »; on étreignit cette nouvelle marotte avec la fureur d'engouement habituelle aux Russes; les cheveux que les Allemands coupaient en quatre, on les recoupa en huit à Moscou. Ce fut une période de doctrinarisme transcendantal. On verra plus loin comment il fournit également des armes, pour défendre des thèses contradictoires, aux deux écoles qui naissaient à cette date et se partageaient la Russie. Un écrivain nourri des idées nouvelles, et qui va bientôt prendre la direction de l'école libérale, apparait alors et exerce une influence prépondérante sur la littérature : c'est le critique Biélinsky.

Ses ennemis l'ont appelé « un rêveur ivre d'encre ». Ce jugement n'est pas trop sévère, si on l'inflige à l'homme politique, — Dieu ! que le mot est gros pour Biélinsky, pour la Russie de Nicolas ! — au philosophe versatile, jouet de son imagination abstraite, que nous suivrons plus tard dans ses évolutions à travers un radicalisme nuageux. Mais à ses débuts, alors qu'il appartenait encore à la « droite hégélienne » et qu'il restait sur le terrain littéraire, il a rendu de grands services. Biélinsky est peut-être le seul critique digne de ce nom dans son pays. L'esprit russe est naturellement enclin aux travaux critiques; il y apporte rarement la méthode, l'impartialité et la largeur de vues auxquelles nos maitres nous ont habitués. Dans toutes les « récensions », comme on dit là-bas, qui emplissent les journaux, c'est miracle de trouver un juste milieu entre le froid compte rendu, la dissertation pédante du professeur, le plaidoyer passionné de l'avocat. La faute en est peut-être à la politique; sous couleur de discussions esthétiques, on ne raisonne et l'on ne déraisonne que d'elle; comme elle n'a pas le droit de se montrer à visage ouvert, elle s'insinue dans les thèses littéraires et les fait aussitôt dévier.

Biélinsky, lui aussi, a donné dans ce travers; il le corrige du moins par un vif amour des choses de l'esprit, par un grand fonds d'intelligence, d'érudition et d'équité. Ce travailleur infatigable a laissé une œuvre volumineuse, véritable encyclopédie des lettres russes; œuvre encombrée et prolixe dans certaines de ses parties, mais riche de savoir et d'idées, informée des moindres manifestations du génie national dans le passé et dans le présent. La besogne que se partageaient chez nous, vers le même temps, un Villemain et un Sainte-Beuve, il l'a faite à lui tout seul en Russie; il a déblayé le chaos de l'ancienne littérature et marqué, avec une rare sagacité, les tendances de la nouvelle. Le premier, cet audacieux renversa beaucoup de vieilles idoles et détruisit le fétichisme qu'on professait de confiance pour les écrivains de la période classique. Malgré son admiration pour Pouchkine, il mit le doigt sur les points faibles du romantisme, il jugea ce cadavre, encore chaud, en des termes auxquels nous aurions peu de chose à reprendre aujourd'hui. Enfin il eut vraiment la divination des besoins intellectuels de son temps; cette « école naturelle » d'où sont sortis les grands romanciers de la Russie moderne, il l'a fondée, encouragée de ses conseils; en lui traçant son programme aussitôt après 1840 — et ceci est capital — il a montré pour la première fois un Russe en avance sur les évolutions littéraires de l'Occident.

J'emprunte quelques lignes aux études sur les poëtes romantiques écrites en 1843; elles marquent les dispositions du public à cette époque, la lassitude et l'attente d'un art nouveau. J'avoue mon arrière-pensée en citant Biélinsky, son autorité indiscutée me couvrira contre la réprobation des Russes, s'ils trouvent excessives mes réserves sur le caractère national du génie de Pouchkine.

« La tristesse, le désenchantement, l'idéal, les vierges célestes, la lune, la haine du genre humain, la jeunesse perdue, la trahison, les poignards et les poisons, — il y a beau temps que tout cela a été dit et redit mille fois, et dans les belles créations de Pouchkine, et par la foule de ses imitateurs. Maintenant, on ne vous lira même plus, si vous voulez étonner par la hardiesse de la phrase, par les sonorités éclatantes du vers, par les dithyrambes enflammés en l'honneur des jeunes filles aux yeux noirs et des orgies de jeunesse... Il est passé, le temps des enthousiasmes juvéniles; celui de la pensée est venu. Le public est plus exigeant. A la vérité, il ne se rend pas un compte exact de ce qu'il demande, mais il ne se contente plus de ce qu'on lui offre. Il n'est pas encore arrivé à la pleine conscience de lui-même; il est bien près d'y atteindre. Les prosopopées magnifiques et les phrases à effet ne fascinent plus personne, on n'en veut pas entendre parler. »

« Personne ne doute qu'il existe une littérature russe, mais chacun a le droit d'exiger qu'on en fasse l'inven-

4.

taire de sang-froid, qu'on l'apprécie à sa valeur vraie; chacun a le droit de sourire, quand on la compare prétentieusement aux littératures étrangères. Que nous ayons une littérature, il suffit pour s'en convaincre de savoir que Pouchkine a existé, et qu'en dehors de lui nous pouvons citer quelques noms avec orgueil. Elle a son histoire et son enchaînement logique, cela est certain : cependant nous ne devons pas oublier que cette littérature a été d'abord une fleur transplantée, qu'elle a longtemps vécu d'une vie artificielle, derrière le vitrage d'une serre. Il y a peu, très-peu de temps qu'elle a commencé de jeter des racines dans le sol russe; qu'il est petit, jusqu'à présent, le champ où elle peut croître[1]! Quel rapport y a-t-il entre notre poésie contemporaine et la poésie populaire? Non-seulement elles ne sont pas apparentées, mais elles s'ignorent l'une l'autre. Lisez une pièce de Pouchkine, je ne dis pas à un moujik, mais à un marchand de la première classe; vous verrez ce qu'il vous en dira...[2]. » — Biélinsky dit ailleurs : « Les contes de Pouchkine témoignent d'un effort pour imiter la poésie populaire; il y a fait fausse route[3]. »

Les premières Nouvelles de Gogol, qui coïncidaient avec les derniers vers de Lermontof, révélèrent au critique cet art nouveau dont il prédisait la naissance. Biélinsky déclara aussitôt que l'âge de la poésie lyrique était passé sans retour, et que le règne du roman

---

[1] Biélinsky donne plus loin un détail qui a son prix. — « Chez nous, le succès exceptionnel d'un livre se chiffre par la vente de cinq cents exemplaires, de sept cents au maximum; si le livre est publié dans les Revues, il peut trouver un millier de lecteurs. »

[2] *De la littérature en* 1843, tome VIII des OEuvres, *passim.*

[3] *Étude sur Pouchkine,* tome VIII, p. 700

commençait. Toute la suite a justifié cette prophétie.

Avec le grand écrivain qui a fait se dresser toute vivante la Russie, avec l'œuvre qui porte dans ses flancs toute la littérature de l'avenir, nous touchons au véritable objet de ces études; il convient d'y appliquer une attention plus soutenue.

Dans l'esquisse rapide que j'ai conduite jusqu'à Gogol, on a vu les efforts de l'esprit russe pour se trouver lui-même, ses imitations maladroites, ses premiers succès. Longtemps il a couru après nous; enfin il nous a rejoints; bientôt il va nous précéder sur certaines routes. La Russie nous est apparue comme un immense miroir, capable seulement de refléter les images que nous lui envoyions, images souvent confuses et mal venues, quelquefois lumineuses et charmantes. A partir de Pouchkine, elles subissent des transformations magnifiques, si bien que nous commençons à soupçonner dans cette glace une puissance de création qui lui est propre. Mais ce phénomène nous laisse hésitants; nous reconnaissons encore nos traits et nos gestes sur les visages étrangers que le miroir propose à notre admiration. Dorénavant il nous montrera des figures inconnues; celles-ci ne viendront plus du dehors, elles monteront du sol natal, elles témoigneront qu'il existe une terre nourricière sous cette neige où nous n'avions vu qu'un stérile pays de mirage; et comme l'annonçait Biélinsky, c'est le roman qui va les évoquer.

CHAPITRE III

L'ÉVOLUTION RÉALISTE ET NATIONALE. — GOGOL.

Le roman eut en Russie d'humbles commencements; son histoire avant 1840 n'est ni longue ni brillante. Le premier ouvrage de ce genre fut publié en 1799 par un certain Ismaïlof; cela s'appelait *Eugène, ou les Suites d'une mauvaise éducation;* les personnages étaient russes par les noms et l'habit, les scènes empruntées aux mœurs locales. Bientôt après, Karamsine donna ses nouvelles, maigres et touchantes fictions; nous avons vu quel fut le succès de la *Pauvre Lise* et combien il était obtenu à bon compte. La fortune prodigieuse de Walter Scott ne pouvait manquer de susciter des imitations; nous les rencontrons vers 1820, dans les romans historiques de Boulgarine, de Gretch, de Zagoskine. Le moins ignoré fut le *Youri Miloslavsky* de ce dernier. Ces tentatives n'eurent qu'un moment de faveur; la poésie lyrique les fit oublier et prit toute la place au soleil. Les créateurs du romantisme ne touchèrent qu'incidemment à la fiction en prose. Les petites nouvelles de Pouchkine, tirées le plus souvent de l'histoire nationale, appartiennent encore à l'ancienne école narrative; ce sont des modèles de composition

classique, des épisodes vivement imaginés, plutôt que
l'étude de la réalité contemporaine. Dans le *Héros de
notre temps,* Lermontof s'approcha davantage de notre
idéal moderne; mais comme tous ceux de sa génération,
Petchorine est trop occupé de ses gémissements pour
observer de bien près le monde qui l'entoure. Au-dessous de ces maitres, je trouve Marlinsky et ses émules,
les romanciers ingénus qui eurent le privilége de faire
pleurer les jeunes filles russes, entre 1830 et 1840; il
faut toujours que quelqu'un fasse pleurer les jeunes filles,
mais le génie n'y est pas nécessaire. Marlinsky avait pris
pour modèles Ducray-Duminil et le vicomte d'Arlincourt;
ses inventions sentimentales ne visent pas plus loin.
Pour les relire aujourd'hui, il faut une fraicheur d'illusions qu'on ne rencontre plus que dans les cabinets de
lecture de Tambof.

On était las du roman historique et pseudo-populaire,
autant que de la débauche lyrique et des héros surhumains. Des observateurs moins suspects allaient venir,
qui prendraient plaisir au spectacle de la vie et l'étudieraient attentivement en dehors d'eux-mêmes. De légers
symptômes les annonçaient déjà; l'héritage du romantisme leur était si nécessairement dévolu qu'ils apparurent partout en même temps, pour accomplir la même
tâche, sans se connaître ni s'imiter. Ce furent Dickens
et Balzac en Occident; en Russie, ce fut Gogol.

Nous allons voir ce dernier se dégager lentement des
influences ambiantes. Il ne créera pas du premier coup
le roman de mœurs et de caractères, tel que nous le
comprenons aujourd'hui, tel que ses rivaux le façonnent
déjà en d'autres pays; mais il en assemblera les maté-

riaux pour ses successeurs, dans des compositions originales et difficiles à classer. Vieux cadres, portraits nouveaux, où la Russie va enfin reconnaître son esprit et sa physionomie.

Mérimée a révélé à la France le nom de Gogol, il a dit, avec la sagacité habituelle de son jugement, ce qu'il fallait admirer dans le premier des prosateurs russes. Toutefois, Mérimée ne connaissait qu'une partie de l'œuvre de son ami; et dans cette œuvre, il a surtout étudié une rareté littéraire. Nous exigeons davantage aujourd'hui; notre curiosité s'attache à l'homme; à travers l'homme elle poursuit le secret de la race. L'écrivain consacré par les suffrages de ses compatriotes nous apparait comme un gardien à qui tout un peuple a confié son âme pour un moment. Que veut cette âme dans ce moment? Quel est le rôle historique du gardien? Dans quelle mesure a-t-il préparé les transformations ultérieures? C'est ce que j'essayerai de chercher dans les livres de Gogol, dans les polémiques passionnées soulevées par ces livres depuis bientôt un demi-siècle[1].

I

Il était Petit-Russien, fils de Cosaques. Donnée à des lecteurs russes, cette simple indication n'a pas besoin de commentaires; elle éclaire le plus particulier de l'homme,

[1] *OEuvres complètes*, 4 vol. in-8°, Moscou, 1880, Hagen. — Biographies et critiques : Biélinsky, Polévoï, Chévyref, Schébalsky.

elle dessine à l'avance le trait saillant que nous relèverons dans son caractère et dans son œuvre : une bonne humeur maligne avec un dessous de mélancolie. Pour comprendre cet écrivain, il faut connaître la terre qui le porta comme son fruit naturel. Cette terre, — l'Ukraine, *la frontière,* — est un objet de dispute entre les influences de l'extrême Nord et de l'extrême Midi. Durant quelques mois, le soleil s'empare d'elle en maître, il y accomplit ses miracles constants. C'est l'Orient, des jours lumineux sur des plaines enchantées de fleurs et de verdure, des nuits douces dans un ciel enchanté d'étoiles. Le sol fertile porte d'incomparables moissons, la vie est facile, partant joyeuse, dans cet éveil universel de la séve et du sang. Le grand magicien fond la tristesse avec la neige, il élabore des esprits plus ardents et plus subtils, il tire de l'âme tout ce qu'elle contient de gaieté, chaleur qui monte aux lèvres en rires bruyants

Pays de soleil, mais aussi pays de grandes plaines. L'inquiétude des horizons sans fin diminue le plaisir que les yeux trouvent autour d'eux; on n'est pas joyeux longtemps en face de l'illimité. L'habitude du regard fait celle de la pensée, ce vide lointain l'attire, elle se poursuit dans l'espace sans parvenir à se perdre; c'est le vol d'oiseaux parti dans la clarté, qu'on accompagne machinalement comme il décroit dans l'ombre, qu'on cherche encore évanoui dans l'éther. De là, pour l'homme de la steppe, l'inclination au rêve, la retombée sur lui-même, l'essor en dedans de l'imagination. Il y a dans le Petit-Russien du Provençal et du Breton. L'hiver le refait Russe. Cette saison revient sur le Dniéper presque aussi rigoureuse que sur la Néva; rien n'arrête les vents et les glaces du Nord qui ressaisissent ce pays; la mort contrarie brusquement l'œuvre du soleil; la terre et l'homme s'engourdissent. De même qu'elle fut conquise et asservie par les armées de Moscou, l'Ukraine est reconquise chaque année par le climat de Moscou : il égalise la dure condition de toutes les provinces. Sur ce champ de luttes, l'histoire physique semble avoir tracé le plan de l'histoire politique; et les vicissitudes de cette dernière n'ont pas moins contribué que celles du climat à former une physionomie originale à la Petite-Russie

Elle a subi le Turc, et d'un long contact avec lui elle a gardé bien des traits orientaux. Puis la Pologne l'entraîna dans son orbite agitée; cette Italie du Nord a laissé à son ancienne vassale quelque chose de ses mœurs magnifiques et turbulentes. Enfin, les ligues cosaques lui ont fait une âme républicaine; de cette époque datent les traditions les plus chères au Petit-Russien, le fonds de liberté et de hardiesse qui décèle son origine. On sait ce qu'étaient les Cosaques Zaporogues : un ordre de chevalerie chrétienne, recruté parmi des brigands et des serfs fugitifs, toujours en guerre contre tous, sans autres lois que celles du sabre. Dans les familles qui descendent directement de cette souche, — et la famille de Gogol en était, — on retrouve les révoltes héréditaires, les instincts errants, le goût de l'aventure et du merveilleux.

Il fallait noter les éléments complexes de cet esprit semi-méridional, plus jovial, plus prompt et plus libre que celui du Grand-Russe; notre écrivain va le faire triompher dans la littérature de son temps, il le représentera avec d'autant plus d'exactitude que son cœur tient plus fort à la terre natale. Il y plonge par toutes ses racines; la première moitié de l'œuvre de Gogol n'est que la légende de la vie de l'Ukraine.

Nicolas Vassiliévitch naquit en 1809, à Sorotchinzy, près de Poltava, au centre des terres noires et de l'ancien pays cosaque. Son premier éducateur fut son grand-père. Ce vieillard avait été écrivain régimentaire des Zaporogues. Malgré son intitulé, cette charge d'épée n'avait rien à voir avec les lettres, c'était une des dignités de la milice républicaine. L'enfant fut bercé aux récits de l'aïeul, survivant des époques héroïques, intarissable sur les grandes guerres de Pologne, sur les hauts faits des écumeurs de la steppe. La jeune imagination s'emplit de ces histoires, tragédies militaires et féeries paysannes; elles nous ont été transmises presque intactes, — Gogol l'a souvent répété, — dans les *Veillées du hameau* et surtout dans le poëme de *Tarass Boulba*. Ce que le grand-père racontait, l'enfant l'apprenait sous une autre forme en écoutant les kobzars, ces rhapsodes populaires qui vont chantant l'épopée ukrainienne. Tout, dans ce milieu, lui parlait d'un âge fabuleux à son déclin, d'une poésie primitive encore vivante dans les mœurs. Quand l'artiste condensera pour nous cette poésie flottante dans l'air qu'il respire, on devinera qu'elle a passé à travers deux prismes : celui de la vieillesse, qui se rappelle avec regret ce qu'elle narre; celui de l'enfance, qui imagine avec éblouissement ce qu'elle entend.

Ce furent là, paraît-il, les premières classes du jeune Gogol et les plus profitables. On le plaça par la suite au gymnase de Niéjine, on lui montra le latin et les langues étrangères; ses biographes nous assurent qu'il fut un détestable écolier. Les biographes agrémentent volontiers de ce trait la vie de tous les grands hommes, c'est un siége fait. Il ne faut pas le répéter trop haut, on pourrait être lu dans les colléges. D'ailleurs, si l'éducation première de l'écrivain eut des lacunes, il y pourvut plus tard; tous ses contemporains témoignent de sa vaste lecture, de sa connaissance approfondie des littératures d'Occident. Comme il va quitter les bancs de l'école, ses lettres à sa mère nous déclarent déjà les inclinations de son esprit : une verve observatrice et satirique, exercée aux dépens de ses camarades, un fonds de piété sérieuse, le désir d'une grande destinée. Parfois un découragement subit ravale le vol de ces hautes espérances; des affaissements de volonté, des déclamations contre l'injustice des hommes datent les lettres; on reconnaît l'influence des premières lectures romantiques, la contagion du byronisme de l'époque. « Je me sens, écrit le jeune enthousiaste, la force d'une grande, d'une noble tâche, pour le bien de ma patrie, pour le bonheur de mes concitoyens et de tous mes semblables... Mon âme aperçoit un ange envoyé du ciel, qui l'appelle impérieusement vers le but auquel elle aspire... » Nos pessimistes de vingt ans souriront de cette rhétorique; on sourira de la leur dans un demi-siècle, et avec moins d'indulgence. Malheur aux générations qui ne sont pas un instant crédules au mensonge de la vie, qui ne se brûlent pas à leur propre flamme et laissent refroidir la vieille humanité! Comme tout ce qui existe, elle ne dure que par une perpétuelle combustion.

Un Russe qui voulait faire le bonheur de ses semblables sous l'empereur Nicolas n'avait pas le choix des moyens; il devait entrer au service de l'État et gravir laborieusement les degrés de la hiérarchie administrative : depuis Pierre le Grand, ce mandarinat obligatoire aspire toutes les forces vives de la nation. Après avoir terminé les études qui y donnent accès, Gogol partit pour Pétersbourg. Ses lettres nous instruisent de son histoire morale. C'était en 1829, il avait vingt ans; léger de bourse, riche d'illusions, il entra dans la capitale comme ses pères les Zaporogues dans les villes conquises, persuadé qu'il n'avait qu'à étendre la main avec hardiesse pour saisir toutes les félicités. Oh ! le curieux spectacle, une nature d'homme qui se forme pour l'emploi auquel elle est prédestinée! Surprenez à l'œuvre la volonté obscure, toujours agissante, qui tisse adroitement chaque fil dans la vaste trame de l'histoire. Voici un futur écrivain, commissionné pour guider une évolution de l'esprit, pour arracher la littérature à la vie imaginaire et la ramener à la vie réelle; à cet homme, la volonté dont je parle a donné d'abord une bonne part de rêve, une libre crue d'imagination, tout ce qu'il fallait de poésie pour lui affermir les ailes; maintenant elle va l'astreindre au dur noviciat de la réalité. En quelques semaines, Nicolas Vassiliévitch fit son apprentissage. Non-seulement on ne lui offrait rien de ce qu'il attendait, mais on refusait partout ce provincial sans appuis. Il apprit que la grande ville était un désert plus inclément que sa steppe natale; il connut les portes sourdes au débutant qui frappe, les vaines promesses, toute la défense inerte de l'établissement social contre l'assaut des nouveaux arrivants.

Alors, dans son cœur pris de désespoir, le sang

du Cosaque, de l'aventurier errant, s'attesta par un brusque retour d'atavisme. Un jour, il reçoit de sa mère une petite somme destinée à libérer la maison paternelle d'une hypothèque; au lieu de porter cet argent à la banque, Gogol se jette sur un bateau en partance, sans but, comme l'enfant qui s'est grisé du *Robinson*, pour fuir n'importe où devant soi, dans le vaste monde. Ce bateau le laisse à la première escale, à Lubeck; il débarque là indifféremment, comme il eût débarqué aux Indes, il vagabonde trois jours dans la ville, et revient à Pétersbourg, soulagé de son trésor, guéri de sa folie, résigné à tout supporter.

Après bien des démarches, il obtint une modeste place d'expéditionnaire au ministère des apanages. Il ne passa qu'une année dans les bureaux; elle exerça une influence décisive sur son esprit. Tandis qu'il copiait la prose de son chef de division, la bureaucratie russe posait devant lui; les silhouettes des *tchinovniks* se gravaient dans sa mémoire, il étudiait le monstre qui devait hanter toute son œuvre; Akaky Akakiévitch, le triste héros qui personnifiera dans le *Manteau* ce monde de misère, lui apparut là en chair et en os. Bientôt las de ce métier, Gogol en essaya quelques autres. Il se croyait un grand talent d'acteur, il offrit ses services à la direction des théâtres; on ne lui trouva pas assez de voix. Le comédien rebuté se fit précepteur; il entreprit sans grand succès des éducations dans des familles de l'aristocratie pétersbourgeoise. Enfin, des amis lui procurèrent une chaire d'histoire à l'université : le professeur dépensa tout son feu dans un brillant discours d'ouverture; dès la seconde leçon, ses élèves ne le reconnurent plus, il ne réussissait qu'à les endormir. Au bout de tant de naufrages, cette épave ne pouvait manquer d'arriver à la littérature ; c'est le refuge habituel, le tombeau des propres à rien et le tremplin des propres à tout. Plus souvent le premier.

De timides essais, publiés dans les journaux sous le couvert de l'anonyme, avaient procuré au jeune homme quelques relations. Pletnef l'encourageait, Joukovsky l'introduisit chez Pouchkine. Gogol a raconté avec quelles palpitations il sonna un matin à la porte du grand poëte. Celui-ci dormait encore, ayant veillé toute la nuit ; comme le visiteur ingénu s'excusait de troubler un pareil travailleur, le valet de chambre lui certifia que son maître avait passé la nuit à jouer aux cartes. C'était une désillusion, l'émule de Byron ne les épargnait pas à ses admirateurs ; mais l'accueil fut si cordial ! Si Pouchkine a tant fait pour les lettres russes, c'est peut-être plus encore par sa bonté que par ses chefs-d'œuvre. Exempt d'envie, libéral de son trop-plein d'idées et de gloire, il aimait naturellement le succès d'autrui, comme on aime le soleil sur les fleurs ; c'est la vraie marque du génie, celle qui est au cœur. Son ardente sympathie, prodigue d'encouragements et d'éloges, a fait lever des légions d'écrivains ; entre tous, Gogol demeura son préféré. Je dirai plus loin quelle part revient au poëte dans les maîtresses œuvres du prosateur ; pour commencer, Pouchkine l'engagea à traiter des scènes tirées de l'histoire nationale et des mœurs populaires. Gogol suivit le conseil ; il écrivit les *Veillées du hameau*.

II

Les *Veillées dans un hameau près de Dikanka*, c'est toute l'enfance du jeune auteur, tout le souvenir et l'amour de la terre d'Ukraine, épanchés de son cœur dans un livre. Un vieil éleveur d'abeilles est censé conter ces histoires à la veillée; il bavarde au hasard, et la Petite-Russie se déroule devant nous sous tous ses aspects: paysages et foules, tableaux de mœurs rustiques, dialogues populaires, légendes grotesques ou terribles. Deux éléments assez contradictoires font corps dans ces récits, la gaieté et le fantastique. Il y a beaucoup de diablerie, il y en a trop; les sorcières, les ondines, pâles spectres de noyées, le Malin sous tous ses déguisements, passent et repassent sans cesse, effrayant les villageois. Mais on ne les prend guère au sérieux; la gaieté l'emporte, saine et robuste. Rien encore du rire amer qui creusera bientôt son pli sur la lèvre de Gogol; seulement le bon et franc rire d'un joyeux Cosaque, gavé d'une copieuse écuelle de gruau, et qui s'étire au soleil en écoutant les farces dont se vante son compère; entreprises galantes de jeunes gars, bons tours joués au Juif ou aux autorités du village, soulaisons rabelaisiennes avec force gourmades. Tout cela est conté dans une langue grasse et savoureuse, chargée de mots petits-russiens, de locutions naïves ou triviales, de ces diminutifs caressants qui rendraient seuls la traduction impossible dans un idiome plus formé. Par instants, le style s'élève et s'affine; un flot de poésie emporte l'auteur quand revient sous ses yeux un des paysages où il a grandi. Ainsi, au début de la *Nuit de mai* [1] :

« Connaissez-vous la nuit d'Ukraine? Oh! vous ne connaissez pas la nuit d'Ukraine! Contemplez-la. Du milieu du ciel, la lune regarde; la voûte incommensurable s'étend et paraît plus profonde encore; elle s'embrase et respire. Sur la terre, une lumière argentée; l'air est frais, et pourtant il oppresse, chargé de langueur, charriant des parfums. Nuit divine! nuit enchanteresse! Immobiles et pensives, les forêts reposent pleines de ténèbres, projetant leurs grandes ombres. Voici des étangs silencieux; leurs eaux sombres et froides sont tristement emprisonnées dans les murailles de verdure des jardins. La petite forêt vierge de merisiers et de prunelles risque timidement ses racines dans le froid de l'eau; par moments, ses feuilles murmurent, comme dans un frisson de colère, quand un joli petit vent, le vent de nuit, se glisse à la dérobée et les caresse. Tout l'horizon dort. Au-dessus, là-haut, tout respire, tout est auguste et triomphal. Et dans l'âme, comme au ciel, s'ouvrent des espaces sans fin; une foule de visions argentées se lèvent avec grâce dans ses profondeurs. Nuit divine! nuit charmante! Soudain tout s'anime, les forêts, les étangs et les steppes. Le trille majestueux du rossignol d'Ukraine a retenti : il semble que la lune s'arrête

---

[1] Dans cet essai de traduction et dans les suivants, je me suis attaché à transporter la phrase russe mot pour mot, avec ses répétitions et sa redondance. Le lecteur jugera ainsi le fort et le faible de ce style.

au milieu des nuées pour l'entendre. Sur la colline, le village dort d'un sommeil enchanté. L'amas de chaumières blanches brille d'un éclat plus vif aux rayons de la lune; leurs murailles basses surgissent éblouissantes des ténèbres. Les chants se sont tus. Tout repose chez ces braves gens assoupis. Çà et là, pourtant, une petite fenêtre scintille. Sur le seuil d'une cabane, une famille attardée achève de souper. »

Brusquement, à la ligne suivante, nous sommes tirés de cette contemplation émue par la dispute de joyeux drilles qui dansent la farandole. Les voilà partis pour administrer une volée à l'ancien du village, caché dans un sac chez sa commère. Au milieu de la folle nuit, le décor change de nouveau; la dame de l'étang sort de son lit humide, elle embrouille, puis dénoue l'aventure par ses sortiléges. D'autres fois, entre deux éclats de rire, un soupir mélancolique échappe au vieux conteur; c'est le trait qui achève la physionomie de ce peuple, dont Gogol dit avec justesse : « Il verse sa gaieté dans des chansons où perce toujours une note triste. » Voyez l'épilogue du premier de ces récits, *la Foire de Sorotchinzy*. Le long convoi de charrettes quitte le marché, les appels et les refrains bruyants meurent sur la route.

« Ainsi la joie, la belle visiteuse inconstante, s'envoie loin de nous. Vainement une voix isolée tente d'exprimer l'allégresse : son propre écho lui rapporte le chagrin et l'ennui; elle s'attriste en s'écoutant. Ainsi les gais amis de notre libre et turbulente jeunesse, l'un après l'autre, solitairement, se perdent par le monde et laissent à la fin leur frère tout seul, vieillissant. Triste, l'abandon! Triste et lourd, le cœur! Et rien pour le soutenir! »

On devine ce que tous ces contrastes mettent de couleur et de mouvement dans les *Veillées*. L'effet du livre fut considérable; il avait par surcroît le mérite de révéler un coin de Russie inconnu. Gogol se trouva classé d'emblée. Pouchkine, dont l'âme claire aimait par-dessus tout la bonne humeur, porta aux nues l'œuvre qui l'avait fait rire. Les Russes la tiennent jusqu'à présent pour un de leurs meilleurs titres littéraires. Je demande à faire quelques réserves. Serait-ce que nous sommes trop vieux pour nous plaire aux contes de nourrices, trop moroses pour nous réjouir avec les bonnes gens? Je ne sais, mais malgré toutes les qualités incontestables que je signale, les *Veillées* me laissent assez indifférent. La farce y est parfois un peu grosse, et dans le sac ridicule où le Scapin cosaque s'enveloppe, moi non plus je ne reconnais pas le grand satirique des *Ames mortes*. La diablerie ne nous séduit que si elle nous épouvante ; or Gogol fut très-influencé par Hoffmann, il a tenté de l'imiter dans une assez médiocre nouvelle, *le Portrait ;* mais il n'avait pas la fantaisie inquiétante de l'Allemand; ses diables sont bons enfants, et le diable bon enfant m'ennuie. Enfin, à côté des pages où les émotions de jeunesse entraînent librement la plume, il y en a d'autres où je sens la rouerie du lettré, travaillant sur des thèmes populaires. Les *Veillées* font souvent penser aux histoires provençales de nos félibres; elles en ont l'agrément, mais aussi la naïveté voulue, qui est l'écueil du genre. Peut-être n'y a-t-il entre nous et les lecteurs enthousiastes de 1832 qu'une question d'optique; pour eux, ce livre était singulièrement en avance par la franchise et le naturel; pour nous, il est en retard, encore suspect de prétentions romantiques. Rien n'est plus difficile à apprécier et à faire sentir que la mesure dans laquelle une œuvre d'art a vieilli; quand il s'agit d'une littérature étrangère, la difficulté devient impossibilité. Que les Russes me pardonnent une indication qui n'est certes pas une comparaison : je vais résumer mes critiques et les confondre en même temps par une simple question. Vous amusez-vous à la *Dame blanche?* Assurément oui, presque tous les honnêtes gens s'y divertissent. En ce cas, vous vous plairez aux dames du lac de Gogol, vous n'aurez rien à passer dans les *Veillées du hameau.*

En 1834, l'auteur leur donna une suite sous ce titre : *Récits de Mirgorod.* C'était son règlement de comptes avec le romantisme. Il prend congé de la sorcellerie dans le *Viy,* ce cauchemar de la légende slave : une belle demoiselle maléficie ses admirateurs, elle consume lentement et réduit en une pincée de cendres l'imprudent qui touche son petit pied; les naïves populations de l'Ukraine font honneur de ce phénomène au démon. La possédée a distingué un bachelier en théologie; elle exige en mourant qu'il vienne pendant trois nuits lire les prières à l'église sur son corps. Pour la première fois, Gogol a su mettre une vraie puissance de terreur dans la lutte du pauvre clerc contre le fantôme. Voilà une belle histoire de revenants et qui donne la chair de poule.

L'œuvre capitale dans ce recueil, celle qui assura la célébrité de l'écrivain, c'est *Tarass Boulba. Tarass* est un poëme épique en prose, le poëme de la vie cosaque d'autrefois. Gogol se trouvait dans d'heureuses conditions, refusées à tous les modernes faiseurs d'épopées. En empruntant le cadre et les procédés consacrés depuis le vieil Homère, il les appliquait au pays, aux hommes, aux mœurs qui offrent la plus exacte ressemblance avec le monde homérique. Il avait eu l'impression directe de ce qu'il chantait; il avait vu mourir autour de lui ces débris attardés du moyen âge. Comme il l'a dit, il ne faisait que rédiger les récits de son aïeul, témoin et acteur de cette Iliade. A l'époque où le poëte écrivait, il ne s'était guère écoulé plus d'un demi-siècle depuis la dissolution du camp des Zaporogues, depuis la dernière guerre de Pologne, où Cosaques et Polonais avaient fait revivre les exploits, la licence et la férocité des grands compagnons du temps de Bogdan.

Cette guerre forme le nœud de l'action dramatique : le vieux Tarass y incarne, dans la rudesse héroïque de ses traits et de son âme, le type légendaire des aventuriers de la steppe. Les Zaporogues se sont levés pour la foi et pour le pillage, ils partent contre l'ennemi héréditaire ; Tarass rappelle ses deux fils de l'université de Kief, il les conduit au camp, dans l'île du Dniéper. Nous entrons avec lui dans la vie quotidienne de la sauvage république; nous le suivons à travers les batailles, les siéges et le sac des villes polonaises; il nous mène dans Varsovie, où un Juif l'introduit sous un déguisement, pour y assister à l'exécution de son fils prisonnier; il nous épouvante par les vengeances qu'il tire de ce meurtre; sa mort symbolique nous montre la gloire et la liberté des Cosaques disparaissant dans la tombe avec leur dernier ataman. Sur ce canevas, le poëte a prodigué les descriptions pittoresques, les divers ingrédients qui entrent dans la composition d'une épopée.

Nous devons à M. Viardot une honnête version de *Tarass Boulba;* elle révèle du moins à l'étranger un des mérites de l'œuvre, la vivacité du sens historique. Cette représentation animée nous en apprend plus, sur la république du Dniéper, que toutes les dissertations des érudits. Ce que la traduction ne pouvait rendre, c'est la magnificence de la prose poétique. Imaginez les *Martyrs* traduits, trahis dans un autre langage; il faudrait beaucoup de courage pour les lire; il en faut déjà un peu pour aborder l'original, ajouteraient les gens irrévérencieux. Ici il s'agit d'une langue dont Mérimée disait avec raison : « Elle est le plus riche des idiomes de l'Europe. Douée d'une merveilleuse concision qui s'allie à la clarté, il lui suffit d'un mot pour associer plusieurs idées qui, dans une autre langue, exigeraient des phrases entières. Le français, renforcé de grec et de latin, appelant à son aide tous ses patois du Nord et du Midi, la langue de Rabelais enfin, peut seule donner une idée de cette souplesse et de cette énergie. » — Je dois pourtant faire entrevoir quelques-unes de ces pages classiques; on les apprend en Russie dans toutes les écoles. J'essaye, en serrant le texte d'aussi près que possible.

Les fils de Tarass sont revenus au logis, pour une nuit seulement. A l'aube, leur père doit les emmener au camp.

« Seule, la pauvre mère ne dormait pas. Penchée sur le chevet de ses chers fils, qui reposaient côte à côte, elle peignait ces jeunes boucles de cheveux, frisant en désordre, elle les regardait à travers ses larmes; tout son être, ses sentiments et ses facultés se concentraient dans ce regard; elle ne pouvait s'en rassasier. Elle les avait nourris de son lait, élevés, choyés; et voilà qu'on lui accorde une seule minute pour les voir! « Mes « fils, mes fils bien-aimés! qu'arrivera-t-il de vous? qu'est- « ce qui vous attend? » murmurait-elle; et ses larmes s'arrêtaient dans les rides qui avaient changé son visage, si beau jadis.

C'est qu'elle était profondément à plaindre, comme toutes les femmes de ce siècle turbulent. Elle avait vécu de l'amour un instant, la durée du premier éclair de passion, du premier bouillon de jeunesse; puis son farouche séducteur l'avait abandonnée pour le sabre, les compagnons de guerre, les aventures. Elle voyait son époux deux ou trois jours par an, parfois elle n'entendait plus parler de lui pendant des années. Et quand elle le retrouvait, quand ils vivaient ensemble, quelle était sa vie? Il fallait subir les outrages, les coups même : les rares caresses n'étaient qu'une aumône de pitié pour la pauvre créature, égarée dans cette horde de soldats célibataires, dont les mœurs brutales donnaient au camp des Zaporogues sa rude physionomie. Elle avait vu fuir sa jeunesse sans bonheur; ses joues fraîches et ses lèvres délicates s'étaient flétries sans baisers, couvertes de rides prématurées. Amour, instincts, tout ce qu'il y avait de tendre et de passionné dans la femme s'était concentré dans le sentiment maternel. Elle couvait ses enfants avec fièvre, avec passion, avec larmes, elle planait sur eux comme la mouette des steppes. Et on les lui prend, ces fils adorés, on les lui prend pour

jamais. Qui sait? Peut-être qu'à la première rencontre, un Tartare leur coupera la tête; elle ne saura jamais où gisent leurs corps abandonnés, sur quelle route les oiseaux de proie les dévorent. Et pour chaque goutte de leur sang, elle aurait donné tout le sien! Secouée par les sanglots, elle contemplait leurs yeux, que le tout-puissant sommeil commençait à fermer; elle pensait :
« Peut-être que Boulba, quand il s'éveillera, retardera
« son départ d'un jour ou deux : peut-être n'a-t-il décidé
« de partir aussi vite que parce qu'il avait beaucoup bu ! »

« Du haut du ciel, la lune éclairait depuis longtemps toute la cour, les groupes de serviteurs endormis, les épaisses touffes des saules, les folles avoines où disparaissait la palissade de l'enceinte. La mère était toujours assise au chevet de ses fils, elle ne les quittait pas des yeux une minute, elle ne pensait pas au sommeil. Déjà les chevaux, flairant l'aurore, dressaient leurs têtes dans l'herbe et cessaient de manger ; les feuilles commençaient de trembler au sommet des saules, insensiblement le frisson murmurant descendait, gagnant les branches basses. De la steppe arriva le hennissement sonore d'un poulain; des bandes rouges illuminèrent tout à coup le ciel.

« ...Quand la mère vit ses fils déjà en selle, elle se précipita vers le plus jeune, dont le visage laissait paraitre quelque expression de tendresse ; elle saisit l'étrier, se cramponna à l'arçon; le désespoir dans les yeux, elle ne voulait plus lâcher prise. Deux vigoureux Cosaques l'enlevèrent avec précaution et l'emportèrent dans la maison. Mais dès qu'ils eurent repassé le seuil, elle s'élança derrière eux avec une agilité de chèvre sauvage qu'on n'eût pas attendue de la vieille femme ; elle arrêta le cheval d'un effort surhumain, elle embrassa son fils d'une étreinte folle, convulsive; on l'emporta de nouveau.

« Les jeunes Cosaques chevauchaient en silence, retenant leurs larmes, craignant leur père; lui aussi, il était un peu troublé, quoiqu'il s'efforçât de n'en rien laisser voir. Le jour était gris; la verdure se découpait nettement; des oiseaux criards chantaient sans unisson. Quand les cavaliers furent à quelque distance, ils se retournèrent. Leur hameau semblait descendu sous terre; on ne voyait plus à l'horizon que les deux cheminées de leur humble toit et les cimes de quelques arbres, aux branches desquels ils avaient tant de fois grimpé comme des écureuils. Plus rien sous leurs yeux que la grande prairie, où était écrite toute l'histoire de leur vie : depuis les années où ils se roulaient sur son herbe trempée de rosée, jusqu'à celles où ils venaient attendre la fille cosaque aux yeux noirs, dont les petits pieds rapides couraient en tremblant dans cette herbe. Voilà la perche, au-dessus du puits, avec la roue de télègue qui sert de poulie, attachée là-haut : c'est le dernier objet qui surnage dans le ciel vide; le ravin qu'ils viennent de franchir semble de loin une montagne et masque tout... Adieu enfance, jeux, souvenirs; adieu tout, tout! »

A la suite de ce passage vient la description fameuse de la steppe : je ne la reproduis pas, elle a été citée maintes fois. Je détache encore un tableau très-vivant de la foule polonaise, assemblée à Varsovie pour assister au supplice des Cosaques. Ce morceau fait penser aux toiles historiques de MM. Brosicz et Matejko, chargées de personnages, aveuglantes de couleur. Il est intéressant parce qu'on y saisit bien le procédé de Gogol, cette extrême curiosité du détail qui sera de plus en plus sa marque de facture et celle de toute l'école sortie de lui.

« Sur la place des exécutions, le peuple affluait de partout. En ce siècle de mœurs violentes, un supplice était le plus attrayant des spectacles, non-seulement pour la populace, mais pour les classes supérieures. Personne ne résistait à la curiosité : ni les vieilles dévotes, qu'on voyait là en grand nombre, ni les timides jeunes filles; le cauchemar de ces corps ensanglantés les poursuivra toute la nuit d'après, elles se réveilleront en sursaut, avec des cris de hussard ivre. « Ah! quelle horreur! » s'écrient beaucoup d'entre elles avec un frisson de fièvre; elles ferment les yeux, détournent la tête, mais ne s'en vont pas. Un homme, la bouche et les mains tendues en avant, semble vouloir sauter sur les épaules de ses voisins pour mieux voir. De la masse des têtes communes, étroites et indistinctes, saillit la grosse face d'un boucher; il examine toute l'opération de l'air d'un connaisseur, il échange ses impressions avec un armurier qu'il nomme son compère, parce que tous deux s'enivrèrent dans le même cabaret à l'une des dernières fêtes. Quelques-uns discutent avec chaleur, d'autres engagent des paris; mais la majorité est formée de ces gens qui regardent tout l'univers et tout ce qui s'y passe en se fourrant les doigts dans le nez. Au premier rang, tout contre les sergents moustachus de la milice urbaine, on distingue un jeune gentillâtre, du moins il paraît tel sous son habit militaire; celui-ci s'est mis sur le dos à la lettre tout ce qu'il possède; dans son logement

vide il ne reste qu'une chemise trouée et de vieilles bottes. Deux chaines, l'une sur l'autre, pendent à son cou, soutenant un ducaton. Il est venu avec sa dame, Yuzicée : celle-ci fort occupée à regarder si quelqu'un ne tache pas sa robe de soie. Il lui explique tout avec tant de détails qu'il serait impossible d'y rien ajouter : « Tenez, ma
« petite âme Yuzicée, tout ce peuple que vous voyez là
« est venu à cette fin, pour voir comme on va supplicier
« les condamnés. Cet homme que vous voyez par ici,
« petite âme, qui tient dans ses mains une hache et d'au-
« tres instruments, c'est le bourreau; c'est lui qui exécu-
« tera. Quand on commencera à rouer et à faire les
« autres tourments, le criminel sera encore vivant; mais
« quand on lui tranchera la tête, alors, petite âme, il
« mourra tout de suite. Avant cela vous l'ouïrez crier, se
« démener; mais aussitôt qu'on le décollera, il ne
« pourra plus crier, ni manger, ni boire, parce que,
« voyez-vous, petite âme, il n'aura plus de tête. » Yuzicée écoute toutes ces explications avec épouvante et curiosité.

« Les toits des maisons sont noirs de peuple. Par les lucarnes, d'étranges figures regardent, avec de longues moustaches sous une coiffe semblable à un bonnet. Sur les balcons tendus d'étoffes le monde aristocratique est assis. La jolie petite main d'une *panna* [1], souriante, éclatante comme du sucre candi, est appuyée sur la balustrade. Les illustrissimes *panes*, d'une belle prestance, regardent majestueusement. Un serviteur chamarré de galons, les manches flottantes par derrière, passe des

---

[1] *Pane*, seigneur; *panna*, dame de qualité, en polonais et en petit-russien.

friandises et des rafraîchissements. Parfois une petite gamine aux yeux noirs prend à poignées des gâteaux, des fruits, et les jette au peuple. La foule des chevaliers meurt-de-faim tend adroitement ses bonnets; un hobereau de haute taille dépasse les autres de la tête; il est vêtu d'une casaque rouge râpée, aux brandebourgs d'or noircis; grâce à ses longs bras, il attrape le premier la manne, baise galamment son butin, le met sur son cœur et le porte à sa bouche. Un épervier, prisonnier sous le balcon dans une cage dorée, prend sa part du spectacle; le bec incliné sur son aile, une serre levée, lui aussi il considère attentivement le peuple. Soudain un frémissement court dans la foule et des cris éclatent de toute part : « On les amène! on les amène! les Cosaques! »

Tarass, caché dans la foule, a vu mourir son fils; il retourne traîner son chagrin dans les solitudes du Sud :

« Tarass sortit pour aller chasser dans les prairies et les steppes; mais la charge de poudre ne devait pas servir. Il posa son fusil, et plein de tristesse, il s'assit sur le rivage de la mer. Il y demeura longtemps immobile, la tête inclinée, disant toujours : « Mon Ostap! « mon Ostap! » Devant lui brillait à perte de vue la mer Noire; dans un buisson lointain, une mouette criait; sur la moustache blanche comme l'argent, les larmes tombaient l'une après l'autre. »

La fin du poëme, la mort du Roland de l'Ukraine, accablé sous le nombre, son apostrophe prophétique à la Russie, qui recueillera l'âme du peuple cosaque et vengera sa défaite, — cette fin est d'un très-grand souffle. Mais tout n'est pas du même aloi. La partie amoureuse est franchement mauvaise; c'est du placage littéraire, sans l'ombre d'un sentiment personnel, le dernier mot du genre troubadour. La belle Polonaise, pour qui le jeune Boulba trahit ses frères, est copiée sur une estampe de 1830; les scènes de passion ont été vues sur les tapisseries de l'époque, où Roméo fait pendant à Juliette. L'exercice littéraire! voilà ce qui nous met en défiance contre les meilleurs tableaux de l'épopée. Ces combats singuliers, ces prouesses de chefs cosaques dans la mêlée, nous les connaissions; quand deux armées s'arrêtent pour regarder des héros qui se battent, on a beau les russifier à grand renfort de couleur locale, nous les appellerons toujours Achille ou Hector, Énée ou Turnus. Le malheur est peut-être que le moule a trop servi. Un des hommes les plus compétents en cette matière, M. G. Guizot, disait naguère qu'à son avis *Tarass Boulba* est le seul poëme épique vraiment digne de ce nom chez les modernes. Je le crois aussi; mais est-il bien nécessaire de faire un poëme épique ? Le plaisir que nous prenons à ce chef-d'œuvre de style est un plaisir de raison, celui que nous imposait notre régent de rhétorique quand il nous faisait admirer les *beautés* des auteurs : nous sommes émus dans notre seconde âme, celle qu'on acquiert au collége; le fond de l'homme se dérobe, ce fond sauvage qu'un mot bien simple trouble et qui se glace devant les apprêts magnifiques.

Les descriptions de paysages elles-mêmes, ce qu'il y a de plus sincère dans *Tarass,* ne correspondent plus tout à fait à notre sentiment de la nature. Il les faut comparer à celles de Tourguénef pour mesurer le chemin parcouru. Tous deux admirent et sentent la nature; mais pour le premier de ces artistes, c'est un modèle qui pose devant le chevalet et dont on choisit certaines attitudes ; pour le second, le modèle est devenu une maîtresse despotique, dont on exécute humblement toutes les fantaisies. On comprendra mieux les nuances que je signale par des exemples pris en terrain connu. Rappelez-vous comment le paysage est vu dans *Atala* ; regardez ensuite comme il est subi dans tel livre récent, disons dans *Dominique*. Entre ces deux points de repère, le pouvoir du monde extérieur sur l'âme humaine a grandi presque autant qu'il avait grandi de *Phèdre* à cette même *Atala*. Le classique avait fait de la nature un décor ; le romantique en fit une lyre où chantaient toutes ses passions ; nous avons renversé les rôles ; aujourd'hui c'est l'homme qui est la lyre passive, résonnant au moindre souffle du grand Pan. Le moderne se rapproche en ce point de l'homme primitif ; il se subordonne et se livre chaque jour davantage à la puissance mystérieuse de la terre.

J'ai insisté sur *Tarass Boulba* un peu par scrupule. Je comprends l'orgueil que ce livre donne aux Russes, je vois bien comme il en faut démontrer les mérites dans une chaire de littérature ; j'ai essayé de le faire, mais je ne suis pas conquis. Serait-ce que nous sommes trop près, en pleine réaction contre le genre ? Serait-ce tout simplement que j'ai peu de penchant pour l'épopée ? C'est peut-être là le dernier mot de toute critique, une idiosyncrasie, terme commode inventé par les savants pour justifier un éloignement qu'on ne peut pas expliquer.

Nous en avons fini avec la période douteuse où Gogol se cherchait ; dans ce même volume, une courte nouvelle éclaire la transformation de son talent et garantit la voie où il va s'engager. Cela s'appelle les *Petits Propriétaires d'autrefois*. C'est une histoire très-simple, la vieille histoire de Philémon et Baucis. Ces deux bonnes gens servent de prétexte à de nouvelles peintures de la vie petite-russienne; nous attendons quelque joyeuseté, quelque fantaisie démoniaque : rien de tel n'arrive, seulement l'observation minutieuse d'une existence sans incidents, avec un grain de tristesse; élément si essentiel de l'âme russe qu'elle ne retrouve toute sa force qu'en y touchant. La femme meurt, on amène l'autre vieux sur la tombe, on ne lui arrache que ce mot : « Ainsi, vous l'avez enterrée ! Pourquoi ? » Demeuré seul, il ne sait plus vivre, il décline; l'étude du chagrin gâteux de ce vieillard est de trente ou quarante ans en avance; Tolstoï pourrait signer les dernières pages.

Celui qui les a écrites nous appartient désormais; il a déposé son panache romantique et triomphé dans la délicate épreuve où l'on juge les forts. Épreuve inévitable, qui attend tout écrivain aux époques de transition, — autant dire à toutes les époques, — sous la forme d'un cruel sacrifice. Par cela même qu'un homme est né pour les lettres et qu'il en a l'amour, il s'attache aux doctrines régnantes à l'aurore de sa jeunesse; les premiers chefs-d'œuvre qu'il a admirés lui sont sacrés. Aux jours de la maturité, quand il voit les générations nouvelles inquiètes d'autres dieux, c'est déjà beaucoup s'il peut les suivre : comment lui demander de les devancer ? Telle est pourtant la condition de sa gloire : oublier et détruire ce qu'il a aimé, partir pour l'inconnu en tête de l'esprit de son temps. C'est presque le déchirement d'une religion que l'on quitte. La plupart s'y refusent, et parmi ceux qui fournissent l'étape, plus d'un avance à contre-cœur, tourné encore vers les chères admirations. Autant de vaincus. Le flot ne porte bien que ceux qui l'ont déchainé.

Gogol fut de ces derniers. Tout ce que la terre natale lui avait suggéré, tout ce qu'il avait senti et entendu dans sa jeunesse, tout cela est maintenant sorti de lui, pieusement embaumé dans les *Veillées* et dans *Tarass*, avec les rites de l'ancien culte. La vie va lui montrer d'autres expériences, qui nécessitent un langage nouveau; il continuera de les enregistrer, avec l'ardeur et la docilité de la machine que l'on transforme pour un labeur différent. Je connais peu d'auteurs chez qui l'on discerne mieux que chez ce Russe la nature particulière et, si l'on peut dire, la nutrition spéciale à l'écrivain. Il ne reçoit pas les impressions pour les garder, comme les autres hommes. Chez ceux-ci, elles pénètrent une fois pour toutes, elles s'incorporent à l'individu; ce trésor, lentement grossi, ne se dissipera qu'avec la dernière poignée de la poussière dont il fait partie. Pour le serviteur de la plume, rien de pareil; comme le miroir, il a derrière le cristal de son âme je ne sais quel rideau d'argent, qui défend aux images de passer outre et les réfléchit intactes, aussitôt reçues. Il sent, il aime, il souffre à titre de prêt, il est comptable de toutes ses acquisitions à la communauté humaine. Rien n'est à lui, et il n'est à personne; il doit remplir et vider sans trêve sa besace de moine mendiant. Ses flatteurs lui disent que c'est là une condition supérieure; ils mentent. C'est une infériorité, la misère navrante du comédien qui vit pour les autres, du débiteur qu'on saisit. Mais c'est peut-être une excuse; quand on considère sa fonction organique, on est moins tenté de le blâmer que de le plaindre, s'il use plus vite et change plus souvent que les autres ses idées, ses opinions et ses amours.

III

En 1835, Nicolas Vassiliévitch résigna ses fonctions universitaires et quitta définitivement le service public. « Me voici redevenu un libre Cosaque », écrit-il à cette date. C'est le moment de sa plus grande activité littéraire. Il mène de front des nouvelles, des comédies, des essais d'inspiration très-variés, réunis plus tard sous ce titre : *Arabesques*. Ce recueil ne doit guère nous arrêter. Gogol y a déversé sans choix le déblai de sa table de travail, articles critiques, canevas pour ses leçons d'histoire du moyen âge, chapitres de romans mort-nés. Le morceau le plus curieux est le *Carnet d'un fou ;* l'auteur essaye de suivre dans sa chute une raison qui disparaît.

Les nouvelles de cette même époque nous le montrent tâtonnant dans son réalisme; tantôt il s'y engage à fond, tantôt il pointe par vieille habitude dans le domaine de la fantaisie. Parmi ces compositions inégales, le *Manteau* mérite une place à part. Plus je lis les Russes, plus j'aperçois la vérité du propos que me tenait l'un d'eux, très-mêlé à l'histoire littéraire des quarante dernières années : « Nous sommes tous sortis du *Manteau* de Gogol. » On verra plus loin combien la filiation est évidente chez

Dostoïevsky; le terrible romancier est tout entier dans son premier livre, les *Pauvres Gens,* et les *Pauvres Gens* sont en germe dans le *Manteau.*

Leur triste héros, le scribe Diévouchkine, n'est qu'une épreuve plus développée et plus noire d'Akaky Akakiévitch, le type grotesque d'employé créé par Gogol. Cet Akaky est un grotesque touchant; on rit de lui et on le plaint. Au début, le personnage est posé comme les deux célèbres bonshommes de Flaubert, Bouvard et Pécuchet; pour plus de ressemblance, Akaky est un copiste, il a le génie et la passion de la copie. — « Dans cette copie il mettait tout un monde d'impressions variées et agréables. Certaines lettres étaient ses favorites; quand elles revenaient sous sa plume, il en éprouvait de la joie; on aurait pu les reconnaitre sur sa physionomie tandis qu'il les traçait... Un jour que son chef de division lui avait confié une pièce où il fallait modifier le titre et le protocole, ce travail lui coûta un tel effort qu'il finit par dire, en essuyant son front ruisselant de sueur : — Non, donnez-moi plutôt quelque chose à copier. — Il semblait qu'en dehors de la copie rien n'existât pour lui. » — On le voit, c'est presque trait pour trait le crétin particulier imaginé par Flaubert. Mais bientôt s'accuse la divergence radicale qui va creuser un abime entre le réalisme russe et le réalisme français. Chez nous, le caricaturiste s'acharne sur son bonhomme, il le bafoue, il le conspue, il décharge sur cet idiot toute sa haine de l'imbécillité humaine. Au contraire, Gogol plaisante le sien avec une sourdine de pitié; il se moque de lui comme on rit des naïvetés d'un enfant, avec une tendresse intérieure. Pour le premier, l'infirme d'esprit n'est qu'un monstre haïssable; pour le second, c'est un frère malheureux.

L'histoire du commis Akaky n'est ni longue ni compliquée; ce pauvre diable, grelottant sous ses haillons dans la neige, n'a qu'un rêve au monde : posséder un manteau neuf. Toute sa force de pensée se tend sur cette idée fixe. A coups de privations, par des prodiges d'épargne, il réalise son rêve; alors son immense bonheur est en raison de la violence de son désir. La vie n'a rien de mieux à lui offrir. Mais le soir même, des malfaiteurs le dépouillent du bienheureux manteau; les fonctionnaires de la police qu'il va supplier se gaussent de lui; le chétif animal tombe dans un noir chagrin, s'alite, et meurt timidement, sans bruit, comme il convient à ces rebuts du corps social.

« Et Pétersbourg resta sans Akaky Akakiévitch, comme s'il n'eût jamais soupçonné l'existence de cet homme. Elle disparut et s'évanouit, la créature que personne ne protégeait, qui n'était chère à personne et n'intéressait personne, pas même le naturaliste qui pique sur un liége la mouche commune et l'étudie au microscope; — la créature passive qui avait supporté les lardons d'une chancellerie et s'en était allée au tombeau sans aucun événement notable. Du moins, avant de mourir, elle avait vu entrer l'hôte radieux que chacun attend; il était venu sous la forme d'un manteau. Puis, le malheur s'était abattu sur elle, aussi soudain, aussi accablant que lorsqu'il s'abat sur les puissants de ce monde. »

La donnée semblera puérile. Qu'on veuille bien réfléchir aux lois essentielles de l'art dramatique; ce qui fait la puissance du drame, ce n'est pas la grandeur de l'objet en cause, c'est la violence avec laquelle une âme désire cet objet. Qu'on se rappelle la cassette d'Harpagon.

Le *Manteau*, c'est le souvenir et la vengeance de l'année de galères passée par Gogol dans les bureaux du gouvernement, le premier coup porté au minotaure administratif; le *Reviseur* fut le second. L'écrivain avait toujours eu de l'inclination pour le théâtre; sa verve satirique l'appelait de ce côté; il esquissait à cette époque plusieurs scénarios de comédie, assez mal venus d'ailleurs; celui du *Reviseur* fut le seul qui aboutit. L'intrigue de la pièce est un simple quiproquo de vaudeville. Les fonctionnaires d'un chef-lieu de province attendent un inspecteur qui doit venir incognito passer la revue des services publics; un voyageur tombe à l'auberge; plus de doute, c'est le redoutable justicier. Les consciences bureaucratiques sont terriblement lourdes; aussi chacun d'accourir en tremblant, de plaider sa cause, de dénoncer un collègue et de glisser à l'inspecteur des roubles propitiatoires. Abasourdi d'abord, l'inconnu entre dans son rôle et empoche l'argent. La confusion augmente jusqu'au coup de foudre final, l'arrivée du véritable commissaire.

Le *Reviseur* n'est ni une comédie de sentiments, ni une comédie de caractères; c'est un tableau de mœurs publiques. Dans cette nombreuse galerie de coquins, aucun ne pose pour l'ensemble, comme disent les peintres; l'artiste ne dessine de ses personnages qu'un seul trait, identique chez tous, il les met à contribution pour un vice unique. Ou plutôt il n'y a qu'un personnage, abstraction toujours présente à nos yeux sur le devant de la scène : c'est la Russie administrative, dont on met à nu la plaie honteuse, la vénalité et l'arbitraire. Gogol nous a dit son intention dans la *Confession d'un auteur*, testament littéraire écrit sur la fin de sa vie, et auquel il faut toujours revenir quand on étudie la genèse de ses œuvres :

« Dans le *Reviseur*, je me suis attaché à rassembler en un tas tout ce qu'il y a de mauvais dans la Russie, telle que je la connaissais alors, toutes les iniquités qui se commettent dans les situations où l'on devrait exiger de l'homme le plus de droiture. Je voulais railler en une fois tout ce mal. L'impression produite, on le sait, fut celle de l'effroi. A travers le rire, qui ne s'était jamais échappé de moi avec plus de force, le spectateur sentait mon chagrin. Moi-même je m'aperçus que mon rire n'était plus le même et que je ne pouvais plus être dans mes ouvrages l'homme que j'avais été jusqu'alors. Le besoin de m'égayer par d'innocentes inventions avait disparu avec mes jeunes années. »

Oui, cette gaieté n'est pas communicative, du moins pour un étranger. L'odieux l'emporte, il n'est pas sauvé par la légèreté de main et la bienséance élégante qui empêchent le *Tartuffe* d'être le plus noir des drames. Quand on étudie le théâtre russe, il est facile de deviner pourquoi cette forme de l'art est bien moins développée que les autres. Dans un pays divisé en deux catégories de civilisation très-inégale, la poésie et le roman ont fait de rapides progrès, parce qu'ils s'adressaient à la société polie; le théâtre, obligé de divertir le peuple, est resté enfant comme ce dernier. Ce que sa naïve clientèle lui demande, c'est *Maître Pathelin* et les tabarinades.

Même dans les chefs-d'œuvre, — il n'y en a que deux, la comédie de Griboiédof, le *Mal de trop d'esprit*, et le *Reviseur* de Gogol, — le comique est dégrossi plutôt qu'affiné. Ce comique du Nord ne connaît pas de milieu entre la grosse farce et l'amertume. On n'y rencontre guère l'esprit tel que nous le goûtons, le trait léger et fin qui glisse sans blesser. Il n'a pas le mot étincelant qui fait sourire, il a le mot cruel qui fait penser. Gogol trouve de ces mots, ils éclairent d'un jour sombre tout un état social ; par exemple, l'apostrophe du gouverneur au petit officier de police qui a tondu de trop près un marchand : « Surveille-toi. Tu ne *prends* pas selon ton grade! » Enfin le sentiment du ridicule serait mieux nommé chez le Russe le sentiment du drôle; il est purement national; je veux dire qu'il s'exerce sur la tournure extérieure et sur des travers locaux, plus que sur la tournure de l'esprit; ce n'est pas le ridicule humain de Molière.

J'ai vu souvent le *Reviseur* à la scène : le bon public se pâmait aux charges énormes qui nous laissent assez froids, qui seraient incompréhensibles si l'on ne connaissait pas le détail de la vie russe. Au contraire, l'impression douloureuse dont parle Gogol demeurait prédominante pour l'étranger, surtout pour l'étranger ; il ne m'a pas semblé qu'elle attristât outre mesure ce même public. C'est qu'aujourd'hui encore, dans la Russie nettoyée et assainie par les réformes, la bonhomie populaire n'est pas aussi révoltée qu'on pourrait le croire par le spectacle de la vénalité administrative. Le mal est si vieux ! Dans son *Instruction* de l'an 1036, le premier monument de la langue russe, l'évêque Luka Jidiata adresse à ses ouailles cette recommandation : « Ne prenez pas de pots-de-vin!... » — Il n'y a pas la moindre épigramme dans ceci; je constate simplement un état de civilisation différent. Tous ceux qui ont pratiqué les races orientales savent que leur morale est plus large que la nôtre en cette matière, parce que leur idée du gouvernement est autre. Pourvu que le concussionnaire ne soit ni trop tracassier ni trop avide, l'Oriental considère que tout service mérite rémunération, et qu'il faut payer ceux d'un agent très-redoutable, très-mal rétribué par l'État; de son côté, ce dernier envisage le pot-de-vin comme un casuel, comme les épices que nos pères offraient à leurs juges, sans que plaideurs ni magistrats vissent là un si gros péché. Si l'on reprenait à la racine la conception d'où découlent ces rapports, on y retrouverait l'idée primordiale du tribut, de la vieille prime d'assurance prélevée par le fort sur le faible qu'il protége.

Il n'était que juste de rappeler cet état de conscience aux honnêtes gens qui s'indigneraient, en apprenant la Russie dans le *Reviseur* et dans les *Ames mortes*. Après quoi ces honnêtes gens, s'ils sont candidats, iront sans scrupules faire largesse au peuple souverain; s'aviseront-ils que le délit moral est de même espèce, et qu'ils corrompent le maître dont ils ont besoin, comme le Russe son *ispravnik,* ou le Turc son pacha?

Ce qu'il y a de plus étonnant dans cette comédie, c'est qu'elle ait été jouée. Avec les idées tout d'une pièce que nous avons sur l'empereur Nicolas, on a peine à se figurer pareille satire de son gouvernement, applaudie à Pétersbourg en 1836; aujourd'hui, sur notre libre théâtre, je doute que la censure tolérât des attaques analogues. Heureusement l'audacieux satirique eut l'Empereur lui-même pour censeur. Le Tsar lut le manuscrit, porté au palais par une amie; il éclata de rire, il ordonna à ses comédiens de jouer la parodie de ses fonctionnaires. Le jour de la représentation, il vint donner de sa loge le signal des applaudissements. Les relations de l'autocrate avec Gogol sont pleines d'enseignements; elles nous montrent l'impuissance du pouvoir absolu contre ses propres conséquences. Nicolas aimait les choses de l'esprit, tant qu'elles lui paraissaient inoffensives; notre écrivain rapporte[1] une curieuse anecdote, confirmée d'autre part dans une ode de Pouchkine[2], témoin oculaire du fait. Il y avait grand bal au Palais-d'Hiver; la cour était réunie depuis longtemps, la musique jouait déjà; on ne s'expliquait pas le retard de l'Empereur, on le croyait retenu par quelque affaire urgente. Enfin le monarque parut, l'air distrait : il s'était oublié dans son cabinet à lire l'*Iliade*. Nul souverain ne fit plus et plus délicatement pour les gens de talent qui honoraient son empire; ils vivaient matériellement de ses bienfaits; seulement ils mouraient de langueur dans l'air raréfié de cet empire. Nicolas agissait avec les poëtes comme un amateur d'oiseaux rares qui nourrirait ses pensionnaires sous la cloche d'une machine pneumatique.

Ce fut le cas pour Gogol. Je tiens les détails suivants de la famille qui servait d'intermédiaire entre l'Empereur et l'écrivain. Une personne de cette famille

---

[1] *Lettres à mes amis*, lettre X.
[2] *Ode à N...*, tome I des *OEuvres complètes*.

signala au maître le dénûment du jeune auteur : « A-t-il du talent? » demanda le Tsar. Et sur l'assurance qu'on lui donnait, il mit à la disposition de la solliciteuse une somme de 5,000 roubles. « Surtout, ajouta-t-il avec une bonne grâce exquise, que votre protégé ne sache pas que ce don vient de moi; il se croirait obligé d'écrire dans un sens officiel. » — Par la suite, Nicolas chargea le poëte Joukovsky de faire passer à son ami ses secours déguisés. Grâce à la munificence impériale, l'incorrigible nomade put voyager, s'expatrier pour respirer à l'aise en dehors de l'empire.

L'année 1836 fut climatérique pour Gogol. En plein succès, sa vie s'empoisonne; les peines d'imagination, aigrissant un mal physique, commencent à ravager cette âme; des deux éléments qui en faisaient l'équilibre, gaieté et mélancolie, le premier s'appauvrit, le second prend le dessus. Le monde pétersbourgeois avait applaudi le *Reviseur :* il fallait bien applaudir après l'Empereur. Mais la coalition de rancunes suscitée par une telle œuvre ne devait pas épargner l'auteur. Il eut à subir des vexations, des attaques; le regard chagrin qu'il portait déjà sur toutes choses vit dans ces misères une persécution. « Tous sont contre moi, — écrit-il à un ami; — fonctionnaires, gens de police, marchands, littérateurs; tous déchirent ma pièce... Je l'ai prise en horreur, ma pièce! Je vous jure que personne ne peut soupçonner ce que je souffre. Je suis las d'âme et de corps. » Il ressentait les premières atteintes de l'affection nerveuse, compliquée d'hypochondrie, qui allait miner son organisme. Tourmenté par l'instinct de migration, comme au temps de son adolescence et de la

fugue à Lubeck, il résolut de partir; il disait : « de fuir. »
Cette fois la fuite fut plus sérieuse; il ne revint dans sa
patrie qu'à de lointains intervalles, et enfin pour y traîner
ses dernières années. Il prétendait, comme le fit plus
tard Tourguénef, qu'il ne voyait bien le pays objet de
ses études qu'alors qu'il en était loin. Le voyageur parcourut
diverses parties de l'Europe, puis il se fixa à
Rome. Il s'y lia étroitement avec le peintre Ivanof; cet
artiste étrange et puissant, retiré chez les Capucins du
mont Soracte, travaillait depuis vingt ans au tableau
qu'il n'acheva jamais, *l'Apparition du Christ*. Les deux
amis se fortifièrent mutuellement dans la ferveur d'une
piété ascétique; de cette époque date ce qu'on a appelé
le mysticisme de Gogol. Nous verrons quelle valeur il
convient d'attribuer à ce mot. Mais je ne dois pas anticiper
sur le cours d'une vie qu'il faut suivre dans les
œuvres où elle se dépense. Avant que de tristes ombres
viennent obscurcir cet esprit, voyons-le se rassembler
pour son dernier et plus grand effort.

Le transfuge emportait de Russie l'idée du livre souverain,
du livre essentiel où il devait « tout dire ». Quel
écrivain aux ambitions un peu hautes ne l'a rêvé, ce
livre où l'on doit tout dire? Du jour qu'on l'entrevoit, il
vous tient jusqu'à la mort, il devient le confident de
toutes les pensées, le maître et parfois le tyran de toute
l'existence. Il chasse les autres projets de travail comme
l'amour chasse les amitiés. Chez les faibles, chez presque
tous, hélas! ce n'est qu'un germe qui tressaille et tourmente
le cerveau dans lequel il avorte. Les plus forts,
les plus grands, parviennent rarement à l'achever.
Gœthe et son *Faust* ont donné le plus bel exemple d'une

pareille association, continuée pendant trente ans, toujours dominée par le poëte. Gogol a donné le plus douloureux. Chez lui, ce fut une véritable possession ; après dix années de lutte, il succomba, terrassé par le fantôme qu'il avait évoqué. Ce que devait être son œuvre, s'il lui eût été permis de la compléter, il nous l'apprend dans la *Confession* et dans les quatre *Lettres sur les Ames mortes :* l'encyclopédie de la Russie contemporaine, la somme de la pensée de l'auteur sur toutes les questions de son temps. — Nicolas Vassiliévitch faisait honneur à Pouchkine de la paternité du sujet :

« Pouchkine m'engageait depuis longtemps à entreprendre une grande composition. Un jour il me représenta ma faiblesse de complexion, mes infirmités qui pouvaient amener une mort prématurée ; il me cita l'exemple de Cervantes, auteur de quelques nouvelles de premier ordre, mais qui n'aurait jamais occupé le rang qu'on lui accorde parmi les grands écrivains s'il n'eût pas entrepris son *Don Quichotte*. Pour conclure, il me donna un sujet de son invention, d'où il comptait tirer un poëme et qu'il n'eût jamais donné, ajouta-t-il, à un autre qu'à moi. C'était le sujet des *Ames mortes*. L'idée première du *Reviseur* m'était aussi venue de lui. »

Malgré la précision de ce témoignage, également honorable pour les deux amis, je demeure persuadé que le véritable père des *Ames mortes* est ce même Cervantes, dont Gogol vient d'écrire le nom. A sa sortie de Russie, le voyageur se dirigea d'abord vers l'Espagne ; il étudia de très-près la littérature de ce pays, et surtout le *Don Quichotte*, qui avait été de tout temps le livre de ses préférences. L'humoriste espagnol lui fournit un thème merveilleusement accommodé à son projet : les aventures d'un héros, poussé par sa manie dans toutes les régions et dans tous les milieux, prétexte pour montrer au spectateur, dans une suite de tableaux, la lanterne magique de l'humanité. Tout donne un air de parenté aux deux œuvres : l'esprit sardonique et méditatif, la tristesse voilée sous le rire, l'impossibilité même de leur trouver un nom dans les genres bien définis. Gogol protestait contre l'appellation de roman appliquée à son livre; il l'a intitulé : poëme, il l'a divisé en chants, et non en chapitres. Ces termes ambitieux sont ici détournés de leur vrai sens, soit; dites quel nom vous donnez au *Don Quichotte,* vous aurez trouvé celui qui convient aux *Ames mortes*.

Le « poëme » devait avoir trois parties. La première parut en 1842; la seconde, inachevée et rudimentaire, brûlée par l'auteur dans un accès de désespoir, fut imprimée après sa mort sur une copie échappée à l'auto-da-fé[1]. Quant à la troisième, le poëte la rêve peut-être sous le bloc de pierre qui porte son nom dans un cimetière de Moscou.

IV

La voilà partie sur les mornes chaussées de province, la *britchka* légendaire de Tchitchikof, conduite par le cocher Séliphane, tirée par les trois maigres chevaux;

[1] Il est regrettable que, dans la traduction française de M. Charrière, rien n'indique cette division si nécessaire pour l'in-

elle court à travers les paysages russes, « dans le lointain perpétuellement assombri par des bois de pins d'un bleu ennuyé ». Où va-t-il, cet inquiétant personnage? Chez tous, chez le seigneur et le petit propriétaire, chez le maître de police et le procureur, au bal du gouverneur et dans l'izba du paysan. Que cherche-t-il? Une idée lui est venue, simple comme les idées de génie, une illumination financière que le code pénal n'a pas prévue; si Gogol en avait beaucoup de pareilles, il eut bien tort d'écrire, il pouvait acquérir à la Bourse une gloire solide, et le reste.

Chacun sait que les paysans, les « âmes », comme on disait dans le langage courant, étaient une valeur mobilière, objet de négoce au même titre que les autres valeurs. On possédait mille âmes, on les vendait ou échangeait, on les engageait aux banques de crédit, qui prêtaient sur dépôt d'âmes. D'autre part, le fisc les imposait; le propriétaire payait tant par tête de serf mâle et adulte. Les recensements se faisaient à de longs intervalles, durant lesquels on ne revisait jamais les listes contributives : le mouvement naturel de la population devant compenser et au delà les décès. Si une épidémie dépeuplait le village, le seigneur était en perte, continuant d'acquitter la taxe pour des bras qui ne travaillaient plus. Tchitchikof, un gueux ambitieux et malin, s'était tenu en substance ce propos : « J'irai dans tous

telligence des *Ames mortes*. Je crois devoir avertir le lecteur que la première partie, la seule que l'auteur ait jugée digne d'être publiée, finit avec le chant XI, à la page 47 du tome II. M. Charrière a complété la seconde avec un épilogue imaginé par un professeur de Kief. Les éditions russes écartent toutes ce pastiche; en revanche, elles donnent les deux rédactions successives de Gogol et de nombreuses variantes, où l'on peut surprendre le travail acharné de l'écrivain.

les coins perdus de notre Russie; je demanderai aux bonnes gens de prélever sur leur cote les âmes mortes depuis le dernier recensement; ils seront trop heureux de me céder une propriété fictive et de se libérer d'un impôt réel; nous ferons enregistrer mes achats en bonne et due forme, nul tribunal n'imaginera que je le requiers de légaliser une vente de morts. Quand j'aurai acquis quelques milliers de serfs, je porterai mes contrats à une banque de Pétersbourg ou de Moscou, j'emprunterai sur ces titres une forte somme, et me voilà riche, en état d'acheter des paysans de chair et d'os. »

On devine les avantages de cette donnée pour les fins de l'auteur. Elle introduit naturellement notre guide dans toutes les maisons, dans tous les groupes sociaux qu'il nous importe d'étudier. Elle fournit une pierre de touche qui décèle de prime abord l'intelligence et le caractère de chacun. L'industriel se présente chez un homme et lui pousse son étrange proposition : « Cédez-moi vos âmes mortes », sans expliquer, bien entendu, ses motifs secrets. Après le premier ahurissement, l'homme comprend plus ou moins vite ce qu'on veut de lui et agit d'instinct, selon sa nature; les simples donnent *gratis* et remercient leur bienfaiteur; les méfiants retombent vite en garde, ils épiloguent, ils essayent de pénétrer le mystère et de gagner quelque chose : les avares exigent à tout hasard un prix exorbitant; Tchitchikof trouve plus malin que lui, des coquins le mettent dedans. Le seul cas qui ne se présente jamais, c'est un refus indigné ou une dénonciation; le financier était fixé d'avance sur les scrupules de ses compatriotes.

La donnée convenait surtout à Gogol par la source

inépuisable de comique triste qu'elle renferme. L'habile écrivain n'appuie jamais sur le fondement lugubre qui supporte sa plaisanterie; il semble l'ignorer; l'odieux sort tout seul des entrailles du sujet pour réagir sur nous. Je ne sais même si l'auteur et ses premiers lecteurs aperçurent toute la puissance de cette opposition. Leur sensibilité était émoussée par la longue habitude du servage, l'ensemble de transactions auquel il donnait lieu paraissait chose naturelle. A mesure que la Russie s'éloigne de ce temps, l'effet du livre grandit; on sent mieux et plus vite l'atroce dérision de ces marchés d'âmes mortes, qui semblent prolonger les misères de l'esclavage jusque dans le repos libérateur Ce comique macabre confine souvent à celui de Regnard dans le *Légataire*. On trouvera dans la seconde partie une scène identique avec celle de la comédie, le faux testament signé par une femme, grimée et costumée à la ressemblance d'une riche défunte. Voyez, dans cet ordre d'idées, la longue discussion avec dame Korobotchka : « Comment puis-je vous vendre mes morts? Vous voulez donc les déterrer? — Mais non, vous garderez leurs os et leurs cendres, je ne vous demande que leurs noms... » Voyez surtout l'apostrophe de Tchitchikof à ses nouveaux sujets enfermés dans sa cassette; nous reviendrons sur ce morceau capital.

Je ne puis songer à passer en revue les types innombrables créés par Gogol : foule qui monte de tous les points de l'horizon, et dont chaque figure se grave dans notre mémoire par des traits et des gestes originaux. Une pointe de caricature accuse la silhouette, pourtant elle est réelle et vivante. La Russie se lève de ce livre comme le peuple d'une composition de Callot. Dès les premières pages, voici des exemplaires choisis avec soin, représentants des espèces les plus répandues dans le monde de province : Sobakiévitch, le frondeur universel, hargneux et mauvaise langue; Nozdref, le viveur bruyant et vantard, toujours pris de vin, corrigeant volontiers la fortune « à cette table de jeu qui est la consolation de toute la Russie »; la dame Korobotchka, têtue et intéressée, refusant de comprendre le troc singulier qu'on lui propose, ramenant tout à son idée fixe : vendre son miel et son lard; bonne femme, d'ailleurs, et scrupuleuse observatrice des règles de l'hospitalité. Elle n'oublie pas de demander à son hôte s'il a l'habitude qu'on lui gratte les pieds pour l'endormir; feu son mari ne s'endormait jamais sans cela. C'est encore Manilof, une étude de niais comme nous en rencontrons souvent chez Gogol; il aimait à travailler dans le gris, sur des êtres neutres, comiques par leur sottise plate. N'oublions pas l'amusant Pierre Pétouch, l'homme heureux, qui répond si drôlement à ceux qui s'ennuient chez lui : « Vous mangez trop peu, voilà toute votre affaire. Essayez seulement de bien dîner. L'ennui, c'est encore une invention qu'ils ont faite dans ces derniers temps. Autrefois personne ne s'ennuyait. »

Mais le plus curieux de ces types, le plus laborieusement calculé, c'est le héros du poëme. Tchitchikof n'est pas, comme on pourrait le croire, un cousin de Robert Macaire, un vulgaire filou; c'est un Gil Blas sérieux et sans esprit. Ce pauvre diable est né sous une mauvaise étoile : « La vie le regarda, dès le début, d'une fenêtre chargée de neige. » Fonctionnaire chassé de quelque bureau, il exploite sa trouvaille, dont il ne paraît pas sentir l'immoralité; au fond, il ne fait de tort à personne, il compte bien mourir dans la peau d'un honnête homme; exact et correct en toutes choses, il est sans portée et sans énergie quand on le sort de son affaire d'âmes mortes. Le signalement physique du personnage est purement négatif; rien en lui que d'ordinaire et d'indéterminé. « Un monsieur ni beau ni laid, pas trop gros, pas trop mince; on ne pouvait pas dire qu'il fût vieux, mais ce n'était plus un jeune homme... » Et tout le reste à l'avenant. Gogol s'efforce d'élargir le type pour y faire rentrer une série plus nombreuse d'individus, et nous devinons bientôt l'intention de l'auteur. Tchitchikof doit avoir aussi peu de personnalité que possible, car ce n'est pas tel ou tel homme qu'on veut nous montrer en lui; c'est une image collective, c'est le Russe, irresponsable de sa dégradation.

Comme le héros principal, la plupart des louches comparses qui l'environnent ne sont pas foncièrement mauvais; ce sont des produits nécessaires, excusables: produits de l'histoire, des mœurs publiques, du gouvernement, de toutes les fatalités qui déforment le Russe; car le Russe est un être excellent, corrompu par l'état social où il vit. Voilà la théorie sous-entendue dans les *Ames mortes* comme dans le *Reviseur;* Tourguénef la reprendra dans les *Récits d'un chasseur*. Chez tous les moralistes de ce temps, vous reconnaissez le sophisme fondamental de Rousseau, qui a empoisonné la raison européenne.

A la fin de la première partie, en racontant les origines de Tchitchikof, l'auteur essaye de le défendre dans un plaidoyer moitié ironique, moitié sérieux.

« Qu'il ne fût pas un héros, rempli de perfections et de vertus, c'est évident. Qu'était-il donc? Un gredin? Pourquoi un gredin? Pourquoi cette sévérité à juger autrui? Aujourd'hui, il n'y a pas de gredins chez nous; il n'y a que des gens aimables, bien intentionnés... Le lecteur, qui est l'ami de Tchitchikof dans la vie quotidienne, qui fraternise avec lui et le trouve d'un commerce agréable, ce même lecteur va le regarder de travers, en tant que personnage d'un drame ou d'un poëme. Le sage ne s'indigne d'aucun caractère; il les pénètre tous d'un regard attentif et les décompose en leurs éléments premiers... Les passions de l'homme sont nombreuses comme le sable de la mer, aucune d'elles ne ressemble aux autres; nobles ou basses, toutes commencent par obéir à l'homme et finissent par prendre sur lui une domination terrible... Elles sont nées avec lui, dès la première minute de son apparition en ce monde, et il est sans force pour leur résister. Sombres ou lumineuses, elles accompliront toute leur carrière... »

De cet essai de psychologie positiviste, l'écrivain remonte par un adroit circuit aux desseins de la Providence, qui a tout ordonné pour le mieux et saura se retrouver dans ce chaos. — Je ne fais qu'indiquer la marche des idées; il faudrait citer en entier le fragment, indispensable pour bien entendre la conception de Gogol[1].

Ce que j'eusse voulu montrer dans ce livre, c'est le réservoir de la littérature contemporaine, l'eau mère

---

[1] Je découvre avec stupéfaction que le traducteur français l'a retranché. Les traducteurs ont parfois un singulier critérium pour les mutilations qu'ils croient devoir pratiquer.

où sont déjà cristallisées toutes les inventions de l'avenir. Forme et fond, Gogol a tout digéré pour ses successeurs.

La forme, c'est le réalisme, instinctif dans les œuvres précédentes, conscient et doctrinal dans les *Ames mortes*.

On pourrait donner pour épigraphe à la littérature contemporaine cette fine remarque de l'auteur sur « les petites choses qui ne paraissent petites que racontées dans un livre, mais qu'on trouve très-importantes dans le train de la vie réelle ». Et Gogol a conscience de la direction nouvelle qu'il imprime à l'art d'écrire; il en formule la rhétorique dans vingt endroits, d'abord avec timidité, puis avec plus de hardiesse :

« L'auteur s'excuse d'occuper si longtemps le lecteur avec des gens de petite condition, sachant par expérience combien il répugne à la fréquentation des basses classes. » (Chant I.)

« Ingrat est le sort de l'écrivain qui ose mettre en évidence tout ce qui passe à chaque minute sous nos yeux, tout ce que ne remarquent pas ces yeux distraits : tout l'affreux et dégoûtant limon de petites misères où notre vie est empêtrée, tout le dessous de ces caractères tièdes, ordinaires, hachés menu, qui encombrent et ennuient notre route terrestre... Il ne recueillera pas les applaudissements de la foule; le juge contemporain traitera ses créations d'inutiles et de basses, on lui assignera une place dédaignée entre les écrivains diffamateurs de l'humanité, on lui refusera tout, âme, cœur, talent. Car le juge contemporain n'admet pas que ce soient des verres également merveilleux, celui qui fait voir le soleil et celui qui révèle les mouvements des insectes invisibles ; il n'admet pas qu'il faut beaucoup de profondeur d'âme pour éclairer un tableau emprunté aux côtés méprisables de la vie, pour en faire un chef-d'œuvre. » (Chant VII.)

J'emprunte aux *Lettres sur les Ames mortes* deux passages tout à fait significatifs :

« Ceux qui ont disséqué mes facultés d'écrivain n'ont pas su discerner le trait essentiel de ma nature. Ce trait n'a été aperçu que du seul Pouchkine. Il disait toujours qu'aucun auteur n'a été doué comme moi pour mettre en relief la trivialité de la vie, pour décrire toute la platitude d'un homme médiocre, pour faire apercevoir à tous les yeux les infiniment petits qui échappent à la vue. Voilà ma faculté maitresse. — Le lecteur est révolté de la bassesse de tous mes héros ; il lui semble en fermant le livre qu'il sort d'une cave asphyxiante et revient à la lumière du jour. On m'eût pardonné si j'avais montré des scélérats pittoresques ; on ne me pardonne pas leur bassesse. L'homme russe s'est effrayé de voir son néant. » (Lettre III.)

« Mon ami, si vous voulez me rendre le plus grand service que j'attends d'un chrétien, ramassez pour moi ces trésors (les petits faits quotidiens) partout où vous les trouverez. Que vous coûterait-il d'écrire chaque soir, sous forme de journal, des notes dans ce genre : — Entendu aujourd'hui telle opinion, causé avec tel homme : il est de telle condition, de tel caractère, convenable et de bonne mine, ou bien le contraire : il tient ses mains ainsi, il se mouche ainsi ; il prise son tabac ainsi... En un mot, tout ce que votre œil perçoit, des plus grosses choses aux plus petites. » (Postfaec des *Lettres*.)

On voit que le « document humain » était inventé en Russie il y a beau temps.

Avec la forme, Gogol laisse à ses héritiers le fond commun où ils vont puiser. La plupart des types généraux sur lesquels vit le roman russe ont leur embryon dans les *Ames mortes*. Voyez surtout, dans le chant VII, ce propriétaire rural, Tentetnikof. Son histoire intellectuelle nous est contée dans toutes ses phases, éducation, jeunesse, stage dans l'administration. Lassé « d'administrer sur le papier des provinces distantes de mille verstes et où il n'a jamais mis le pied », Tentetnikof revient s'établir dans sa terre, tout brûlant de grands projets, d'amour pour ses paysans, de zèle pour l'agronomie et les réformes. L'idylle s'évanouit vite; la mésintelligence naît entre les paysans et le seigneur, qui se méconnaissent réciproquement; ce dernier, pris de dégoût, abandonne ses beaux desseins, jette le manche après la cognée et tombe dans la torpeur finale. Toute l'activité des Russes s'est réfugiée dans l'idéal de Candide, mais ils n'ont même pas la possibilité ou la force de cultiver leur jardin. Nous reconnaîtrons cet homme, nous le reverrons partout. C'est le Lavretsky de Tourguénef, le Bézouchof et le Lévine de Tolstoï. On le creusera à l'infini, on le dessinera sous toutes ses faces, mais on ne changera rien aux cinq ou six traits générateurs de l'ébauche jetée par Gogol. Ainsi pour beaucoup d'autres, le fonctionnaire, l'officier retraité, le domestique; quant au paysan, toutes les monographies futures ajouteront peu de chose à ce qu'a dit de lui l'écrivain qui l'a le mieux pénétré.

Fond de caractères et fond d'idées. Les grands courants qui vont féconder l'esprit russe sortent du livre initiateur. Je ne m'attacherai qu'au principal, à celui qui donne à la littérature slave sa physionomie particulière et sa haute valeur morale. Nous trouvons dans maint passage des *Ames mortes,* palpitant sous le sarcasme du railleur, ce sentiment de fraternité évangélique, d'amour pour les petits et de pitié pour les souffrants, qui animera toute l'œuvre d'un Dostoïevsky. Ce n'est plus chez Gogol, comme chez quelques-uns des poëtes ses prédécesseurs, l'instinct vague de la race qui affleure; l'écrivain a observé la vertu nationale, il l'analyse et la vante en connaissance de cause. Impossible de la mieux décrire et différencier qu'il ne fait dans une des *Lettres.* L'auteur de la *Maison des morts* ne trouvera pas de termes plus justes :

« La pitié pour la créature tombée est un trait bien russe. Rappelle-toi le touchant spectacle qu'offre notre peuple quand il assiste les déportés en route pour la Sibérie. Chacun leur apporte du sien, qui des vivres, qui de l'argent, qui la consolation d'une parole chrétienne. Aucune irritation contre le criminel; rien non plus de cet engouement romanesque qui ferait de lui un héros; on ne lui demande pas son autographe ou son portrait, on ne vient pas le voir par curiosité, comme cela se passe dans l'Europe civilisée. Ici, il y a quelque chose de plus; ce n'est pas le désir de l'innocenter ou de le soustraire au pouvoir de la justice, c'est le besoin de réconforter son âme déchue, de le consoler comme on console un frère, comme le Christ nous a ordonné de nous consoler les uns les autres. »
(Lettre X.)

Et, plus loin encore, qui s'égare dans un songe trop beau? N'est-ce pas Dostoïevsky?

« On entend déjà les sanglots de souffrance morale de toute l'humanité; le mal gagne tous les peuples d'Europe; ils s'agitent, les malheureux, ne sachant pas comment se soulager; tous les remèdes, tous les secours que leur raison invente leur sont insupportables et ne procurent aucun bien. Ces gémissements vont encore augmenter, jusqu'au jour où le cœur le plus dur se brisera de pitié, où une force de compassion inconnue jusqu'ici suscitera une force d'amour également inconnue. L'homme s'enflammera pour l'humanité d'un amour plus ardent que le monde n'en vit jamais. » (*Ibidem.*)

Dans les *Ames mortes*, le sentiment est plus contenu, presque toujours masqué; c'est dire qu'il émeut davantage. Je crains de lasser en multipliant les exemples : je cours au plus probant, au morceau qui est à mon sens le point culminant du livre. Tout y est réuni, fantaisie éblouissante, entrain endiablé, sourd grondement de passion, et une langue à rendre jaloux Michelet, toute en mouvements imprévus, tour à tour populaire, éloquente, précise comme l'image ou fuyante comme le rêve. Je suis sans doute incompétent, mais je ne sais rien dans la langue russe qu'on puisse opposer à ces pages. J'eusse voulu les citer en entier; elles sont intraduisibles; chaque mot éveille et déroule une vision de mœurs trop lointaines ou une douleur d'esclave; grâce à Dieu, nous ne connaissons pas celles-là.

Tchitchikof est de retour dans son auberge, après une fructueuse tournée d'achats. Il se frotte les mains, il danse de joie devant la précieuse cassette : puis il se

met à recopier les listes d'âmes mortes qu'elle contient.
— « Quand il regarda de nouveau ces petits feuillets, ces
moujiks, qui étaient jadis de vrais moujiks, qui travaillaient, labouraient, charriaient, qui se soûlaient et
volaient leur maître, à moins qu'ils ne fussent tout simplement de bons et braves paysans, — un sentiment
étrange et indéfinissable s'empara de lui. Chacune de
ces fiches semblait avoir un caractère particulier, comme
si elles trahissaient les caractères respectifs des moujiks. »
Tel nom est suivi de la mention : « Bon menuisier ».
Tel autre de celle-ci : « Intelligent, ne boit pas. » Sous
un troisième on lit : « Né de père inconnu et d'une fille
à mon service; bonne conduite, pas voleur. » — Tous
ces détails précis communiquaient aux paperasses quelque chose d'animé ; on eût dit que la veille encore ces
gens-là étaient vivants. Tchitchikof inspecta longuement tous les noms; un attendrissement lui vint, il
s'écria en soupirant : « Y en a-t-il d'inscrits là-dessus!
dites-moi, mes petits chéris, qu'avez-vous bien pu faire
dans votre temps? comment vous êtes-vous débrouillés? »

Et le drôle, mis en bonne humeur, s'ingénie à reconsti-
tuer la vie de ces hommes dont les noms obscurs ou
baroques défilent sous ses yeux. Les divers métiers y
passent, des scènes de mœurs rapides et justes, des
traits touchants où l'âme résignée du paysan se révèle
d'un mot. De cette cassette, devant cet escroc, nous
voyons surgir le fantôme géant du peuple russe, vivre et
prendre corps le bétail dont on trafique. Endurcis par
l'habitude, les mots de la langue rudoient ou caressent
les pauvres serfs comme on fait pour les petits des animaux; mais, sous le ton familier, on sent la tendresse

émue de l'écrivain. Peut-être songe-t-il que trente ans auparavant, ces âmes serves et mortes étaient les héros de 1812; que, sans rien demander ni espérer, par un exemple unique dans l'histoire, ces esclaves ont libéré la patrie envahie, arrosé de leur sang la glèbe où on les retenait attachés.

L'acquéreur continue son inventaire; voici des listes de serfs marrons, des fuyards qu'on lui a cédés au même taux que les morts, car ils ne valent pas plus. Où sont-ils maintenant? L'imagination du poëte vagabonde à leurs trousses, dans les forêts où ils battent l'estrade, en Sibérie, sur les grands fleuves. « — Abakum Thyrof! Que fais-tu, frère? Dans quels lieux flânes-tu? Le vent t'aurait-il porté sur le Volga? As-tu goûté de la vie libre, enrôlé parmi les haleurs de barques? — Ici Tchitchikof s'interrompit, pensif. A quoi pensait-il? Au sort d'Abakum Thyrof? Ou bien rêvait-il sur lui-même, comme rêve chaque Russe, quels que soient son âge, son rang et sa fortune, quand il évoque l'image de la vie d'aventures, de la folle vie au hasard? » — Et Gogol trace le tableau de cette vie, il dit les plaisirs, les danses, les querelles furieuses des *bourlakis,* ce ramassis de forçats, d'outlaws et de serfs en fuite qui halent les bateaux sur le Volga. Ce tableau s'achève par une image où se concentrent toutes les misères et les aspirations du peuple dont nous venons d'entendre le bruit souterrain ; les pages précédentes sont comme ramassées dans cette dernière phrase, superbe et impossible à rendre, qui fuit au loin avec le chant de peine des aventuriers :
— « C'est là que vous peinez, *bourlakis!* Fraternellement, comme vous étiez tout à l'heure au plaisir et à la folie,

vous êtes maintenant au travail et à la sueur, tirant votre cordeau sous votre chanson toujours la même, et comme toi, sans fin, ô Russie ! »

Ils éclatent à maintes reprises, au travers des récits réalistes, ces élans de fantaisie et de lyrisme. On a cité partout le plus célèbre, la comparaison de la Russie avec sa troïka, emportée dans l'espace, ivre de sa vitesse et de sa force. Presque toujours, c'est un patriotisme ardent qui les inspire; il eût dû faire beaucoup pardonner au satirique.

Mais il y avait trop à pardonner. Quand la première partie des *Ames mortes* parut, en 1842, ce fut un cri de stupeur chez les uns, d'indignation chez les autres. C'était donc cela, la patrie! Une caverne de coquins, d'idiots et de misérables, sans une exception consolante! Un mot fameux de Pouchkine avait déjà averti l'auteur : — « Je lui lisais les premiers chapitres de mon livre. Il s'apprêtait à rire, comme il faisait toujours quand il entendait quelque chose de moi. Mais je le vis devenir soucieux, son visage s'assombrit par degrés. Quand j'eus fini, il s'écria d'une voix accablée : « Dieu! que notre Russie est triste! » — Chacun répéta l'exclamation du poëte. Beaucoup de lecteurs refusèrent de se reconnaître aux portraits noirs de leur ressemblance : ils accusèrent l'écrivain de les avoir vus à travers sa bile de malade, ils le traitèrent de diffamateur et de renégat. On lui objectait avec raison que, malgré les mœurs du servage et la corruption administrative, il ne manquait pas de braves cœurs et d'honnêtes gens dans l'empire de Nicolas. Le malheureux Gogol comprit qu'il avait frappé trop fort. A partir de ce moment, il multiplie les lettres publiques, les explications, les préfaces; il conjure ses lecteurs d'attendre pour le juger la seconde partie de son poëme, le contraste de la lumière avec les ténèbres du début.

Cette partie réparatrice ne venait pas; les douces visions se refusaient à naître sous le crayon attristé du caricaturiste. Nous le voyons assez par les fragments que nous possédons. Quelle différence de relief entre les noires mais vigoureuses créations du premier livre, et les pâles figures qu'on leur oppose dans le second! Le prince-gouverneur, ce prince « ennemi de la fraude » qui anéantit les fonctionnaires coupables et ramène le règne de l'équité dans sa ville, l'auteur l'a ressuscité des vieux contes moraux. De même pour Mourasof, le riche et pieux industriel. Mourasof, c'est M. Madeleine des *Misérables,* dégonflé du grand souffle épique : un saint laïque et millionnaire, qui prêche, pardonne, influence et arrange tout. Ces deux justes ont tout au plus la vie des mornes béatifiés qu'on voit sur les anciennes fresques des couvents de Moscou. Julienne, la jeune fille qui devait venger la femme russe, assez maltraitée jusque-là, traverse la scène comme une ombre; à peine née, elle échappe aux mains de Gogol; il n'a jamais su créer une figure de femme attrayante, c'est la grande lacune de son œuvre.

Malgré tout, cette œuvre incomplète s'emparait des imaginations; elle n'a cessé d'y grandir et d'y personnifier la Russie du temps jadis. Depuis quarante ans, elle fait le fond de l'esprit national; chaque boutade est passée en proverbe, chaque personnage est grandement établi dans la société idéale que tout pays se compose avec sa littérature classique. L'étranger qui n'a pas lu les *Ames mortes* est souvent arrêté dans la conversation ; il ignore les traditions de la famille et les ancêtres auxquels on se réfère à tout propos. Tchitchikof, le cocher Séliphane et leurs trois chevaux, ce sont là pour un Russe des amis aussi présents que peuvent l'être pour l'Espagnol don Quichotte, Sancho et Rossinante.

Vous les rencontrerez surtout dans les vieilles provinces, où Gogol les a perdus sans achever leur histoire. Car Tchitchikof n'est pas mort ; le prévaricateur et l'intrigant attendent toujours sa visite. Que de fois, durant les longues traites sur les routes de la steppe, en croisant dans le brouillard la britchka solitaire du marchand ou de l'officier, je me suis surpris à regarder sous le tas de fourrures, pensant que c'était lui ! Et dans l'aigre carillon des sonnettes qui riaient ou sanglotaient, — on ne sait jamais avec les sonnettes russes, — je croyais entendre l'écho du rire mystérieux, dominant le bruit de la pluie d'automne, le murmure inquiet des trembles.

V

Gogol revint de Rome vers 1846. Sa santé déclinait rapidement, les accès de fièvre lui rendaient tout travail difficile. Il se reprenait avec une passion désespérée à ses *Ames mortes ;* sa plume, errante au gré de ses nerfs, le trahissait. Ce fut dans une des crises de son mal qu'il brûla tous ses livres et le manuscrit de la seconde partie du poëme. Les choses de la foi l'absorbèrent bientôt tout entier. Il désirait faire le pèlerinage de Terre sainte ; pour se procurer les fonds nécessaires, dit-il dans une préface, et pour solliciter les prières de ses lecteurs, il publia son dernier écrit, les *Lettres à mes amis*. Ce sont des épîtres de direction spirituelle, entremêlées de plaidoyers littéraires auxquels j'ai fait plusieurs emprunts. Aucun de ses ouvrages satiriques ne lui valut autant d'ennemis et d'injures que ce traité de morale religieuse.

J'aurais bien de la peine à faire comprendre l'émoi qu'il suscita et les polémiques prolongées jusqu'à nos jours; pour y réussir, il faudrait esquisser une histoire des idées durant cette période si peu connue, la seconde moitié du règne de l'empereur Nicolas. On trouvera plus loin quelques indications sur le mouvement révolutionnaire qui emportait la plus grande partie de la jeunesse; on verra combien tout l'éloignait des doctrines préconisées par Gogol. Le point de départ de l'écrivain était le même que celui de Tchaadaïef, dans la *Lettre philosophique* : la nécessité d'une vie spirituelle. Mais il prenait la thèse inverse. La *Lettre philosophique* avait plu par une pointe d'opposition au gouvernement et à l'Église établie; les *Lettres à mes amis* exaltaient ce gouvernement et cette Église, elles déniaient toute vertu régénératrice aux panacées à la mode en Occident, au moment même où les cerveaux russes se grisaient de ces dernières. Pour mesurer l'étonnement et l'irritation qui accueillirent la profession de foi de Gogol, il faut se reporter aux excellents travaux de M. Schébalsky[1] sur cet épisode de l'histoire littéraire. Il nous

---

[1] *Messager russe*, novembre-décembre 1884, février 1885.

suffira de constater qu'à l'heure où un importun élevait ainsi la voix, la question religieuse n'existait pas. Pour les classes cultivées, l'Église était une institution d'État, inviolable comme les autres, ignorée en dehors des jours où l'on accomplissait ses rites par devoir d'étiquette. Ce devoir civil rempli, l'athéisme reprenait ses droits, à peu près avec les nuances qu'il offrait chez nous au dix-huitième siècle : doctrinal et insidieux chez les philosophes, déférent et discret dans la société polie. Si l'un des fonctionnaires ecclésiastiques avait interrompu sa psalmodie pour jeter l'idée religieuse dans les batailles intellectuelles, on eût trouvé cette intrusion du plus mauvais goût.

Qu'on juge maintenant du scandale. Un laïque dressait son livre comme une chaire de vérité pour gourmander l'indifférence de ses concitoyens, pour leur rappeler que l'esprit de l'Évangile devait pénétrer toute leur vie intime et leur vie sociale; dans la lettre sur le clergé, il prenait la défense d'un corps universellement méprisé; dans les lettres politiques, il formulait le catéchisme slavophile, il préconisait le pouvoir nécessaire du Tsar comme « un pouvoir d'amour » adoucissant la dureté de la loi; selon lui, le « Tsar d'amour » était seul capable de guérir les souffrances exaspérées du peuple : les vaines inventions des philanthropes d'Occident s'étaient montrées impuissantes à cette fin. Le prédicateur parlait beaucoup de ce peuple, tout comme Herzen et Biélinsky, mais, au lieu de revendiquer ses droits et d'en faire un levier d'opposition, il rappelait aux classes intelligentes leur devoir étroit de tutelle et d'assistance envers le paysan; enfin, il prodiguait les conseils aux gens de tous les états, il déclarait que, pour lui, il n'écrirait plus, parce qu'il était uniquement occupé de chercher le bien de son âme et le bien des autres. — Il insinuait, d'ailleurs, qu'il fallait admirer ses œuvres précédentes et développait longuement les raisons qu'il y avait de le faire.

On trouve de tout dans cet écrit: pas mal de fatras philosophique, aussi nuageux que celui du camp adverse; des vérités anciennes, toujours bonnes à dire parce qu'elles sont toujours oubliées, et quelques idées nouvelles, sur lesquelles on vit aujourd'hui dans le monde slave. Comme il est d'usage, ce fut précisément pour ces dernières qu'on traita l'auteur de réactionnaire. La presse, représentée alors par les revues littéraires, se déchaîna contre l'imprudent qui remontait le courant du jour. Elle avait beau jeu. L'homme qui prêchait ainsi, sur le ton d'un Père de l'Église, c'était l'auteur comique chargé jusque-là de faire rire, le détracteur satirique de la Russie officielle, applaudi la veille par toutes les oppositions! Gogol était vulnérable en un point; il s'arrogeait naïvement la direction des consciences au nom de la royauté intellectuelle qu'on lui avait décernée. Ses épîtres présentent un singulier alliage, assez fréquent d'ailleurs, d'humilité chrétienne et de bouffissure littéraire.

On décréta qu'il était tombé dans le mysticisme, on l'enterra sous ce mot. Le mysticisme de Gogol est un fait acquis. L'opinion fut si bien prévenue que je crains d'étonner les Russes en demandant la révision du procès. Je relis attentivement les *Lettres* de l'accusé; j'ai recueilli le témoignage de personnes qui vécurent à cette époque auprès de lui. Si les mots de notre langue ont un sens défini, Nicolas Vassiliévitch ne fut pas un mystique. Je voudrais traduire et citer les lettres sur l'aumône, sur la maladie; on les taxerait plutôt de jansénisme, elles sont telles qu'auraient pu les rédiger un Arnauld ou un Saci. Les théories politiques et sociales répugnent aux conceptions françaises, c'est une autre question; mais M. Aksakof et les coryphées de l'école slavophile développent aujourd'hui les mêmes thèmes avec plus d'exaltation encore; personne en Russie ne les accuse de mysticisme. Le fait de renoncer à écrire pour se consacrer à son salut a semblé à d'autres époques tout naturel et raisonnable; je n'ai jamais vu la qualification de mystique accolée au nom de Racine; quant à Pascal, on ne la lui prodigue plus que dans la pharmacie de M. Homais. Tolstoï, qui a agi comme Gogol, proteste alors qu'on lui applique cette épithète; pourtant il nous propose une théologie nouvelle; son prédécesseur s'en tenait docilement au dogme établi. Mais peut-être les mots n'ont-ils qu'une valeur de relation et de moment; ce qui était mystique en 1840 ne le fut pas deux siècles plus tôt et ne l'est plus après un demi-siècle.

Je laisse ces querelles obscures. On sera plus curieux d'apprendre ce que devenait le pauvre écrivain au milieu de la tempête qu'il avait soulevée. Il fit le voyage de Jérusalem, il erra quelque temps à travers ces ruines grises, paysage tentant et dangereux pour les âmes en détresse. De retour à Moscou, il fut recueilli dans des maisons amies. Le Cosaque ne pouvait parvenir à se fixer. Il ne possédait rien, donnant tout aux pauvres.

Dès 1844, il avait abandonné le produit de ses œuvres à la caisse des étudiants nécessiteux. Ses hôtes le voyaient arriver avec une petite valise, bourrée d'articles de journaux, de critiques et de pamphlets dirigés contre lui; ce bagage de gloire et d'amertume était tout son avoir. Une personne qui grandissait alors dans une des familles où il fréquentait le plus me retrace le portrait de Gogol à cette époque. C'était un petit homme, trop long de buste, marchant de travers, gauche et mal mis, assez ridicule avec sa mèche de cheveux battant sur le front et son grand nez proéminent. Il se communiquait peu, avec difficulté. Par instants, il retrouvait des éclairs de son ancienne gaieté, surtout près des enfants, qu'il aimait. Bientôt il retombait dans son hypochondrie.

Ces souvenirs concordent avec des notes écrites par Tourguénef, après sa première visite à l'auteur des *Ames mortes*. — « De petits yeux bruns, une pointe de malice encore dans le regard fatigué; une physionomie de renard; dans toute la tournure, quelque chose du répétiteur d'une école de province[1]. » — De tout temps, Nicolas Vassiliévitch avait eu cet extérieur ingrat et cette gaucherie, avec la timidité qu'elle engendre. Cela explique peut-être pourquoi les biographes n'ont trouvé dans sa vie aucune trace du passage d'une femme; et l'on comprend ensuite l'absence de la femme dans son œuvre.

Une légende universellement acceptée, comme celle du mysticisme, veut que Gogol soit mort halluciné, épuisé par les macérations et par les jeûnes. On m'assure de

---

[1] TOURGUÉNEF, t. I, p. 64 des *OEuvres complètes*, édition de Moscou.

bonne source qu'il fut emporté par une complication typhoïde, survenue pendant une recrudescence de son mal. La nature de ses souffrances est imparfaitement connue, comme l'état de son esprit durant les dernières années. On avait cessé de regarder dans ce puissant cerveau, depuis longtemps vide d'images et de joies. A l'âge où d'autres commencent leur tâche, il terminait la sienne; la rapide usure de l'homme russe avait triomphé de lui. Une fatalité mystérieuse a pesé sur tous les écrivains de sa génération. Balle ou coup d'épée, désordre nerveux ou consomption, quand ce n'est pas un accident tragique, c'est une langueur inexpliquée qui les abat aux environs des quarante ans. Cette hâtive et prodigue Russie traite ses enfants comme ses plantes ; elle les fait magnifiques, les presse de fleurir, elle ne les achève pas et les engourdit en pleine sève. D'elle, de ses fils et de leurs idées, on peut dire ce que le philosophe écrivait à une pauvre femme de génie : « Vous êtes sacrifiée d'avance, parce qu'il n'y a pas d'équilibre entre votre esprit et votre action. »

A trente-trois ans, après la publication des *Ames mortes*, les facultés productrices étaient déjà ruinées chez Nicolas Vassiliévitch; à quarante-trois, il finissait de s'éteindre, le 21 février 1852. L'incident fit peu de bruit. La faveur impériale avait oublié ce littérateur; depuis 1848, ils portaient tous ombrage. On blâma le gouverneur de Moscou, qui avait revêtu les cordons de ses ordres et accompagné le cercueil. Tourguénef fut exilé dans ses terres en punition d'une lettre où il appelait le défunt : grand homme.

La postérité s'est chargée de ratifier ce titre. Quelle

place faut-il assigner à Gogol dans le Panthéon littéraire? Mérimée la trouvait « entre les meilleurs humoristes anglais ». Le rang me semble modeste, à moins que le critique ne fît allusion à Swift, ce qui serait honorable et juste. Je voudrais rapprocher l'écrivain russe de ses maitres naturels et le rencontrer à mi-hauteur entre Cervantes et Le Sage. Mais il est encore trop tôt. Goûterions-nous le *Don Quichotte,* si les choses d'Espagne n'étaient pas entrées depuis trois siècles dans notre littérature? Dès l'enfance, nous nous apprêtons à rire quand on nous parle d'un alguazil ou d'un alcade. Gogol nous entretient d'un monde trop nouveau. Je préviens avec loyauté le lecteur français qu'il sera rebuté par ces livres. L'abord en est pénible; des mœurs ignorées, une armée de personnages sans lien commun, des noms d'autant plus étranges qu'ils comportent des intentions comiques. Qu'on ne s'attende pas à trouver là les séductions qui recommandent Tolstoï et Dostoïevsky. Ceux-ci nous montrent des résultats et non des origines; ils nous touchent surtout parce qu'ils sont humains, au moins pour ce moment de l'histoire européenne; les maladies dont ils souffrent ont débordé hors de leur pays, l'état d'âme qu'ils étudient tend à se généraliser en Occident; sur certains points ils nous côtoient, et sur d'autres ils nous devancent. Gogol est plus loin, plus attardé, quand on ne le regarde pas avec la loupe de l'historien; par le fond et par l'accessoire, il est exclusivement Russe. Pour le faire aimer des lettrés, il faudrait d'excellentes traductions; c'est malheureusement le contraire qu'on nous a offert jusqu'ici.

Laissons-le donc en Russie. Là, tous les plus grands

entre les nouveaux venus saluent en lui le père et le maître. Ils lui doivent leur langue; elle sera plus subtile et plus harmonieuse chez Tourguénef; elle a plus de jet, de variété et d'énergie chez le prosateur qui l'a façonnée le premier. Quant aux idées, j'ai assez dit ce qu'il en fallait rapporter à Gogol. Il a surgi au moment où sa patrie, incertaine de ce qu'elle allait être, s'ignorait elle-même et enfantait obscurément; ce médecin brutal l'a délivrée, il lui a montré ce qu'elle devait aimer en flétrissant ce qu'elle devait haïr. L'écrivain réaliste, au meilleur sens de ce terme, a fourni l'outil convenable à la pensée et à l'art de notre temps; il en a vu l'emploi futur d'un regard très-clair; il a même aperçu l'aboutissement dernier, au moins en Russie, de cette enquête exacte sur les phénomènes et sur l'homme, inaugurée par lui. Si l'on en doute, qu'on retienne cette phrase, l'une des dernières tombées de sa plume, dans la *Confession d'un auteur :* « J'ai poursuivi la vie dans sa réalité, non dans les rêves de l'imagination, et je suis arrivé ainsi à Celui qui est la source de la vie. »

CHAPITRE IV

LES « ANNÉES QUARANTE ». — TOURGUÉNEF.

Tandis que Gogol s'éteignait dans le silence et l'abandon, durant ces années qui vont de 1843 à la guerre de Crimée, son esprit se répandait sur la Russie, fécondait les intelligences et enfantait une légion de romanciers. Je ne crois pas qu'il y ait d'exemple, dans l'histoire littéraire, d'une poussée aussi vigoureuse, aussi spontanée. Tous les écrivains qui ont brillé depuis quarante ans se lèvent à la même heure et partent sous le même drapeau, celui de l' « école naturelle ». Malgré les divergences d'idées et l'originalité propre de chaque tempérament, ces artistes obéissent à une discipline commune, ils restent fidèles au programme que Gogol et Biélinsky leur ont tracé. Quelles que soient par la suite leurs évolutions, on les reconnaît toujours à leur air de famille et à un signe indélébile; ce sont les hommes des « années quarante ». (Qu'on me permette cet idiotisme; il a passé du russe dans le français courant de Pétersbourg et de Moscou; il évite une périphrase; on l'emploie sans cesse pour évoquer d'un mot la physionomie d'une génération, d'une décade, auxquelles la

Russie actuelle rattache toutes ses origines.) Ils ont respiré l'illusion généreuse, puis souffert la compression de ces années; leur cœur en est resté dilaté et endolori. La génération de poëtes de 1820 avait puisé son inspiration dans le sentiment de la personnalité; la génération de romanciers de 1840 trouva la sienne dans le sentiment humain, dans ce qu'on pourrait appeler la pitié sociale.

Avant d'isoler, pour les étudier en détail, les écrivains du premier rang que cette époque a légués à la nôtre, il faut marquer les éléments communs de leur formation. Accordons un regard d'ensemble au curieux mouvement qui les a préparés; nous retiendrons, parmi leurs compagnons de seconde ligne, des noms moins favorisés du talent ou de la fortune, sur lesquels la justice nous commandera de revenir dans la suite de ces études.

I

Aux approches de 1848, la Russie n'échappait pas à la fermentation générale du monde. L'Europe n'a guère soupçonné le faible écho qui répondit là-bas à son cri de lassitude sociale. Ce grand pays muet vit comme ses fleuves gelés, en dessous, hors de la vue et de l'ouïe; eux aussi ils semblent arrêtés pendant six mois; mais sous la glace immobile, l'eau court, des êtres se meuvent et créent, les phénomènes de la vie se poursuivent. Ainsi de la nation; pour qui n'eût vu que la surface, —

et qui voyait autre chose en Russie à cette époque? — elle était inerte et silencieuse sous la main de Nicolas : pas un pli du rigide uniforme ne bougeait. Pourtant les idées d'Occident cheminaient sous la grande muraille, les livres passaient en contrebande et volaient de main en main, dans les écoles, les cénacles littéraires, même dans les régiments.

Les universités russes étaient alors de maigres nourrices, elles donnaient le goût de la science et ne pouvaient le satisfaire ; leurs meilleurs élèves les quittaient avec découragement et allaient demander aux chaires d'Allemagne une nourriture plus substantielle. C'était une mode aussi, et une conviction générale, que pour parfaire les légers cerveaux slaves, il y fallait mettre un peu de plomb allemand. Le ministère de l'instruction publique lui-même envoyait à grands frais ses *candidats* à Berlin ou à Gœttingen. Ces jeunes gens lui revenaient bourrés de philosophie humanitaire et de ferments libéraux, armés d'idées dont ils ne trouvaient pas l'emploi dans leur patrie, mécontents et frondeurs. Le ministère éprouvait l'éternel étonnement de la poule qui a couvé des canards. On recommandait aux gendarmes ces missionnaires suspects de l'Occident, et on en renvoyait d'autres se former à la même école. C'est un des types favoris de la littérature, ce jeune *bursch* qui revient d'Allemagne et rapporte à ses frères les raisins trop verts de la terre promise. Pouchkine l'avait déjà esquissé, avec son ironie légère, dans le poëme d'*Oniéguine,* sous les traits de Lensky :

« ...Un certain Vladimir Lensky, — avec une âme purement *gœttinguienne,* — beau garçon à la fleur de l'âge, — sectateur de Kant et poëte. — De la brumeuse Germanie, — il rapportait les fruits du savoir, — des rêveries hardies, — un esprit enflammé et assez bizarre, — une parole enthousiaste, — et des cheveux noirs bouclés sur les épaules. »

Tourguénef nous donnera plus tard des portraits achevés de l'espèce, étudiés d'après nature durant son séjour à Berlin, où il eut pour condisciple Bakounine. — A leur retour, ces étudiants s'organisaient en cercles; on y discutait les théories étrangères à voix basse et passionnée, on initiait les retardataires restés au pays. Tous ceux qui se piquaient de penser professaient une philosophie transcendantale, empruntée à Hegel et à Feuerbach pour l'Allemagne, à Saint-Simon, à Fourier, à Proudhon pour la France. Les plus sages lisaient Stein et Haxthausen. — « Je me passerais plutôt de souliers que des livres de ces apôtres », écrivait un étudiant.

Bien entendu, cette métaphysique masquait des préoccupations d'un ordre plus concret et d'un intérêt plus immédiat. Les deux grandes écoles intellectuelles qui se disputent la Russie contemporaine et y tiennent lieu de partis politiques se formaient à cette époque et partageaient les esprits. C'était d'une part l'école slavophile, groupée autour de Kiriéevsky, de Chamékof, des deux Aksakof; elle se rattachait aux vues de Karamsine et protestait contre les blasphèmes antipatriotiques de Tchaadaief; pour elle, rien n'existait en dehors de la sainte Russie, seule dépositaire du véritable esprit chrétien et marquée d'un sceau mystique pour régénérer le monde. En face de ces lévites, grandissait l'école libérale et occidentale, le camp des

Gentils, où l'on ne respirait que réformes, négations audacieuses, et bientôt révolutions.

Je fais grâce au lecteur français de divisions et de subdivisions où il se reconnaîtrait à grand'peine ; d'autant plus qu'elles changent à chaque instant avec les idées mobiles de ces découvreurs de mondes, et qu'elles désignent en réalité tout autre chose que ce qu'elles paraissent signifier au pied de la lettre. Quand on lit les biographies des hommes de ce temps, on les voit évoluer sans cesse de la « droite hégélienne » à la « gauche hégélienne ». C'est la terminologie consacrée; nous dirions, je crois, plus simplement : du libéralisme au radicalisme. Mais comme les discussions politiques et sociales étaient proscrites en Russie, elles devaient se couvrir du manteau de la philosophie et lui emprunter un langage hiéroglyphique. Pour comprendre les débats littéraires et métaphysiques de l'époque, il faut toujours recourir à la clef secrète; dans leur for intérieur, les disputeurs ne pensent qu'au fruit défendu de la politique, ils le déguisent de mille façons pour le dissimuler au censeur, en commentant une page de Feuerbach ou un vers du second Faust. Ces subtilités de Byzantins ne contribuent pas à rendre plus claires des idées déjà fort obscures, alors même qu'elles n'ont pas de double fond. En lisant les polémiques de ce temps, et en général toutes les polémiques russes, on croit assister à une de ces figures de ballet où des formes indistinctes s'agitent derrière un triple voile de gaze noire, tiré sur le devant de la scène, pour simuler les nuages qui cachent les déesses.

Les libéraux russes de 1848 continuaient la tradition des décembristes de 1825, comme les jacobins celle des girondins. Rien ne fait mieux mesurer la marche du temps et des idées que la différence de l'idéal révolutionnaire dans ces deux générations. Les décembristes étaient des aristocrates qui rêvaient une révolution élégante, qui convoitaient uniquement les joujoux à la mode de Londres et de Paris, charte, parlement, tribune. Ces colonels de la garde avaient vu passer dans leurs songes le cheval blanc et le panache constitutionnel de M. de La Fayette; ces universitaires, nourris du *Contrat social,* des théorèmes des physiocrates, ambitionnaient pour leur énorme et pesante Russie un de ces mécanismes fragiles que fabriquait l'abbé Sieyès. Ils jouèrent au conspirateur en enfants; le jeu finit tragiquement; les conjurés allèrent expier leur espoir chimérique en Sibérie ou en exil.

L'esprit de bouleversement se rendormit pour vingt ans : quand il se réveilla, il avait fait de nouveaux rêves; il projetait cette fois la refonte totale de notre pauvre vieux monde. Les Russes recevaient d'Europe la foi démocratique et socialiste; ils l'embrassaient avec d'autant plus de véhémence qu'elle répondait à tous les instincts de leur race, à tous les penchants de leur cœur; ils ne s'apercevaient pas que l'alliage étranger dénaturait le meilleur de ces inclinations. Égarés par les écrits socialistes d'Occident, les révolutionnaires de 1848 s'enivrèrent de mauvaise encre, ils s'expatrièrent moralement dans un désert stérile d'abstractions et de négations. La théorie internationale leur fit perdre de vue la réalité russe. Leurs déclamations en faveur du peuple sonnent faux, parce que ces jacobins de Moscou sont tout pénétrés de l'esprit du dix-huitième siècle, rationaliste et irréligieux; ils n'ont rien de commun avec la grave pitié d'un Dostoïevsky, d'un Tolstoï, tout évangélique et dédaigneuse des rengaines d'opposition libérale. Ceux-ci sont des réalistes aimants; les autres étaient des idéologues haineux, l'amour de l'humanité ayant tourné chez eux en haine contre la société. C'est là, je crois, le principe de distinction d'après lequel il faut classer les écrivains russes en deux camps, celui du dehors, celui du dedans.

Toutefois, les séparations tranchées ne se firent que plus tard; avant 1848, les nuances sont quelquefois difficiles à saisir; l'accès de fièvre a secoué tous ces jeunes gens, ceux-là mêmes qui se reprendront le plus fortement avec l'âge. Aux premiers rangs de l'aile gauche, nous trouvons Biélinsky, Herzen, Bakounine.

A partir de 1843, Biélinsky dérive progressivement vers un radicalisme athée et chagrin; on l'appelait alors le Marat russe. Sans la maladie de poitrine qui l'enleva en 1847, il eût probablement fini en Sibérie avec bon nombre de ses amis. — Herzen avait montré la hardiesse de sa pensée dans un roman philosophique, *A qui la faute?* Il quitte Saint-Pétersbourg à la veille du 24 février, assiste en amateur aux révolutions de Rome et de Paris, et écrit de cette ville au *Contemporain* les *Lettres de l'avenue Marigny;* en 1849, il collabore à la *Voix du peuple* de Proudhon, et publie son plus retentissant ouvrage, *De l'autre rive,* réquisitoire passionné contre le gouvernement de son pays; mis au ban de l'Empire, dépouillé de ses biens, il devient membre pour la Russie du Comité révolutionnaire européen, avec Mazzini, Kossuth, Ledru-Rollin, Orsini. Herzen était un agitateur de plume auquel l'action répugnait; son spirituel pamphlet la *Cloche,* inquiéta et amusa longtemps les classes dirigeantes; la nature trop fine de son talent ne lui donnait pas beaucoup de prise sur le peuple russe.

Un vrai Russe, c'est Bakounine, amoureux de la Révolution pour elle-même, comme Barbès, conspirateur par vocation, pour le plaisir. Il avait adopté cette devise : « La passion de la destruction est une passion créatrice. » Hégélien de droite, puis de gauche, il passe en Allemagne vers 1841, trouve les Allemands trop théoriciens, vient à Paris, manifeste avec les Polonais, se fait expulser par M. Guizot ; pour justifier cette mesure devant la Chambre, le grave homme d'État prononce un de ces mots qui feraient adorer le parlementarisme : « C'est une personnalité violente », dit-il en parlant du Russe. Je le crois bien ! Bakounine revient à Paris au lendemain de 1848 et se mêle aux groupes les plus avancés ; il arrache ce cri d'admiration à Caussidière, bon connaisseur : « Quel homme ! le premier jour d'une révolution, c'est un trésor ; le lendemain, il faudrait le faire fusiller. » — Il va agiter d'autres peuples, à Prague, où il prêche le panslavisme socialiste et combat avec l'émeute contre les soldats de Windischgrætz. Échappé à la police autrichienne, il court prendre part à la révolution de Dresde. Un jour, en se rendant de Paris à Prague, Bakounine aperçoit des paysans soulevés qui assiégent un château. Sans demander pourquoi, il saute à bas de sa voiture, organise les rebelles (il avait été officier d'artillerie), les aide à mettre le feu au château et reprend sa route. Condamné à mort, commué et emprisonné, la Saxe le cède à l'Autriche, qui l'enferme dix mois à Olmutz sans réussir à tirer de lui les révélations espérées.

L'Autriche le recède à la Russie, on le jette dans les casemates de la citadelle à Pétersbourg ; à l'avénement d'Alexandre II, il fut envoyé à Irkoutsk, d'où il s'évada en 1860, pour revenir attiser la flamme révolutionnaire en Europe. M. Guizot avait raison, Bakounine était une personnalité violente.

D'autres le sont moins, qui semblent pourtant se confondre avec l'avant-garde révolutionnaire, dans le vertige de ces « années quarante ». — A deux ou trois ans d'intervalle, tous les jeunes écrivains de l'école naturelle débutent par un roman socialiste ; œuvres amères et tendancieuses, qui doivent beaucoup pour le fond à l'influence de George Sand et d'Eugène Suë, tandis qu'elles restent fidèles par la forme au réalisme de Gogol. Saltykof (Chtchédrine), le satirique dont les écrits humoristiques ont eu depuis tant de succès en Russie, commence sa réputation avec l'*Affaire embrouillée*, où l'on voit une femme pauvre qui se vend pour gagner le pain de son mari et de son fils. Grigorovitch dramatise la condition du moujik dans son *Anton Goremuika* ; il refait en prose les tableaux navrants que Nékrassof met en vers. Tourguénef les retouche d'une main plus discrète dans les *Récits d'un chasseur*. Dostoïevsky donne les *Pauvres Gens*. La première nouvelle de Pisemsky, le *Temps des boyars,* est un plaidoyer pour l'amour libre, visiblement inspiré par l'auteur d'*Indiana,* tout comme le roman d'Herzen, *A qui la faute ?*

Tandis que les conteurs séduisent l'imagination, Pétrachevsky monte une machine de guerre plus sérieuse, le *Dictionnaire des termes étrangers ;* engin de destruction emprunté à la tactique du siècle dernier, et dont on espérait les grands effets produits par le *Dictionnaire philosophique* de Voltaire. Le nom de Pétrachevsky est resté attaché à la conspiration dont il fut l'âme, en 1848; tentative avortée, à laquelle vint aboutir toute cette effervescence d'idées. En retraçant la biographie de Dostoïevsky, j'aurai une occasion naturelle de revenir sur cet épisode.

Il mit fin au rêve agité des « années quarante » : la Russie retomba dans son sommeil; une répression impitoyable suspendit jusqu'aux moindres apparences de la vie intellectuelle. Elle ne devait ressusciter qu'après la mort de l'empereur Nicolas. Les révolutionnaires les plus compromis avaient pris leurs sûretés à l'étranger; les écrivains suspects, et tous l'étaient, furent frappés ou dispersés; plusieurs d'entre eux suivirent Pétrachevsky en Sibérie; parmi les plus heureux, Tourguénef fut exilé dans ses terres, Saltykof relégué à Viatka. Les slavophiles eux-mêmes n'échappèrent pas à la bourrasque; Samarine séjourna à la citadelle pour avoir écrit les *Lettres de Riga,* où il préconisait la politique adoptée depuis lors dans les provinces baltiques, la lutte contre l'élément germanique. On fit défense à Chamékof d'imprimer et de lire à haute voix ses vers, « sauf à sa mère ». Tcherkasky, Aksakof, furent placés sous la surveillance de la police; les longues barbes, qui faisaient partie du programme patriotique des Moscovites, n'eurent pas un sort meilleur que leurs écrits : on leur signifia l'interdiction de les porter.

Le gouvernement supprima les missions scientifiques et les pèlerinages aux universités d'Allemagne qui lui avaient si mal réussi. Pierre le Grand poussait ses sujets au dehors, pour qu'ils respirassent l'air d'Europe;

Nicolas retint les siens par force : les passe-ports, mis au prix exorbitant de cinq cents roubles, ne furent délivrés qu'avec les plus grandes difficultés. Dans les universités de l'Empire, où le chiffre des admissions avait été limité, et jusque dans les séminaires, on proscrivit l'enseignement de la philosophie. Les études classiques subirent le même ostracisme; les publications historiques furent l'objet d'un contrôle équivalant à une prohibition; pour le dix-huitième et le dix-neuvième siècle, on n'en tolérait aucune.

Quant à la presse, on devine que son histoire est sommaire durant cette période. Il n'y avait que sept journaux pour toute la Russie; ces petites feuilles vivaient sur les faits divers les plus inoffensifs. On y trouve à peine quelques allusions à la guerre de Hongrie, et plus tard à celle d'Orient. Le premier article de fond parut en 1857, dans l'*Abeille du Nord;* cette innovation était si audacieuse qu'elle prit au dépourvu les censeurs. Les rigueurs et les enfantillages de la censure fourniraient la matière d'un long et amusant chapitre. Le mot « liberté » fut rayé partout et dans toutes ses acceptions, comme le mot « Roi » sous la Terreur; puérilités identiques du despotisme, qu'il vienne d'en haut ou d'en bas. On changea le titre malsonnant et les couplets de certains opéras. La douane saisit des mouchoirs jugés d'un emploi irrespectueux, parce qu'ils portaient imprimés les portraits du Pape et des souverains étrangers.

Ces années, qu'on a appelées l'époque de la « terreur censoriale », ont défrayé depuis les plaisanteries des Russes; mais ceux qui les traversèrent, tout chauds encore des enthousiasmes et des illusions de leur jeunesse, en ont toujours gardé, avec la défiance à exprimer clairement leurs idées, le fond de tristesse que nous retrouvons dans leurs œuvres ultérieures. D'ailleurs, le relâchement qui se produisit dans la censure sous le règne d'Alexandre II ne laissa d'abord aux écrivains qu'une liberté fort relative; ceci explique comment à leur réveil, quand ils se rassemblèrent et reprirent courage après 1854, ces écrivains revinrent d'instinct au roman, comme au seul mode d'expression qui permettait de tout sous-entendre. C'est dans ce cadre complaisant qu'il faut rechercher en Russie la somme des idées contemporaines sur la philosophie, l'histoire, la politique. Je dois revenir sur cette constatation; elle justifiera l'extension que j'ai cru pouvoir donner à ces études et l'attention que je sollicite du lecteur pour des œuvres d'imagination pure. Dans le roman, et là seulement, il trouvera l'histoire de Russie depuis un demi-siècle. En lisant les œuvres romanesques à ce point de vue, nous entrons dans les dispositions du public pour lequel elles sont écrites.

Ce public raisonne et se passionne d'après des lois particulières qui ne sont plus les nôtres. Nous ne demandons à un roman que ce qu'on demande à toute œuvre d'art, dans l'état de civilisation où nous sommes parvenus : un passe-temps raffiné, une diversion aux vrais intérêts de la vie, une impression rapide et extérieure; nous lisons les livres comme un passant regarde un tableau dans la devanture du marchand, un instant, du coin de l'œil, en allant à ses affaires. Ils écoutent autrement leurs maîtres, là-bas. Ce qui est pour nous un régal de luxe est pour eux le pain quotidien de l'âme. C'est l'âge d'or de la grande littérature, celui qu'elle a traversé chez tous les peuples très-jeunes, en Asie, en Grèce, au moyen âge. L'écrivain est le guide de sa race, le maître d'une multitude de pensées confuses, encore un peu le créateur de sa langue; poëte, au sens ancien et total du mot, — *vates*, poëte, prophète. Des lecteurs naïfs et sérieux, nouveaux arrivés dans le monde des idées, avides de direction, pleins d'illusions sur la puissance du génie humain, demandent à leur guide intellectuel une doctrine, une raison de vivre, une révélation complète de l'idéal. En Russie, la petite élite d'en haut a atteint depuis longtemps et dépassé peut-être notre dilettantisme; mais les classes inférieures commencent à lire, elles lisent avec fureur, avec foi et espérance, comme nous lisions le *Robinson* à douze ans. « Terres vierges », disait d'elles un de leurs romanciers. Des imaginations sensibles reçoivent de plein choc l'impulsion du livre; elle ne s'amortit pas, comme chez nous, sur un vaste établissement intellectuel; le journalisme n'a pas dispersé les idées et la puissance d'attention; on ne compare pas, donc on croit. Après avoir lu *Pères et Fils* ou *Guerre et Paix,* nous disons : Ce n'est qu'un roman. Pour le marchand de Moscou, le fils du prêtre de village, le petit propriétaire de campagne, sur l'étagère où quelques volumes de Pouchkine, de Gogol, de Nékrassof représentent l'encyclopédie de l'esprit humain, ce roman est un des livres de la Bible nationale; il prend l'importance et la signification épique qu'avaient l'histoire d'Esther pour le peuple de Juda, l'histoire d'Ulysse pour le peuple d'Athènes, les romans de *la Rose* ou de *Renart* pour nos ancêtres.

On me pardonnera ces considérations générales; elles étaient nécessaires avant d'approcher les trois grandes figures qui ont mérité en dernier lieu l'adoption populaire. Beaucoup d'autres sollicitent notre curiosité, dans cette génération des « années quarante », repartie après 1854 pour de glorieuses destinées. Il y faudrait distinguer en première ligne Gontcharof, l'auteur de ce roman si caractéristique, *Oblomof;* Pisemsky, dont on vient de traduire pour nous les œuvres capitales, *Mille Ames* et *Dans le tourbillon;* Ostrovsky, romancier et auteur comique, le maître de la scène russe depuis trente ans; tout de suite après eux, Solhogoub, Grigorovitch, Petchersky, le chroniqueur de la vie ecclésiastique et conventuelle, Potiéchine et ses émules du groupe des *Narodniki,* les peintres des mœurs populaires. Ils valent mieux qu'une analyse de quelques lignes dans un volume consacré à leurs chefs de file; je leur demande un crédit de temps. Nous serons déjà avertis de leurs tendances en étudiant les représentants les plus originaux des deux groupes entre lesquels ces écrivains oscillent; Dostoïevsky nous apprendra ce que pensent les tenants de l'école slavophile et nationale; Tourguénef va nous montrer comment d'autres savent rester Russes sans rompre avec l'Occident, réalistes avec le souci de l'art et le tourment de l'idéal. Il est sorti de l'école libérale, qui le réclame; mais cet incomparable artiste, dégagé peu à peu de toute attache, plane bien au-dessus des petites querelles de régiments.

II

Il y a des riens, des couleurs, des bruits, qui demeurent longtemps dans l'œil ou dans l'oreille et finissent par descendre dans l'âme. Un soir d'été, dans un relais de Petite-Russie, on changeait mes chevaux. Je demandai à boire à la fille du maître de poste, une petite paysanne d'Ukraine qui portait le gracieux costume de sa province et jouait avec le vieux rouble d'argent retenu à son cou par un ruban; elle alla chercher une carafe à demi pleine, et, dans le mouvement qu'elle fit pour verser l'eau, le ruban vint battre sur cette carafe, l'écu d'argent roula autour du col de cristal : ce fut un clair tintement, si doux et si sonore! La fille, enchantée, se prit à rire, et essaya de répéter le bruit pour son plaisir; en m'éloignant, j'entendais encore cette gamme perlée qui mourait longuement, comme un trille de rossignol, seule dans le sommeil du soir russe, sur le pays muet.

Plus d'une fois, en relisant des pages de Tourguénef, je me suis rappelé le timbre de ce cristal caressé par le bijou d'argent. C'est bien là le son que rendait cette âme harmonieuse quand une pensée la touchait. Merveilleux instrument trop tôt brisé! la terre russe nous l'a repris, lui qui était presque nôtre; elle l'a retiré dans son silence profond; les hivers qui viennent vont rouler sur lui leur lourd linceul de neige. Cette terre de

Russie, rude, immense, avec sa glace qui scelle plus vite les tombes et sa neige qui les sépare du bruit des vivants, il semble qu'elle s'entende mieux que toute autre à abolir la mémoire des morts; ce n'est pas à elle qu'il faudrait demander, comme dans l'épitaphe de la jeune Grecque, d'être plus légère aux cendres. Et pourtant Ivan Serguiévitch se fût désespéré à l'idée de dormir ailleurs : il l'aimait tant, sa mère Russie! Le talent de l'écrivain, dans ses meilleures productions, n'était que l'émanation directe de cette terre, une communication spontanée de la poésie des choses; il n'est pas une page de son œuvre où l'on ne sente, suivant l'expression de Griboïédof, « la fumée de la patrie ».

Aussi sa génération l'écouta longtemps de préférence à tous ses rivaux. On se tromperait en cherchant uniquement dans ce que nous appelons le talent les causes de cette fidélité; combien, parmi ces lecteurs primitifs et passionnés, s'inquiètent du talent, des artifices de forme, des délicatesses de pensée? Dans les lettres comme en politique, un peuple suit d'instinct les hommes qu'il sent lui appartenir, qui sont faits de sa chair et de son génie, pétris de ses qualités et de ses défauts. Ivan Serguiévitch personnifiait les qualités maîtresses du vrai peuple russe, la bonté naïve, la simplicité, la résignation. C'était, comme on dit vulgairement, une âme du bon Dieu; ce cerveau puissant dominait un cœur d'enfant. Jamais je ne l'ai approché sans mieux comprendre le sens magnifique du mot évangélique sur les simples d'esprit, et comment cet état d'âme peut s'allier à la science, aux dons exquis de l'artiste. Le dévouement, la générosité du cœur et de la main, la fraternité, tout cela lui était naturel comme une fonction organique. Dans notre monde avisé et compliqué, où chacun est durement armé pour la lutte de la vie, il semblait tombé d'ailleurs, de quelque tribu pastorale et fraternelle de l'Oural : grand enfant doux, distrait, suivant ses idées sous le ciel ainsi qu'un pâtre suit ses troupeaux dans la steppe.

Au physique, ce haut vieillard tranquille, avec ses traits un peu rudes, sa tête sculpturale et son regard intérieur, rappelait certains paysans russes, l'ancêtre qui préside la table dans les familles patriarcales : ennobli seulement et transfiguré par le travail de la pensée, comme ces paysans d'autrefois qui se firent moines, devinrent des saints, et qu'on voit représentés sur les iconostases des églises avec l'auréole et la majesté de la prière. La première fois que je rencontrai ce bon géant, statue symbolique de son pays, j'eus grand'peine à définir mon impression; il me semblait voir et entendre un moujik sur qui serait tombée l'étincelle du génie, qui aurait été enlevé sur les sommets de l'esprit sans rien laisser en chemin de sa candeur native. Il ne se fût certes pas offensé de la comparaison, lui qui aimait tant son peuple!

Et maintenant, au moment de parler de son œuvre littéraire, l'envie me prend de jeter la plume. J'ai dit que cet homme était parfaitement bon; pourquoi, grand Dieu ! ajouter d'autres éloges, et qu'est-ce que le surcroît des habiletés de l'esprit dont nous faisons tant d'état? Mais ce cœur a cessé de battre : ceux qui l'ont connu sont rares, et ce sont des hommes; ils vont vite oublier et mourir. Il faut bien montrer aux autres, à tous, ce que le cœur éteint a laissé de lui-même dans l'œuvre d'imagination

Cette œuvre est considérable; elle témoigne d'un

labeur persévérant. La dernière édition complète[1] ne renferme pas moins de dix volumes : romans, nouvelles, essais dramatiques et critiques. De ces volumes, les plus dignes de survivre ont été traduits chez nous avec grand soin sous la direction de l'auteur; Tourguénef est le seul écrivain russe duquel il y ait plaisir à parler en France, devant des lecteurs initiés. Nul étranger ne fut aussi lu, aussi goûté à Paris : cette haute gloire a un versant français.

Le nom des Tourguénef a conquis sa notoriété littéraire dès le commencement du siècle. Un cousin du romancier, Nicolas Ivanovitch, après avoir marqué dans le service de l'État sous Alexandre I*er*, fut impliqué dans la conspiration de décembre 1825 et exilé par l'empereur Nicolas; il vécut le reste de ses jours à Paris, où il publia son grand ouvrage *la Russie et les Russes*. C'était un esprit honnête, distingué, un peu étroit et illusionné; l'un des plus sincères de cette riche génération qui se réveilla libérale après 1812. Resté fidèle à ses amis qui expiaient leur entraînement en Sibérie, le proscrit se fit de loin leur avocat et leur théoricien; surtout il continua à plaider avec chaleur la grande cause de l'émancipation des serfs; son jeune parent n'eut qu'à ramasser une tradition de famille le jour où il sonna le glas du servage avec son premier livre.

Ces Tourguénef vivaient en gentilshommes terriens dans leur bien du gouvernement d'Orel. Ce fut là que Ivan Serguiévitch naquit, en 1818, et qu'il grandit en toute liberté et solitude. Ce pays d'Orel, si souvent et si

---

[1] Édition des frères Salaïef, à Moscou : 10 vol. in-8º, 1880.

complaisamment décrit par le romancier, est un bon pays. C'est encore la Grande-Russie, mais on sent que le ciel du sud n'est pas loin; la nature du nord, jusquelà rude et extrême, y entre en contact avec le midi; elle fait quelques efforts pour se modérer et sourire. La terre noire commence; elle allonge à l'infini des plaines ses gras labours, changés l'été en mer de froment. Le chêne apparaît et donne un aspect plus robuste aux maigres lisières de bouleaux. A l'orient, du côté d'Eletz et des sources du Don, il y a des vallées charmantes, emplies la nuit de grands feux et de bruits de chevaux; Orel est un des centres d'élevage, les petits paysans et leurs poulains vaguent tout l'été dans ces pâtis de marais. A l'occident, la Desna s'engage dans les vieilles forêts de Tchernigof; la jolie rivière réfléchit les monastères de Briansk, et puis des pins et des trembles, tant que les siècles en ont pu mettre, pendant des lieues et des lieues, d'éternelles lieues russes. Sur le sol humide de ces forêts, le printemps jette une profusion d'herbes et de fleurs comme je n'en ai vu nulle part au monde. A peine la neige fondue au soleil des longues journées, cette riche terre entre en amour, en folie; la séve s'y précipite comme le sang dans de jeunes artères; la vie triomphante éclate sous bois en couleurs, en parfums, en murmures; cette ivresse de la nature étourdit l'homme; le chasseur ou le bûcheron égarés dans ces halliers semblent si chétifs, si tristes!...

De loin en loin, dans les plaines cultivées, des « nids de seigneurs », des habitations toujours semblables; un corps de bâtiment en bois ou en briques, élevé sur perron, surmonté d'un attique en zinc, flanqué d'une tourelle à clocheton ou, plus modestement, d'une aile en retour; quelquefois, quand le « seigneur » est riche et peut réparer, toute cette bâtisse est d'un blanc de chaux éclatant sous les toits verts; le plus souvent, les hypothèques de la banque de district rongent le seigneur et sa maison, on s'en aperçoit aux lézardes, aux bâillements des briques ou des revêtements de sapin, à la folle avoine qui poursuit l'ortie sur les marches du perron. Derrière la maison, une allée de tilleuls joint la grande route; devant, un verger de cytises et de saules descend en pente douce vers l'étang, l'immuable étang aux eaux mortes, dans le creux du ravin; on croirait qu'aucun vent n'a jamais ridé cette eau sous les joncs. Calme et muette comme l'existence de la famille qui végète là, elle subit la couleur du nuage qui passe, rose le matin, grise le jour; il semble que si la maison disparaissait, ce vieux miroir figé en garderait l'image par habitude, et aussi les souvenirs, les pensées des enfants qui ont grandi sur ses bords. C'est pour cela peut-être que l'homme russe s'attache si fort à cet humble berceau; quand, plus tard, il court le monde, et bien qu'il ait l'âme naturellement errante, quelque chose le tire toujours vers ce monotone horizon.

L'enfance de Tourguénef s'écoula dans un de ces « nids de seigneurs », qui serviront de cadres à presque tous ses romans. Il eut, suivant la mode d'alors, des gouverneurs français et allemands, de pauvres hères recrutés au hasard, qui enseignaient ce qu'ils ne savaient pas, et qu'on gardait dans les familles nobles comme une domesticité d'apparat. La langue maternelle n'était pas en honneur; ce fut avec un vieux valet de chambre que le petit garçon lut en cachette des vers russes pour la première fois. Heureusement pour lui, sa vraie éducation se fit sur la bruyère, avec ces chasseurs dont les récits sont devenus plus tard un chef-d'œuvre, sous la plume de l'écrivain. En courant les bois et les marais à la poursuite des gélinottes, le poëte faisait sa provision d'images, il amassait à son insu les formes dont il devait un jour revêtir ses idées. Dans certaines imaginations d'enfants, tandis que la pensée sommeille encore, les impressions se déposent goutte à goutte, comme la rosée durant la nuit; vienne l'éveil à la lumière, le premier rayon du soleil fera luire ces diamants.

A l'âge des études plus sérieuses, Ivan Serguiévitch fréquenta les écoles de Moscou et l'université de Pétersbourg. Comme la plupart de ses contemporains, il alla achever de se former en Allemagne ; nous le trouvons en 1838 à Berlin, digérant la philosophie de Kant et de Hegel.

Il a noté son état d'esprit à cette époque dans un fragment autobiographique publié en tête de ses œuvres. Sous les formes embarrassées que revêt la pensée russe, quand elle confie à la presse certains aveux délicats, ce morceau nous livre le secret de toute une génération et nous apprend dans quel camp l'écrivain plantera d'abord son drapeau.

« Le mouvement qui emportait les jeunes gens de ma génération à l'étranger faisait penser aux anciens Slaves allant chercher des chefs chez les Varègues, au delà des mers. Chacun de nous sentait bien que sa *terre* (je ne parle pas de la patrie en général, mais du patrimoine moral et intellectuel de chacun) *était grande et riche, mais désordonnée*[1]. En ce qui me concerne, je puis dire que je ressentais vivement tous les désavantages de cet arrachement du sol natal, de cette rupture violente de tous les liens qui m'attachaient au milieu où j'avais grandi,... mais il n'y avait rien d'autre à faire. Cette existence, ce milieu, et en particulier la sphère à laquelle j'appartenais, la sphère des propriétaires campagnards et du servage, — ne m'offraient rien qui pût me retenir. Au contraire : presque tout ce que je voyais autour de moi éveillait en moi un sentiment d'inquiétude, de révolte, — bref, de dégoût. Je ne pouvais balancer longtemps. Il fallait, ou bien se soumettre, cheminer tranquillement dans l'ornière commune, sur la route battue; ou bien se déraciner d'un seul coup, repousser de soi tout et tous, même au risque de perdre bien des choses chères à mon cœur. Ce fut le parti que je pris... Je me jetai la tête la première dans la « mer allemande », qui devait me purifier et me régénérer, et quand enfin je sortis de ses eaux, je me trouvai un « Occidental », ce que je suis toujours resté... Je ne pouvais respirer le même air, vivre en face de ce que j'abhorrais : peut-être n'avais-je pour cela pas assez d'empire sur moi-même, de force de caractère. Il me fallait à tout prix m'éloigner de mon ennemi, afin de lui porter de loin des coups plus assurés. A mes yeux, cet ennemi avait une figure déterminée, il portait un nom connu : mon ennemi, c'était le droit de servage. Sous ce nom, je rangeais et je ramassais tout ce contre quoi j'avais résolu de lutter jusqu'au bout, — avec quoi

---

[1] C'est la phrase historique, et proverbiale en Russie, que les députés des Slaves auraient prononcée en demandant aux chefs Varègues de venir les gouverner

j'avais juré de ne jamais faire de paix. Ce fut mon serment d'Annibal, et je n'étais pas le seul à le faire alors. J'allais à l'Occident pour mieux remplir ce serment... »

Voilà le gros mot lâché : l'écrivain sera un « Occidental », il tiendra pour Japhet contre Sem, pour la méthode de Pierre le Grand contre les patriotes retranchés derrière la grande muraille chinoise. Il faut être au courant des polémiques russes et de la terminologie des partis pour comprendre quels orages peut soulever cette appellation inoffensive, quels flots d'encre et de bile elle fait couler chaque jour. « Occidental », cela signifie, suivant le camp où l'on se place, un fils de lumière ou un traître maudit. Je me garderai bien de juger le procès; d'autant plus qu'à mon sens, il y a là surtout une querelle de mots; les batailleurs aveuglés par la fumée tomberaient facilement d'accord, s'ils pouvaient se retrouver de sang-froid; la raison, les bonnes lois et les bonnes lettres n'ont pas de patrie déterminée; chacun prend son bien où il le trouve, dans le fonds commun de l'humanité, et l'accommode à sa façon.

En lisant ce fragment de confession, on est tenté de s'inquiéter pour l'avenir du poëte; on entend derrière ces phrases comme un mauvais grondement de politique; est-ce que la grande suborneuse va le détourner de sa vraie voie? Il n'en sera rien heureusement. Tourguénef était bien trop littéraire, trop contemplatif et trop détaché, pour se jeter dans cette mêlée où l'on entre avec des convictions et d'où l'on sort avec des intérêts. Sur un seul point il tint son serment, il porta son coup, un coup terrible, au droit de servage;

contre cet ennemi, la guerre était sainte, et tous étaient déjà de connivence.

Revenu en Russie, Tourguénef publia dans les revues du temps ses premiers essais, des vers, naturellement. Il mérita les encouragements et l'amitié de Biélinsky. Pourtant la voix de cette jeune muse ne perça guère et s'éteignit vite; l'écrivain fit le sacrifice héroïque, il le fit complet; dans les éditions définitives de ses œuvres, ce maître prosateur n'a pas donné asile à un seul des vers de sa jeunesse. Il a été moins sévère pour quelques saynettes et comédies, composées vers cette époque; mais, en permettant à ses éditeurs de les publier, il nous prévient modestement qu'il ne se reconnaît pas le talent dramatique. L'aveu est fondé : cette voix contenue et nuancée, si éloquente dans l'intimité du livre, n'était pas faite pour les sonorités du théâtre. Quelques-unes de ces pièces furent jouées dans le temps, aucune n'est restée au répertoire. Reparti pour les pays étrangers, Ivan Serguiévitch envoya de loin à une revue de Pétersbourg les premiers de ces petits récits qui allaient illustrer son nom : les *Récits d'un chasseur*.

Les petits brûlots se glissèrent un à un, de 1847 à 1851, sans malice apparente, abrités sous leur pavillon poétique; le public n'en comprit pas d'abord le sens caché, la vigilante censure elle-même fut prise en défaut. On ne vit là qu'une tentative littéraire de premier ordre, une note nouvelle en Russie. Sans doute l'influence de Gogol était sensible dans le style du jeune écrivain, dans sa compréhension de la nature; les *Veillées du hameau* avaient donné le modèle du genre. C'était toujours la grande et triste symphonie de la terre russe;

mais cette fois l'interprétation de l'artiste était autre. Ce n'était plus l'âpre *humour* de Gogol, le caractère franchement populaire de ses tableaux, ses chaudes fusées d'enthousiasme subitement rabattues par des rappels d'ironie; chez Tourguénef, ni joyeusetés ni enthousiasme; une note plus discrète, une émotion dérobée; les paysages et les hommes sont vus sous la pâle lumière du soir, à travers une vapeur idéale, nettement retracés pourtant, et comme concentrés dans la prunelle de l'infatigable observateur. La langue, elle aussi, est plus riche, plus souple, plus moelleuse, telle qu'aucun écrivain ne l'avait encore portée à ce degré d'expression. Ce n'est pas la prose nette et limpide de Pouchkine, qui avait beaucoup lu Voltaire, et qui se souvenait. La phrase de Tourguénef coule, lente et voluptueuse, comme la nappe des grandes rivières russes sous bois, attardée, harmonieuse entre les roseaux, chargée de fleurs flottantes, de nids entraînés, de parfums errants, avec des trouées lumineuses, de longs mirages de ciels et de pays, et soudain reperdue dans des fonds d'ombre; cette phrase s'arrête pour tout recueillir, un bourdonnement d'abeille, un appel d'oiseau de nuit, un souffle qui passe, caresse et meurt. Les plus fugitifs accords du grand registre de la nature, elle les traduit avec les ressources infinies du clavier russe, les épithètes flexibles, les mots soudés entre eux à la fantaisie du poëte, les onomatopées populaires.

J'insiste sur ce qui fait la puissance de ce livre : ce n'est qu'un chant de la terre et un murmure de quelques pauvres âmes, directement entendus par nous; l'écrivain nous a portés au cœur de son pays natal, il nous laisse en tête-à-tête avec ce pays; il disparaît, ce semble, pourtant, si ce n'est lui, qui donc a tiré des choses et condensé à leur surface cette poésie mystérieuse qu'elles recèlent, mais que si peu savent voir, et que nous voyons clairement ici? Les *Récits d'un chasseur* ont charmé bien des lecteurs français, qu'ils sont décolorés cependant à travers le double voile de la traduction et de l'ignorance du pays! Je me figure un lettré de Kief ou de Kazan, n'ayant jamais passé la frontière et lisant en russe les romans rustiques de George Sand, qui ont quelques affinités avec ceux de Tourguénef : que peuvent dire à cet homme la *Petite Fadette* et *François le Champi?* Comment sentirait-il le parfum de terroir de notre Berry? Il faut avoir vécu dans les campagnes décrites par Ivan Serguiévitch pour admirer comme il nous rend à chaque page la contre-épreuve exacte de nos impressions personnelles, comme il nous fait remonter à l'âme chaque émotion ressentie, aux sens chaque odeur subtile respirée sur cette terre.

Dans cet ordre d'idées, je citerai entre tous le petit récit intitulé *Biéjin loug.* Le *Biéjin loug,* c'est la prairie où les jeunes paysans mènent paître les troupeaux de chevaux, durant les chaudes nuits d'été. Notre chasseur s'est égaré dans la brume du soir; il erre longtemps par les landes solitaires, jouet des illusions de l'ombre; enfin il aperçoit un feu dans les marais; c'est le campement des petits pâtres; l'étranger vient s'étendre à leur foyer, et, feignant d'être endormi, il écoute leurs propos. Accroupis autour du brasier, ces enfants se racontent des histoires, de ces histoires qu'on raconte après minuit. Ce n'est pas qu'ils aient peur, oh! non : seulement des bruits douteux les font penser, des voix de nuit qui montent de la rivière, des appels d'orfraies, des hurlements de chiens quand le loup vient flairer les chevaux. La présence de l'invisible agit sur ces âmes simples, et les voilà se remémorant toutes les croyances du village russe ; on cause des *roussalki*, les dames des eaux, de l'esprit des bois, du *domovoï*, le génie de la maison, et du camarade Vania, qui se noya l'an passé, qui appelle les petits pêcheurs dans les courants profonds. Cela tient le milieu entre un conte de nourrice et un conte d'Hoffmann, et c'est encore autre chose, c'est plus naturel, plus sérieux; le poëte nous a amenés au diapason voulu avec une habileté infinie, il a fait parler la terre avant de faire parler ces enfants, et il se trouve que la terre et les enfants disent les mêmes choses; ces petits ne sont que les interprètes du vieux monde slave; ils refont à leur manière le *Chant d'Igor*, cette épopée panthéiste des anciens âges d'où toute la poésie russe est sortie. Cependant la nuit passe, l'esprit se détend, la lumière renaît et allége l'âme, une admirable description du soleil levant jette une note éclatante à la fin de cette symphonie fantastique en mineur.

Préférez-vous une corde plus humaine, plus intime? Relisez les *Reliques vivantes*. Entrant d'aventure dans un hangar abandonné, le chasseur aperçoit un être misérable, sans forme et sans mouvement; il reconnait une ancienne servante de sa mère, une belle et rieuse fille jadis, maintenant paralysée et consumée par on ne sait quel mal étrange. Ce squelette oublié dans cette ruine n'a plus aucun lien qui le rattache au monde; nul n'en prend souci; de bonnes gens remplissent parfois sa cruche d'eau, et il n'a pas d'autres besoins; il vit, si c'est vivre, par le regard et un souffle de voix, « pareil au susurrement de la laiche des marais ». Mais dans ce vain reste d'un corps, il y a une âme, épurée par la souffrance, divinement résignée, soulevée, sans rien perdre de sa naïveté paysanne, sur les hauteurs du renoncement absolu. Loukéria raconte son malheur, comment le mal inconnu la saisit après une chute qu'elle fit, la nuit, en allant écouter les rossignols; comment toutes les fonctions et toutes les joies de la vie l'ont quittée l'une après l'autre. Son fiancé a eu beaucoup de chagrin, et puis, naturellement, il en a épousé une autre : que pouvait-il faire? Elle espère bien qu'il est heureux. Depuis des années, ses seules distractions sont d'écouter la cloche de l'église et le bourdonnement des abeilles dans le rucher voisin. Quelquefois une hirondelle vient voleter sous le hangar, c'est un gros événement, de la pensée pour plusieurs semaines. Les gens qui lui apportent de l'eau sont si bons, elle leur est si reconnaissante! Et tout doucement, presque gaiement, elle revient avec le jeune maître sur les souvenirs d'autrefois, elle lui rappelle avec quelque vanité qu'elle était la première au village pour les danses et les chansons; à la fin, elle veut faire effort pour fredonner une de ces chansons.

« L'idée[1] que cette créature à demi morte allait chanter éveilla en moi un effroi involontaire. Avant que j'eusse pu prononcer une parole, un son trainant, à peine perceptible, mais pur et juste, tremblota à mon oreille...

---

[1] Tous les fragments cités dans cette étude et dans les suivantes ont été retraduits directement sur le texte original.

Un second suivit, puis un autre... Loukéria chantait : « Dans la prairie... » Elle chantait sans que rien fût changé dans l'expression de son visage pétrifié, les yeux toujours fixes. Cette pauvre petite voix forcée, vacillante comme un filet de fumée, résonnait si douloureusement, elle se donnait tant de peine pour exprimer l'âme tout entière !... Ce n'était plus de l'effroi que je ressentais ; une pitié indicible me poignait le cœur. »

Loukéria raconte encore ses mauvais rêves, comment sa mort lui est apparue en songe : non pas que sa mort fût effrayante, au contraire, c'est qu'elle s'éloignait et refusait la délivrance. La malade repousse toutes les offres de service du maître ; elle ne désire rien, elle n'a besoin de rien, elle est contente de tout et de tous. Comme le visiteur se retire, elle le rappelle d'un dernier mot, bien féminin ; la malheureuse a conscience de l'horrible impression qu'elle doit produire, elle cherche ce qui pourrait survivre en elle de la femme. — « Vous vous souvenez, Barine, de la belle tresse que j'avais ?... Vous savez, elle descendait jusqu'aux genoux... J'ai hésité longtemps ; mais qu'en faire, dans mon état ? Je l'ai coupée, oui... Adieu, Barine. »

Tout cela ne laisse rien à l'analyse, autant prendre des ailes de papillon ; la trame même du récit est si ténue, si simple ; c'est peu de chose, et c'est une merveille par tout ce qu'il y a, plus encore par tout ce qu'il n'y a pas. Étant donné le sujet, j'imagine comment diverses écoles littéraires l'auraient compris. Un romantique du bon temps nous eût montré la fatalité acharnée sur cette créature ; il en eût fait une protestation vivante contre l'ordre de l'univers, un monstre douloureux, la femelle de Quasimodo. D'autres, les illustres amis de la vieillesse de Tourguénef, n'eussent pas manqué de nous faire un cours de pathologie; ils se seraient complu dans la dissection de ces membres roidis, de ces plaies secrètes; ils auraient indiqué toutes les parties abolies du système nerveux et conclu à l'idiotisme. Un écrivain d'une dévotion ardente eût transfiguré cette martyre; elle nous serait apparue dans un nimbe, abimée dans la contemplation mystique, uniquement soutenue par les secours célestes. Rien de semblable chez Tourguénef; il glisse discrètement sur les misères physiques, à mots couverts, il voile le cadavre; nous comprenons assez qu'il y a un cadavre en voyant cette âme toute nue, hors de sa chair. Nulle déclamation, nulle antithèse, l'auteur ne tente rien pour grossir le cas et frapper notre imagination; c'est un accident de la vie, voilà tout. Pour ce qui est de Dieu, l'humble femme sait qu'il a d'autres affaires que ce petit malheur; elle le prie comme à son habitude, sans insister autrement, avec la piété ordinaire d'une paysanne, fort étrangère à la mysticité. Le point mis en lumière, dans ce récit comme dans presque tous les autres, c'est la résignation stoïque, un peu animale, de ce paysan russe toujours préparé à tout souffrir. Le talent est dans la proportion exquise entre le réel et l'idéal; chaque détail reste réel, dans la moyenne humaine, et l'ensemble baigne dans l'idéal. Voyez plus loin cette autre figure angélique de malade qui passe à travers l'épisode du *Médecin de village;* c'est la même juste mesure, l'homme maintenu dans son attitude naturelle, les pieds à terre et le regard au ciel.

Quand ces fragments furent réunis en volume, le public, indécis jusqu'alors, comprit la signification de l'œuvre; quelqu'un était venu qui osait développer le sens caché dans la sinistre plaisanterie de Gogol sur les *âmes mortes*. Quel autre nom donner à la galerie de portraits rassemblés par le chasseur : petits propriétaires de campagne naïvement égoïstes et durs, intendants sournois, fonctionnaires désœuvrés et rapaces ; sous ce monde de fer, des ilotes chétifs, quasi déchus de la condition humaine, touchants à force de misère et de soumission? Le procédé, — si bien déguisé qu'il soit, il y a toujours un procédé, — était invariablement le même ; l'auteur faisait repasser dans sa lanterne et nous montrait sous toutes les faces une créature falote, tour à tour risible et pitoyable, sans besoins, sans ressources, condamnée à la vie crépusculaire ; à côté du serf apparaissait le maître, fantoche à demi civilisé, bon diable au demeurant, inconscient du mal commis, perverti par la fatalité du milieu. Ce tableau, qui eût dû être laid, repoussant, l'écrivain l'avait revêtu de grâce et de charme, en quelque sorte contre sa volonté, par la vertu intime de sa poésie.

Pourquoi les ressorts de la vie étaient-ils brisés chez tous les héros du livre? D'où venait cette malaria sur la campagne russe? Quel était le nom de cette peste? — On laissait au lecteur le soin de répondre. Il n'est pas très-exact de dire que Tourguénef *attaqua* le servage; les écrivains russes, par suite des conditions qui leur sont faites aussi bien que par le tour particulier de leur génie, n'attaquent jamais ouvertement, ils n'argumentent ni ne déclament : ils dépeignent sans conclure et font appel à la pitié plus qu'à la colère. Quinze ans plus tard, quand Dostoïevsky publiera les *Souvenirs de la maison des morts,* ses terribles souvenirs de dix années en Sibérie, il procédera de même, sans un mot de révolte, sans une goutte de fiel, semblant trouver ce qu'il décrit tout naturel, un peu triste seulement. C'est le trait national en toutes choses. — Un jour, je couchais à l'auberge d'Orel, dans la patrie de notre auteur; un roulement de tambours me réveilla; je regardai sur la place du marché; au milieu d'un carré de troupes et de peuple on avait dressé le pilori, une grande colonne de bois noir sur une plate-forme d'échafaud; on y attachait trois pauvres diables qui portaient au cou des écriteaux avec la mention de leurs méfaits. Ces larrons avaient l'air très-doux, très-inconscients de ce qui leur arrivait; ils étaient très-beaux, liés à cette colonne, avec leurs têtes de Christs slaves. L'exposition dura longtemps, le clergé vint les bénir, et quand la charrette les ramena à la prison, les soldats et le peuple se précipitèrent derrière eux, en les comblant de provisions, de menue monnaie, en les plaignant de tout cœur. — En Russie, l'écrivain qui veut réformer agit comme la justice, par démonstration mélancolique, avec des retours d'indulgence sur les maux qu'il dévoile. Le public entend à demi-mot.

Il entendit cette fois; la Russie du servage se regarda avec effroi dans le miroir qu'on lui tendait; un long frémissement la secoua; du jour au lendemain, l'auteur fut célèbre et sa cause à moitié gagnée. La censure comprit la dernière, mais enfin elle comprit, elle aussi. On s'étonnera peut-être de sa susceptibilité: j'ai dit que le servage était condamné jusque dans le cœur de l'empereur Nicolas. Il faut savoir que la censure ne veut pas toujours ce que veut l'Empereur; du moins elle veut en retard, elle est parfois en arrière d'un règne. Elle renonça à sévir contre le livre, mais elle guetta l'auteur. Gogol étant mort sur ces entrefaites, Tourguénef consacra au défunt un article chaleureux. Cet article paraîtrait bien inoffensif aujourd'hui ; il figure dans l'édition complète, et nous aurions peine à y découvrir le crime, si le criminel ne nous avait révélé le secret dans une note fort gaie :

« A propos de cet article, je me souviens qu'un jour, à Pétersbourg, une dame très-haut placée critiqua le châtiment qu'on m'avait infligé, le jugeant immérité, ou du moins trop rigoureux. Comme elle prenait chaudement ma défense, quelqu'un lui dit : — Vous ignorez donc que dans cet article il nomme Gogol *un grand homme?* — Ce n'est pas possible ? — Comme je vous l'assure. — Ah! dans ce cas, je n'ai plus rien à dire; je regrette, mais je comprends qu'on ait dû sévir. »

Ce qualificatif impertinent, donné à un simple écrivain, valut à Tourguénef un mois d'arrêts, puis le conseil d'aller méditer dans ses terres. J'imagine qu'il trouva alors la société très-mal faite, tant nous sommes injustes pour le pouvoir qui veut notre bien. Il faut pourtant l'avouer, ce pouvoir sert quelquefois nos intérêts mieux que nous-mêmes, et les lettres de cachet sont généralement d'accord avec les vues de la Providence. Trente ans plus tôt, un ordre d'exil avait sauvé Pouchkine en arrachant le poëte aux dissipations de Pétersbourg, où il perdait son génie, en l'envoyant au soleil d'Orient, où ce génie devait s'épanouir. Si Tourguénef fût resté dans la capitale, la chaleur de la jeunesse et les amitiés compromettantes l'eussent peut-être entraîné dans quelque stérile échauffourée politique; rendu à la solitude de ses bois, il y vécut des années laborieuses, étudiant l'humble vie de la province russe et en fixant les traits dans ses premiers grands romans.

III

Ivan Serguiévitch assurait qu'il n'aimait pas Balzac : c'est possible, leurs deux esprits différaient du tout au tout, et l'on n'aime pas toujours son maître; mais je crois bien que le disciple de Gogol, l'adepte de « l'école naturelle », avait par surcroît pris quelques leçons chez notre grand inventeur. Le Russe se proposa d'écrire, lui aussi, la comédie humaine de son pays; à cette vaste tâche, il apporta moins de patience, moins d'ensemble et de méthode que le romancier français, mais plus de cœur, plus de foi, et le don du style, l'éloquence pénétrante qui manqua à l'autre. S'il est vrai, en France, qu'aucun historien ne pourra retracer la vie de nos pères sans avoir lu et relu Balzac, cela est encore plus vrai en Russie de Tourguénef; là-bas, je le répète, l'histoire contemporaine était muette, et pour cause; quand les historiens de l'avenir voudront faire revivre la Russie de Nicolas et des premières années d'Alexandre II, ils s'arrêteront découragés devant le vide et le silence des documents positifs; mais un témoin les aidera à évoquer les morts, l'auteur qui sut discerner les courants d'idées naissants à cette époque de transition, incarner dans des types abstraits les états d'esprit les plus fréquents chez ses contemporains. Entre 1850 et 1860, la Russie a marché à tâtons, lasse et inquiète, comme un voyageur égaré aux dernières heures de nuit ; à l'horizon, de pâles lueurs d'aube, des bouts de route, des contours de sommets vaguement entrevus ; partout la confusion de ces heures douteuses, l'attente de l'aurore, la précipitation irréfléchie chez les uns, la fatigue et la peur chez les autres. Il fallait de bons yeux pour voir et dessiner, dans cette troupe en marche, les figures qui émergeaient de l'ombre, celles qui reculaient volontairement dans la nuit et que le jour ne trouverait plus. Tourguénef en saisit plusieurs ; parcourons rapidement la galerie, en feuilletant les romans écrits à cette époque.

Dans le premier, *Roudine,* l'auteur étudie un tempérament qui est de tous les temps et de tous les pays, mais qui semble avoir trouvé son climat d'élection en Russie. Ce Roudine, le héros de l'histoire, est un idéaliste éloquent, habile en paroles, incapable en action ; il se grise et grise les autres de sa faconde, il se précipite dans la vie comme un torrent d'idées généreuses et lumineuses ; mais chaque épreuve de la vie tourne contre lui, faute de caractère. Avec les meilleurs principes du monde, sans autre vice qu'une vanité naïve, il commet des actes indignes d'un galant homme ; on le croirait un cynique, à le voir vivre aux crochets de ses dupes, séduire une jeune fille, subir l'outrage d'un rival ; et pourtant, il est lui-même sa première dupe : le fond de son âme est trop honnête pour profiter jusqu'au bout des occasions offertes; sans courage pour le bien ni pour le mal, il retombe sans cesse dans le vide et la misère, il apprend en vieillissant à reconnaitre son irrémédiable impuissance; il finit misérablement.

Les cinquante premières pages du roman sont un chef-d'œuvre d'exposition. L'auteur nous introduit dans une petite société de campagne, il marque rapidement la place et le caractère de chaque personnage; soudain le Messie attendu arrive dans ce milieu un peu terne, et s'y installe en conquérant; tout pâlit aux fusées de son éloquence; seul, un vieux sceptique hargneux lui donne la réplique et représente la réalité prosaïque de la vie, dans sa lutte éternelle contre l'enthousiasme idéal. Petit à petit, le mirage se dissipe, les gens pratiques retirent leur confiance au montreur de chimères, les jeunes personnes séduites se reprennent à temps. Tous ces humbles comparses édifient patiemment leur vie au ras de terre et finissent avec de bonnes rentes, de bonnes femmes, de bons amis, tandis que le prodige, malgré toute sa supériorité intellectuelle, roule de chute en chute. La prose a triomphé de l'idéal. Pour son début, le romancier touchait au vif un des grands défauts de l'esprit russe et donnait à ses compatriotes une utile leçon; il leur disait que les aspirations magnifiques ne suffisent pas, qu'il y faut joindre le sens pratique, l'application, le gouvernement de soi-même.

Dans *Roudine,* étude morale et philosophique, l'écrivain avait remué des idées et intéressé les esprits; on se demandait s'il serait aussi habile à développer des sentiments, à émouvoir les cœurs; le *Nid de seigneurs* fut sa réponse : ce sera, je crois, son meilleur titre de gloire. Ce roman n'est pas sans défauts, l'exposition est moins alerte que dans le précédent ; l'auteur s'attarde aux généalogies de ses personnages, l'intérêt se fait attendre ; mais une fois l'action engagée, elle est conduite avec un art consommé.

Le *Nid de seigneurs,* c'est une de ces vieilles maisons provinciales où les générations se sont succédé. Dans ce milieu grandit une jeune fille qui va servir de prototype à toutes les héroïnes du roman russe ; une âme simple, honnête, sans dehors brillants, sans dons particuliers dans l'esprit, mais imprégnée d'une grâce pénétrante et armée d'une volonté de fer, cette volonté que Tourguénef refuse aux hommes, qu'il donne comme un trait commun à toutes les filles de son imagination, et qui les porte aux extrémités les plus diverses, suivant les directions où le sort les pousse. Lise a vingt ans, elle est demeurée insensible aux séductions d'un beau tchinovnik de qui sa mère est coiffée : cependant, de guerre lasse, elle va lui engager sa parole, quand survient un parent éloigné, Lavretzky. Celui-ci est marié, mais séparé depuis longtemps d'une femme indigne, qui court les aventures dans les villes d'eaux du continent ; il n'a rien d'un héros de roman, c'est un homme paisible, bon et malheureux, d'âge et d'esprit sérieux. Tous ces gens-là existent, ils ont été vus dans la vie réelle. Un attrait mystérieux rapproche Lise et Lavretzky ; au moment où ce dernier, plus expérimenté, reconnaît avec effroi le nom qu'il faut donner à leur sentiment mutuel, un article de journal lui apprend la mort de sa femme ; il est libre, et le soir même, dans le jardin de la vieille maison, l'aveu des deux cœurs s'échappe comme un fruit mûr qui tombe; la scène est délicieuse, si naturelle et si peu banale! Ce bonheur des deux amants dure une heure ; la nouvelle était fausse, le lendemain la femme de Lavretzky surgit à l'improviste.

On devine toutes les renverses de sentiments que comporte la situation; ce qu'on ne peut deviner, c'est la délicatesse de main avec laquelle le romancier conduit deux âmes absolument honnêtes au travers de ce péril. Le sacrifice est accompli de part et d'autre, résolûment par la jeune fille, avec des luttes poignantes pour l'homme. Nous voici espérant la disparition de la femme gênante et méprisable : le lecteur le moins féroce supplie l'auteur de la faire mourir. Hélas! les amateurs de dénoûments heureux doivent fermer le livre. Madame Lavretzky ne meurt pas, elle continue à vivre, et fort gaillardement; Lise n'aura connu de l'existence qu'une promesse d'amour, apparue et disparue avec les étoiles d'une courte nuit de mai ; elle ne demandera pas sa revanche, elle reporte à Dieu son cœur blessé et s'ensevelit dans un monastère.

C'est là, dira-t-on, une vertueuse histoire pour les petites filles, dans le genre de madame Cottin. Résumé sommairement, le thème a l'air vieillot; il faut en lire les développements pour voir avec quel art nouveau, avec quel souci de la réalité le romancier a rajeuni son sujet dans un large courant de vérité humaine. Pas la moindre fadeur sentimentale dans ce douloureux récit, pas d'éclats de passion; une touche discrète et chaste, une émotion contenue qui va croissant et nous étreint le cœur.

— Le livre s'achève par un épilogue de quelques pages, qui est et restera l'un des modèles de la litté-

rature russe. Huit années se sont écoulées; Lavretzky
revient, par un matin de printemps, au nid de seigneurs; une nouvelle génération l'habite, les enfants
que nous y avons laissés sont devenus à leur tour de
jeunes femmes et de jeunes hommes, avec leurs sentiments et leurs intérêts nouveaux; le revenant, à peine
reconnu par eux, tombe au milieu de leurs jeux; c'est
ainsi qu'avait débuté le récit, il semble que nous en re-
commencions la lecture. Lavretzky s'assied sur le banc
où jadis il serra, pendant une minute, la main qui égrène
depuis lors le rosaire dans un cloître; les jeunes oiseaux
du vieux nid ne peuvent répondre aux questions de ce
trouble-fête, ils ont oublié la disparue; ils ont bien
d'autres affaires et reprennent leur partie de barres.
Tandis que la solitude et le chagrin de la vieillesse dé-
vastent ce cœur mort, les mêmes mots reviennent peindre la même nature vivante, les joies nouvelles et toujours semblables de nouveaux enfants; c'est le retour
de la mélodie initiale dans le final d'une sonate de
Chopin.

Jamais peut-être on n'avait rendu aussi sensible, par
un exemple particulier, la mélancolique opposition entre
la pérennité de la nature et la caducité de l'homme;
jamais points de comparaison mieux choisis ne nous
avaient fait mesurer plus cruellement la chute impitoyable du temps. L'auteur nous a si bien attachés aux
personnages du passé, que tous ces enfants, nouveaux
venus à la fête de la vie, nous paraissent presque haïs-
sables. J'aurais voulu citer en entier ces pages, mais séparées de ce qui les précède, elles perdent leur sens,
elles ne valent que par la lente préparation de tout le

récit, qui accumule seule leur puissance. En les achevant, on est tenté d'appliquer à Tourguénef ce qu'il dit ailleurs d'un de ses héros : « Il possédait le grand secret de cette musique qui est l'éloquence; il savait, en touchant certaines cordes du cœur, faire tressaillir et résonner sourdement toutes les autres. »

Le *Nid de seigneurs* fixa la renommée de l'écrivain. Ce monde est chose si bizarre, que le poëte, comme le conquérant, comme la femme, gagne l'attachement des hommes en les faisant souffrir et pleurer. Toute la Russie versa des larmes sur ce livre, la triste Lise devint l'idéal de toutes les jeunes filles; il faudrait remonter à *Paul et Virginie* pour trouver une œuvre romanesque ayant exercé une influence aussi souveraine sur une génération et un pays. Il semble que l'auteur lui-même continuât d'être hanté par le type puissant qu'il avait enfanté. Hélène, la victime du roman intitulé : *A la veille,* c'est encore l'implacable volonté féminine, la fille sérieuse, renfermée et obstinée, poussant à l'aventure dans la solitude, échappant à toutes les influences, disposant d'elle-même avec un suprême mépris de l'obstacle. Cette fois, les circonstances ont changé : l'homme aimé est libre, mais repoussé par la famille; comme Lise allait au cloître, malgré les supplications des siens, Hélène va à son amant et se donne à lui; elle ne soupçonne pas une minute que son acte puisse être coupable, elle le rachète d'ailleurs par la constance du dévouement tout le long d'une vie d'épreuves. Dans ces études de caractères, un trait d'observation domine, et il est saisi sur le vif du tempérament national; l'homme est irrésolu, la femme est décidée; c'est elle qui force la destinée, sait et fait ce qu'elle veut. Tout ce qui dans nos idées serait hardiesse et impudeur, l'auteur le raconte avec tant de simplicité et d'une plume si chaste, qu'on est tenté d'y voir uniquement la liberté d'une âme plus virile; les filles droites et passionnées qu'il crée sont capables de tout, sauf de trembler, de trahir et de mentir.

Avec le *Nid de seigneurs,* Ivan Serguiévitch avait donné sa note intime, il avait épanché la source secrète, grossie de toutes les larmes refoulées dans le cœur durant la jeunesse, et qui tourmente le poëte jusqu'au jour où elle trouve une issue dans son œuvre. Il se remit à étudier le milieu social, et dans ce grand branle intellectuel qui agita la Russie vers 1860, à la veille de l'émancipation, il écrivit *Pères et fils.* On sait que ce livre marque une date dans l'histoire des idées. Le romancier avait eu la rare bonne fortune de discerner un état d'esprit nouveau, de le fixer dans un type inoubliable, et celle plus rare encore de baptiser cet état d'esprit du nom que tous cherchaient sans pouvoir le trouver; c'était le bonheur de Christophe Colomb doublé de celui d'Améric Vespuce. — « Qu'est-ce que ce Bazarof? demande un des pères, un des braves gens de la vieille génération. — Tu veux le savoir? lui répond son jeune fils, ami et disciple du terrible étudiant en médecine. C'est un *nihiliste.* — Tu dis? — Je dis : un nihiliste. — Nihiliste, répète le vieillard; ah! oui, cela vient du latin *nihil,* chez nous *nitchevo,* autant que je puis juger; cela doit signifier un homme qui n'admet rien. — Dis plutôt, ajoute un autre vieux, qui ne respecte rien. — Qui considère tout du point de vue critique, reprend le jeune homme. — C'est la même chose. — Non, ce n'est pas la même chose. Le nihiliste, c'est l'homme qui ne s'incline devant aucune autorité, qui n'admet aucun principe comme article de foi, de quelque respect que soit entouré ce principe. »

Le bonhomme Kirsanof, un classique de 1820, ne remontait qu'au latin. Pour mieux comprendre, nous remontons plus haut aujourd'hui, jusqu'à la racine du mot et de la philosophie qu'il résume; jusqu'à cette vieille souche aryenne dont les Slaves sont une des maîtresses branches. Le nihilisme, c'est le *nirvâna* hindou, l'abdication découragée de l'homme primitif devant la puissance de la matière et l'obscurité du monde moral; et le *nirvâna* engendre nécessairement la réaction furieuse du vaincu, l'effort aveugle pour détruire cet univers qui l'écrase et le déconcerte. — Mais je ne veux pas revenir sur un sujet que j'ai touché plus haut et qui exigerait de vastes développements. Aussi bien le nihilisme, tel qu'il s'est fait lugubrement connaître à nous, n'est encore qu'à l'état d'embryon dans le fameux livre de Tourguénef.

Je voudrais seulement appeler l'attention du lecteur sur un autre mot du romancier, étonnamment juste et peut-être plus fécond en révélations que le vocable dont la fortune devait être si brillante. Comme dans tous les romans de l'auteur, c'est ici une jeune fille qui a le beau rôle de sentiment et de raison; un jour, en discutant avec l'ami de Bazarof, un gamin naïf qui se croit nihiliste, parce qu'il répète les aphorismes de son maître, cette jeune fille lui dit tout à coup : « Tenez, votre Bazarof m'est étranger, et vous-même vous lui êtes étranger. — Pourquoi cela? — Comment vous dire?... C'est un animal sauvage, et, vous et moi, nous sommes des animaux apprivoisés. » Cette comparaison fait apercevoir, mieux qu'un volume de dissertations, la nuance qui sépare le nihilisme russe des maladies mentales similaires dont l'humanité a souffert, depuis les jours de l'Ecclésiaste jusqu'à nos jours. Le Bazarof, ce fils de paysans cynique, amer, qui va crachant sur toutes choses ses brèves sentences en langage tour à tour populaire et scientifique, brave d'ailleurs, incapable d'une action vile, refoulant par orgueil les instincts de son cœur, c'est au fond un sauvage subitement instruit qui nous a volé nos armes. Le héros de Tourguénef a bien des traits communs avec un Peau-Rouge de Fenimore Cooper; seulement c'est un Peau-Rouge qui s'est grisé avec des tirades de Hegel et de Buchner au lieu d'eau de feu, qui se promène dans le monde civilisé avec un bistouri, au lieu de s'y précipiter avec un tomahawk. Quand les fils de Bazarof feront « de la propagande par le fait », ils sembleront tout pareils à nos révolutionnaires d'Occident; regardez de près, vous retrouverez la nuance entre l'animal sauvage et l'animal apprivoisé. Nos pires révolutionnaires ne sont que des chiens furieux; le nihiliste russe est un loup; et l'on sait aujourd'hui que la rage du loup est plus dangereuse.

Voyez comme il se comporte dans les deux grandes épreuves où le romancier nous le montre, l'amour et la mort. Une femme belle, coquette, ennuyée, tentée par cette conquête étrange, un peu louve elle-même, comme beaucoup des héroïnes de Tourguénef, s'est mise à jouer avec le fauve; le voilà blessé au cœur, lui, le détracteur ironique de l'idéal, lui qui n'a trouvé d'abord, pour exprimer son admiration, que ce cri de carabin:

« Un riche corps, ma foi! et qui ferait bien dans un musée d'anatomie! » — Bazarof s'indigne contre ce sentiment, qui n'est réductible à aucune de ses deux méthodes, l'explication critique ou la négation; puis, vaincu par la douleur, il procède à la manière du loup qui convoite une proie, il s'éloigne avec défiance, se rapproche, se hérisse, taciturne et ardent : dans ce manége, il laisse échapper les moments favorables dont un autre eût profité avec succès, et soudain, mal à propos, il s'élance d'un bond bestial sur sa proie; la coquette lui échappe, il s'en retourne la tête basse, dévorant son orgueil meurtri, il va se ronger en silence dans la solitude. Et la mort de Bazarof! Il s'est empoisonné le sang en étudiant le cadavre d'un typhoïde, il se sait perdu; cette agonie sombre, muette, hautaine, c'est encore l'agonie de la bête sauvage emportant sa balle dans le hallier; c'est la *Mort du loup* telle que Vigny l'a dépeinte et comprise avec son stoïcisme désolé :

> Gémir, pleurer, prier est également lâche :
> Fais énergiquement ta longue et lourde tâche,
> Puis après, comme moi, souffre et meurs sans parler.

Le nihiliste renchérit sur le stoïque, il ne fait pas de tâche avant de mourir : rien ne vaut la peine de rien.

Le romancier mit tout son art à composer un personnage déplorable, mais nullement odieux. Effacez un seul trait du tableau, ce mépris de tout ce que nous vénérons, cette *inhumanité,* nous paraîtront intolérables; chez l'animal apprivoisé, ce serait perversion, oubli des règles apprises; chez l'animal sauvage, c'est instinct, révolte native; l'auteur désarme habilement notre morale devant cette victime de la fatalité, ce cerveau envahi trop brusquement par la science comme par une apoplexie.

La sensibilité du poëte prend sa revanche avec les figures des *pères,* ces bonnes gens de la vieille roche qui regardent timidement bouillonner le flot nouveau et cherchent à le contenir à force de tendresse. Jamais encore Tourguénef n'avait poussé aussi loin la puissance créatrice, le don de l'observation minutieuse. Je voudrais en citer des exemples, et c'est fort difficile avec lui, car il dédaigne les morceaux de bravoure, les pages à effet; chaque détail n'est précieux que par le concours discret prêté à l'ensemble de l'œuvre. Détachons cependant deux silhouettes épisodiques, qui passent un instant dans le récit avec une vérité saisissante. Voici une physionomie qui est bien de son pays et de son temps, un haut fonctionnaire de Saint-Pétersbourg, un futur homme d'État, venu en province pour reviser l'administration.

« Mathieu Ilitch était ce qu'on appelait alors « un jeune »; il avait à peine dépassé la quarantaine, il visait déjà les grands postes de l'État et portait une plaque de chaque côté de la poitrine. L'une d'elles, à la vérité, était étrangère et des plus communes. Comme le gouverneur qu'il venait juger, il passait pour un progressiste, et, bien que déjà gros bonnet, il ne ressemblait pas à la plupart des gros bonnets. Il avait de soi-même une haute opinion; sa vanité ne connaissait pas de bornes, mais il affectait une attitude simple, il vous regardait d'un air encourageant, vous écoutait avec indulgence; il riait avec tant de bonhomie, qu'au premier abord on pouvait le prendre pour « un bon diable ». Néanmoins, dans les grandes occasions, il savait, comme on dit, jeter de la poudre aux yeux. — L'énergie est nécessaire, disait-il alors; et il ajoutait en français: L'énergie est la première qualité de l'homme d'État. — Avec tout cela, il restait le plus souvent dans les dindons, chaque tchinovnik un peu expérimenté le menait par le nez à sa fantaisie. Mathieu Ilitch parlait avec beaucoup d'admiration de Guizot; il s'efforçait de faire entendre à chacun qu'il n'appartenait pas à la catégorie des routiniers, des bureaucrates attardés, qu'il était attentif à toutes les manifestations considérables de la vie sociale, etc. Ce vocabulaire, il le possédait à fond. Il se tenait même au courant de la littérature contemporaine, bien qu'avec une nuance de majesté distraite : tel un homme mûr, rencontrant dans la rue une procession de gamins, se joint à elle un moment. Au fond, Mathieu Ilitch ne différait pas sensiblement des hommes d'État du règne d'Alexandre Ier, qui allaient aux soirées de Mme Swetchine et se préparaient le matin en lisant une page de Condillac; les dehors seuls étaient autres chez lui, plus contemporains. C'était un courtisan adroit et rusé, rien de plus; il n'entendait mot aux affaires publiques, ses vues étaient nulles, mais il savait admirablement mener ses propres affaires; sur ce point il ne se laissait jouer par personne. N'est-ce pas là le principal? »

Ailleurs, c'est la princesse X***, une étude de femme bien fine et bien locale :

« Elle passait pour une coquette évaporée, elle s'abandonnait avec fureur aux plaisirs de tout genre, dansant jusqu'à tomber de lassitude, riant et folâtrant avec les jeunes gens, qu'elle recevait avant dîner dans un salon à demi éclairé ; et la nuit, elle priait, pleurait, elle errait parfois jusqu'au matin dans sa chambre, cherchant vainement une place où reposer, tordant ses mains d'ennui ; ou bien elle restait assise, pâle et froide, penchée sur son psautier. Le jour venait, de nouveau elle se métamorphosait en femme du monde, elle sortait, babillait, souriait et se jetait littéralement au-devant de tout ce qui pouvait lui procurer un instant de distraction... — Même quand elle se donnait entièrement, il restait en elle quelque chose de secret et d'insaisissable que nul ne pouvait atteindre. Dieu sait ce qui nichait dans cette âme ! Il semblait qu'elle fût en puissance de forces mystérieuses, inconnues à elle-même ; ces forces jouaient avec elle à leur gré, et son esprit limité ne pouvait dominer leurs caprices. Toute sa conduite présentait une suite de contradictions ; les seules lettres qui eussent pu éveiller les justes soupçons d'un mari, elle les avait écrites à un homme qui lui était presque étranger ; l'amour y parlait d'un ton plaintif. Jamais elle ne riait ni ne plaisantait avec celui qu'elle avait choisi, elle l'écoutait en le considérant avec une sorte de stupeur ; parfois cette stupeur se changeait brusquement en terreur glacée ; son visage revêtait alors une expression morte, sauvage ; elle s'enfermait dans son appartement, et sa femme de chambre, l'oreille collée à la serrure, l'entendait sangloter sourdement. »

Tout en poursuivant ces grands travaux, Ivan Serguiévitch revenait souvent aux rapides et simples histoires qui avaient fait la fortune des *Récits d'un chasseur*. De ces années laborieuses datent les charmantes nouvelles d'inspiration si variée : *Moumou, l'Accalmie, les Trois Rencontres, le Premier Amour,* et vingt autres, légères aquarelles appendues entre les grands tableaux tout le long de la riche galerie du peintre. Ce sont des esquisses faites parfois avec un rien, un trait de mœurs paysannes, un souvenir fugitif, une vision intérieure; l'artiste délicat excellait à ces demi-teintes, à ces touches sobres qui indiquent sans appuyer une figure, une douleur, un frisson du cœur. Je ne sais rien de plus achevé dans ce genre que les soixante pages intitulées : *Assia*[1]. C'est un souvenir de la vie d'étudiant en Allemagne, un timide amour qui s'est à peine avoué à lui-même. Assia est une jeune fille russe, une enfant effarouchée, fantasque, vive comme une fauvette; impossible d'oublier après l'avoir lu le portrait de cette étrange fille. L'étudiant la rencontre, l'aime à son insu, et tandis qu'il hésite à la prendre au sérieux, l'enfant blessée disparaît; l'homme qui ne l'a comprise qu'après l'avoir perdue se lamente sur cette ombre évanouie. Je cite au hasard quelques lignes de ce poëme en prose, le prélude d'un sentiment qui s'ignore : les deux jeunes gens reviennent le soir d'une promenade sur les bords du Rhin :

« Je la regardais, toute baignée dans le clair rayon de soleil, calme et douce. Tout brillait joyeusement autour de nous, sous nos pieds et sur nos têtes, — le ciel, la terre, les eaux : on eût dit que l'air même était saturé de clarté.

---

[1] *Annouchka*, dans la traduction française. Je ne sais pourquoi on a débaptisé et affublé de ce nom de servante une des plus délicieuses filles de Tourguénef.

« — Regardez, comme c'est bien! dis-je en baissant involontairement la voix.

« — Oui, c'est bien! répondit-elle sur le même ton, sans lever les yeux vers moi. Si nous étions des oiseaux, vous et moi, comme nous volerions, comme nous glisserions!... nous nous serions noyés dans ce bleu. Mais nous ne sommes pas des oiseaux.

« — Les ailes peuvent nous pousser, répliquai-je.

« — Comment cela?

« — Vivez seulement, et vous le saurez. Il y a des sentiments qui nous soulèvent de terre. N'ayez pas peur, les ailes vous viendront.

« — Et vous, vous en avez eu?

« — Comment vous dire?... Il me semble que jusqu'à présent je n'ai pas volé.

« Assia se tut, pensive. Je me rapprochai d'elle; soudain elle me demanda :

« — Savez-vous valser?

« — Oui, répondis-je, assez intrigué par cette question.

« — Alors, venez, venez. Je prierai mon frère de nous jouer une valse. Nous nous figurerons que nous volons, que les ailes nous sont poussées...

« ... Je la quittai assez tard. En repassant le Rhin, à mi-distance entre les deux rives, je demandai au passeur de laisser la barque dériver au courant. Le vieillard leva les avirons, et le fleuve royal nous emporta. Je regardais autour de moi, j'écoutais, je me souvenais; subitement, je sentis au cœur un trouble secret; je levai les yeux au ciel, mais le ciel même n'était pas tranquille; tout troué d'étoiles, il se mouvait, palpitait, frissonnait. Je me penchai sur le fleuve; là aussi, dans ces sombres et froides profondeurs, les étoiles scintillaient, tremblaient; l'agitation de la vie m'environnait, et moi-même, je me sentais de plus en plus agité. Je m'accoudai sur le rebord de la barque; le murmure du vent à mes oreilles, le clapotement sourd de l'eau sous le gouvernail, irritaient mes nerfs, les fraîches exhalaisons des flots ne parvenaient pas à les calmer; un rossignol chanta sur la rive, son chant m'accabla comme un poison délicieux. Des larmes gonflaient mes paupières, et ce n'étaient pas les larmes des vagues ivresses sans cause. Ce que je ressentais, ce n'était pas cette sensation confuse, éprouvée naguère, des aspirations infinies, quand l'âme s'élargit et vibre, quand il lui semble qu'elle va tout comprendre et tout aimer... Non! une soif de bonheur me brûlait; je n'osais pas encore l'appeler par son nom, mais le bonheur, le bonheur jusqu'à l'anéantissement, voilà ce que je voulais, voilà ce qui m'angoissait... La barque flottait toujours, le vieux passeur s'était assis et dormait, penché sur ses rames. »

IV

Ah! les belles années qui suivirent 1860! L'émancipation des serfs, le rêve de Tourguénef, était devenue un fait accompli : et ce n'était que l'aurore des grandes réformes. De partout le jour nouveau pénétrait à torrents dans la sombre machine vermoulue; partout le bruit des ressorts neufs qui la remettaient en mouvement, un éveil joyeux de forces et d'espérances longtemps contenues. Ces années si décisives dans l'histoire du pays ne l'étaient pas moins dans l'histoire intime d'Ivan Serguiévitch; il venait de donner sa vie, comme ses vierges donnent la leur, sans réserves et jusqu'à la mort. Déraciné de sa patrie par une amitié toute-puissante, il quittait la Russie, où il ne devait plus revenir qu'à de rares intervalles, pour s'établir d'abord à Bade, puis à Paris, au milieu de nous. La destinée avait comblé tous les vœux de l'homme, de l'écrivain, du patriote; il assistait à la renaissance de son pays; sa gloire le suivait en Occident, avec ses ouvrages traduits dans toutes les langues. On pouvait croire que s'il reprenait la parole, après ces années de silence et de repos, ce serait pour redire le cantique de Siméon.

C'eût été bien mal connaître notre pauvre nature humaine, et en particulier cette âme de poëte à jamais inassouvie. Ce qui fait la joie de notre cœur, c'est de bercer un rêve tout le long de la jeunesse, et non de le voir réalisé par les vieux ans. Qu'avons-nous à faire de la réalité décolorée? Tourguénef rentra en scène avec *Fumée*, en 1868. C'était toujours le même talent, encore plus mûr et savoureux; ce n'était plus tout à fait l'âme candide et croyante d'autrefois. Dès les premières pages du livre, le désenchantement fait explosion; s'il s'agissait d'un autre homme, nous dirions que la poche de fiel a crevé; en parlant de Tourguénef, le mot serait exagéré; il n'entrait pas de fiel dans son tempérament. Ses saillies douloureuses sont d'un idéaliste déçu, étonné de voir que ses chères idées, appliquées aux hommes, ne les ont pas rendus parfaits. Le ressentiment de cette déception va quelquefois jusqu'à l'injustice ; ce crayon chagrin nous montrera désormais certaines figures poussées au noir, partant moins vraies que celles des œuvres anciennes. Le monde décrit dans *Fumée*, c'est ce monde russe qui vit à l'étranger et qui n'y porte pas toujours les meilleures qualités du sol natal : grands seigneurs et femmes équivoques, étudiants et conspirateurs. La scène se passe à Bade, où l'auteur avait pu l'étudier à loisir. Dans cette galerie comique de « généraux de Kursaal », de princesses en pique-nique, de slavophiles vantards, de commis voyageurs en révolutions, il y a bien des traits pris sur le vif, mais la physionomie d'ensemble est *chargée ;* le défaut de mesure est d'autant plus sensible que, dans la pensée de l'auteur, ces personnages ne sont pas des types d'exception, mais bien la représentation fidèle de la haute et basse société russe.

En outre, le procédé de l'artiste est modifié. Jadis, en nous montrant les batailles d'idées, il nous laissait juges du camp : maintenant il se substitue à nous et insinue son opinion. Il y a, pour le romancier et le dramaturge, deux manières d'exposer les thèses morales : avec ou sans intervention personnelle. Prenons des exemples familiers à tout le monde. Voici, dans les *Misérables,* deux conceptions antagonistes du devoir et de la vertu, personnifiées par Jean Valjean et Javert; nous pourrions hésiter sur leur valeur réciproque; mais l'auteur jette d'un seul côté tout le poids de son éloquence, il divinise l'une de ces conceptions et rabaisse l'autre, il force notre verdict. Voilà, au contraire, dans le *Gendre de M. Poirier,* deux façons de comprendre l'honneur, deux mondes d'idées dissemblables, le marquis de Presle et son beau-père; l'auteur s'efface, il éclaire également ses deux personnages, leurs mérites et leurs ridicules, le fort et le faible de leurs thèses : jusqu'au bout, nous balançons à nous prononcer entre eux, l'intérêt du drame naît de ce conflit d'idées. Je préfère cette seconde manière, qui me paraît exiger plus d'art, qui est plus proche de la vie réelle, où la vérité n'est jamais claire, où le bien et le mal sont étroitement mêlés dans tous les camps. Tourguénef s'est tenu à cette méthode équitable dans ses premières études sociales ; dans les dernières, *Fumée* et *Terres vierges,* il intervient visiblement. Un personnage de second plan, une sorte d'Olivier de Jalin, comme le Potouguine de *Fumée,* a mission de nous révéler la pensée de l'écrivain et de clore les débats.

Ces réserves faites, je reconnais que les sorties de Potouguine sont le plus souvent ruisselantes de verve et de bon sens. L' « Occidental » daube sur ses bêtes noires, les slavophiles, il ridiculise les travers nationaux, et surtout cette manie d'affirmer que les choses les plus communes prennent une vertu mystique en touchant le sol russe. Il trouve des traits bien spirituels pour caractériser cette infatuation; par exemple, quand il parle de la « littérature en cuir de Russie », quand il dit : « Chez nous, deux et deux font quatre, mais avec plus de hardiesse qu'ailleurs. » Après avoir vidé son carquois, le romancier noue une intrigue d'amour, il s'y montre, comme toujours, maître des secrets du cœur humain. Mais, ici encore, notre auteur a changé de manière. Jadis, il ne se plaisait qu'aux émotions virginales, la femme ne l'intéressait que jeune fille, il peignait l'amour loyal, marchant le front haut, même alors qu'il brave le monde. Pour la première fois, dans *Pères et Fils,* il avait donné un rôle de grande coquette à une jeune veuve, et avec quelles précautions ! Maintenant, dans *Fumée* et les *Eaux printanières,* il nous montre les passions cruelles, leurs tortures, leurs mensonges, leurs abîmes sans issue. La jeune fille est toujours là, tenue en réserve pour sauver au dénoûment le pécheur repentant; mais ce n'est qu'une pâle figure reculée sur les plans lointains.

D'aucuns préféreront peut-être ce bruit de tempêtes aux harmonies délicieuses des premiers romans; c'est affaire de goût, et je ne veux pas diminuer le mérite de *Fumée,* qui reste un chef-d'œuvre d'un autre genre; je constate seulement qu'à l'approche du soir, l'âme limpide du poëte a reflété de lourds nuages et des cieux troublés. A la fin des *Eaux printanières,* après cette merveilleuse scène de la séduction, vraie comme la vie, comme la faiblesse de l'homme et le pouvoir diabolique de la femme, il y a des pages pleines d'une telle rancœur, qu'on se sent pris de pitié pour l'écrivain qui a pu les trouver.

En 1877, Tourguénef publia dans le *Messager d'Europe* son dernier roman de longue haleine, *Terres vierges.* Si mes souvenirs sont exacts, la traduction française parut d'abord dans le journal *le Temps,* comme pour tâter le terrain; puis l'original se risqua en Russie et y circula sans obstacle. Rien ne fait mieux mesurer le chemin parcouru depuis le jour où la censure s'émouvait si fort de la lettre sur Gogol. Avec l'œuvre nouvelle, le romancier se hasardait dans les cendres brûlantes, sur une route qui conduisait autrefois jusqu'en Sibérie. L'ambition lui était venue de décrire le monde souterrain qui commençait dès lors à inquiéter l'Empire ; après avoir signalé le premier et exploré depuis vingt-cinq ans tous les courants d'idées jaillis du sol russe, l'observateur se devait de parfaire sa tâche en nous montrant l'aboutissement logique de ces courants ; puisqu'ils disparaissaient sous terre, il fallait les suivre et tenter bravement la descente aux enfers. Il était piqué au jeu, d'ailleurs, par un rival qui l'avait devancé ; comme on le verra, *Terres vierges* est une réponse indirecte aux *Possédés,* de Dostoïevsky. La tentative ne fut pas pleinement heureuse. Absent de son pays depuis quinze ans, Tourguénef était mal placé pour guetter dans ses transformations incessantes ce monde dérobé, presque inaccessible. Là où l'étude d'après nature est rarement possible, où il faut procéder par induction, on est mal venu de chercher des représentations plastiques. Notre romancier s'était flatté de fixer dans des formes sensibles les tendances encore si confuses des nihilistes ; l'image se perdit dans la chambre obscure et refusa de venir à la lumière du plein jour.

Voilà pourquoi *Terres vierges,* au moins dans la première partie, a quelque chose de gris et d'effacé qui contraste avec les reliefs puissamment modelés des œuvres antérieures. L'auteur nous introduit dans le cercle des conspirateurs à Pétersbourg. Un de ces jeunes gens s'engage en qualité de précepteur chez un riche fonctionnaire qui l'emmène en province. Niéjdanof rencontre là une jeune fille noble, traitée par les maîtres de la maison en parente pauvre, aigrie par de longues humiliations; elle prend feu pour les idées encore plus que pour la personne de l'apôtre; tous deux s'enfuient un beau matin et forment une de ces unions libres où l'on vit comme frère et sœur en travaillant au grand œuvre social. Ils « vont dans le peuple », avec leurs affiliés de province. Mais Niéjdanof n'est pas armé pour la terrible lutte, c'est un faible, un rêveur, un poëte qui passe en secret les nuits sur son cahier de vers. Déchiré de doutes et de découragements, il s'aperçoit bientôt que tout est malentendu dans son âme; il n'aime pas la cause à laquelle il se sacrifie, il ne sait pas la servir; il aime mal la femme qui s'est sacrifiée pour lui, il se sent décroître dans l'estime de cette dévouée. Las de la vie, trop fier pour reculer, assez généreux pour vouloir libérer à tout prix sa compagne avant qu'un instant d'oubli ait fait d'elle sa maîtresse, Niéjdanof se tue; il a deviné qu'un de ses amis, mieux équilibré que lui, aime secrètement Marianne et va être aimé d'elle; il unit en mourant les mains de ces deux êtres, animés du même courage. Le roman finit par le récit d'une échauffourée avortée, qui montre l'inanité et l'enfantillage de la propagande révolutionnaire dans le peuple. Ce Niéjdanof, si invraisemblable qu'il puisse nous paraître, est le caractère le plus vivant et le plus vrai du livre; celui-là a été pris sur nature, dans le fin fond des misères morales de la jeunesse russe.

D'autres figures de révolutionnaires flottent dans la pénombre, elles passent en chuchotant des choses inintelligibles. Les représentants des hautes classes, du monde officiel, sont traités plus durement encore que dans *Fumée :* ils ont toutes les suffisances, tous les ridi-

cules et pas un mérite ; de ce parti pris résultent des
caricatures, un manque d'équilibre et un faux jour dans
l'ensemble de l'œuvre. En revanche, les apôtres de la foi
nouvelle ont une auréole de générosité et de dévouement. Entre l'égoïsme de la vie courante d'une part, la
foi vive et l'abnégation farouche d'autre part, le choix
de l'écrivain idéaliste était forcé ; la chaleur de son cœur
le précipite sans précautions du côté où le désintéresse-
ment est plus visible. Il prête à ces rudes natures, toutes
d'une pièce, une délicatesse de sentiments qui les poé-
tise ; il nous cache et se cache à lui-même les contrastes
révoltants, les instincts brutaux. Il avait eu une vision
plus réelle, le jour où il avait aperçu l'énergique Bazarof,
avec son profil de loup fuyant dans les bois. Je crois que
Tourguénef a été égaré par sa sensibilité, en peignant
les caractères des nihilistes ; il a été mieux servi par sa
raison en faisant justice de leurs idées, de leurs déclamations puériles, de leurs espérances aveugles.

Les meilleures pages du livre sont celles où l'auteur
nous démontre par les faits l'impossibilité d'un contact
entre les propagandistes et le peuple. Les raisonnements
abstraits se brisent sur la dure cervelle du moujik ; Niéjdanof veut prêcher dans un cabaret, les paysans le for-
cent à boire, il tombe ivre-mort au second verre de
vodka et s'éloigne au milieu des huées ; un autre, qui
tente de soulever son village, est livré les mains liées à
la justice par les villageois. Par moments, Tourguénef
met le doigt sur le principe même de l'erreur révolutionnaire ; ses nihilistes, dans un élan irréfléchi de solidarité, veulent soulever instantanément une populace
ignorante jusqu'à l'échelon intellectuel où ils sont eux-

mêmes parvenus; ils oublient que le temps a seul pouvoir d'opérer ce miracle, ils se flattent de remplacer son action par des formules cabalistiques; ils se brisent les poings à cet effort impossible. Le poëte voit tout cela et nous le fait très-bien comprendre; mais comme il est poëte, il se laisse séduire par la beauté morale du sacrifice indépendamment de l'objet, et son indulgence redouble en raison même de la vanité prouvée du sacrifice.

C'est peut-être le lieu de toucher un point délicat que je ne veux pas éviter. Certaines revendications politiques, élevées sur la tombe de l'écrivain, ont causé un gros émoi en Russie, et le deuil national a risqué d'être troublé par d'amers ressentiments. Déjà, du vivant de Tourguénef, les feuilles de Moscou avaient mené contre lui une violente campagne, à la suite de la publication, dans un journal français, des *Mémoires d'un nihiliste.* Ce fragment autobiographique n'est pas une œuvre d'imagination : notre romancier le tenait d'un de ses compatriotes, échappé des prisons russes. Comme il le dit dans sa lettre d'introduction, ce curieux opuscule se recommande par l'accent de vérité qui y règne, par l'absence de récrimination. On retrouva dans les *Mémoires d'un nihiliste* cette plainte voilée et passive, dont je parlais plus haut, cette curiosité psychologique du Russe qui étudie avec tant d'application les effets de la souffrance sur son âme, qu'il oublie d'incriminer les auteurs de cette souffrance. Il y a dans ce morceau un réalisme minutieux, une claire vue de soi-même dans la gradation du désespoir, qui rappellent certaines pages de Dostoïevsky. Mais la littérature du proscrit ne trouva pas grâce en Russie; on en voulut à Tourguénef de sa lettre indulgente, on l'accusa de complicité avec les ennemis de l'État.

D'autre part, le parti extrême a essayé de tirer à lui cette grande ombre; on a parlé de subventions accordées par l'écrivain à une feuille malfaisante. C'est parfaitement invraisemblable. Ivan Serguiévitch avait la main facile comme le cœur et donnait indistinctement à toutes les misères; il suffisait d'être Russe pour trouver sa porte ouverte, sa bourse prête, et de bonnes paroles sur ses lèvres; mais s'il a secouru les hommes, il n'a certainement pas coopéré à leur politique. Comment aurait-il trempé dans des complots sauvages et stériles, lui, l'Occidental, l'homme de la civilisation raffinée et des élégances de pensée? Ses opinions flottèrent toujours dans un libéralisme vaporeux, rapporté à vingt ans des universités d'Allemagne, plus enclin à se bercer de rêves qu'à s'employer dans la pratique. Au surplus, il suffit de lire attentivement *Terres vierges* pour marquer le degré de latitude où Tourguénef entendait se maintenir.

Il y a là un certain Solomine, un jeune directeur de fabrique, qui représente les idées moyennes et parle évidemment pour l'auteur. Solomine a été entraîné par les propagandistes, mais son bon sens lui fait voir le néant de leurs efforts; s'il n'a aucun goût pour les tchinovniks qui administrent la terre russe, il n'a aucune confiance dans les enfants qui la minent sourdement; il se sépare peu à peu de ces derniers, il se tire les grègues sauves de l'échauffourée finale, et va fonder dans l'Oural une usine prospère « sur certaines bases coopératives ». Ne soyons pas indiscret, ne demandons pas au bon Ivan

Serguiévitch quelles sont ces bases; le romancier voulait que son socialiste fût conséquent et intéressant jusqu'au bout, il le lance dans la coopération et le laisse s'y dépêtrer; les lecteurs russes n'en demandent pas davantage, et tout le monde est content.

Mais je parle bien au long, vraiment, de la politique d'un poëte. Cet homme qui fut un naïf, au plus noble sens du mot, pour tant de choses inférieures, a bien pu l'être en politique. Ceux qui disputeraient plus longtemps sur la couleur de son drapeau risqueraient eux-mêmes d'être taxés de naïveté. Il ne faut ni s'étonner ni s'émouvoir parce que les lyres délicates sonnent faux quand la politique égare ses grosses vilaines mains sur leurs cordes; il n'y a qu'à ne pas les écouter, à garder une juste mesure entre la république de Platon, qui bannissait les poëtes, et celle de 1848, qui leur offrait des présidences.

Tourguénef écrivit encore, vers cette même époque, cinq ou six nouvelles, dont une, *le Roi Lear de la steppe*, rappelle les meilleures pages des *Récits d'un chasseur* par l'intensité de l'émotion. Je ne puis m'attarder à chacun de ces matériaux : il est temps de nous retourner pour jeter un regard d'ensemble sur le monument.

V

Ivan Serguiévitch y a logé la société russe; il a résumé la conception qu'il s'en faisait dans quelques types généraux, toujours en scène. Considérons-les avec intérêt ; la littérature postérieure est revenue sur ces types, sans presque les modifier ; il faut croire qu'ils rendent fidèlement la physionomie de cette société, du moins telle qu'elle se voit elle-même. C'est d'abord le paysan, doux, résigné, endormi, touchant dans ses souffrances comme l'enfant qui ne sait pas pourquoi il souffre ; malin et rusé d'ailleurs, quand il n'est pas abruti par l'ivresse, soulevé de loin en loin par des fureurs animales. Au-dessus, les classes intelligentes et moyennes, les petits propriétaires de campagne, et parmi eux les représentants de deux générations : le vieux seigneur, bonhomme, ignorant, avec des traditions respectables et des vices grossiers, dur par longue habitude pour les serfs, servile lui-même, mais excellent dans les autres relations de la vie.

Tout différent est le jeune homme de cette même classe : quelquefois précipité dans le nihilisme par le vertige d'une croissance intellectuelle trop rapide ; le plus souvent instruit, mélancolique, riche en idées et pauvre en actes, « se préparant toujours à travailler », tourmenté par un idéal de bien public vague et généreux ; c'est le type de prédilection du roman russe ; nous l'avons vu naître chez Gogol, nous le reverrons encore plus développé chez Tolstoï. Le héros qu'aiment les jeunes filles et que leur disputent les femmes romanesques, ce n'est pas un brillant officier, un artiste, un grand seigneur magnifique, c'est presque toujours ce Hamlet bourgeois, honnête, cultivé, d'intelligence tranquille et de volonté faible, qui revient de l'étranger avec des théories scientifiques sur l'amélioration de la terre et du sort des paysans, qui brûle d'appliquer ces théories dans « son bien »; cela, c'est le grand point; un personnage de roman qui veut conquérir des sympathies doit revenir dans « son bien », pour y améliorer la terre et le sort des paysans. Le Russe devine que là, là seulement est l'avenir, le secret de force; mais, de son propre aveu, il ne sait comment s'y prendre.

Passons aux femmes de la même classe. Rien à dire des mères; par un parti pris curieux, qui révèle quelque plaie ancienne du cœur, toutes les mères des romans de Tourguénef, sans une exception, sont mauvaises ou grotesques. Il réserve les trésors de sa poésie aux jeunes filles. Pour lui, la pierre angulaire de la société est cette jeune fille de province, librement élevée dans un milieu modeste, foncièrement droite, aimante, point romanesque, moins intelligente que l'homme, plus décidée: chaque roman met en jeu une volonté féminine, guidant les irrésolutions des hommes. — Tel est, à grands traits, le monde dépeint par l'écrivain. Chaque fois qu'il s'y renferme, l'accent de vérité est si frappant que le lecteur s'écrie en fermant le livre : « Si ces gens-là ont vécu, ils n'ont pas pu vivre autrement! » Ce cri sera toujours la meilleure sanction des œuvres d'imagination.

Il nous manque les hautes classes pour compléter le tableau. Tourguénef n'y a touché qu'incidemment, dans ses dernières œuvres, par des esquisses sommaires, toutes dans la manière noire. Son regard n'était pas tendu de ce côté et son esprit était prévenu. La jeune fille si parfaite de tout à l'heure, dès que la fortune la porte sur les sommets sociaux, devient une femme frivole, pervertie, avec toutes les bizarreries de l'esprit et du tempérament; l'homme qui s'élève aux dignités et touche aux affaires publiques va joindre à son irrésolution native la hâblerie et la sottise. Il y a lieu d'en appeler de ces jugements rapides et exclusifs. Pour nous faire une opinion, il faudra attendre Léon Tolstoï : celui-ci ne changera guère les types fixés par son devancier pour les basses et moyennes classes, mais il creusera dans les plus intimes replis l'âme complexe de l'homme d'État, du courtisan, de la grande dame ; il achèvera l'édifice dont Tourguénef a posé les assises et négligé le faîte.

Il ne faut pas demander à notre romancier les intrigues compliquées, les aventures extraordinaires dont l'ancien roman français était si friand. Il ne montre pas la lanterne magique, il montre la vie ; les faits en eux-mêmes l'intéressent peu ; il ne les voit qu'à travers l'âme humaine et dans leur contre-coup sur l'individu moral. Son plaisir est d'étudier des caractères et des sentiments, aussi simples que possible, pris dans la réalité quotidienne; mais, et c'est là son secret, il voit cette réalité avec une telle émotion personnelle que ses portraits ne sont jamais prosaïques, tout en restant absolument vrais. Il disait de Niéjdanof, dans *Terres vierges* : « C'est un romantique du réalisme. » On peut lui retourner le mot.

En vérité, je ne lui connais pas de rival pour la sûreté du goût, la tendresse, je ne sais quelle grâce tremblante également répandue sur chaque page, qui fait penser à la rosée du matin. Il eût pu s'appliquer cette phrase d'un personnage de G. Eliot, dans *Adam Bede :* « Les mots m'arrivaient comme viennent les larmes, quand notre cœur est plein et que nous ne pouvons les empêcher. » Nul n'eut plus de sentiment et plus d'horreur du sentimentalisme : nul ne sut mieux indiquer d'un seul mot toute une situation, toute une crise du cœur. Cette retenue fait de lui un phénomène unique dans la littérature russe, toujours noyée; il avait le droit de railler les écrivains de son pays, qui, « ayant à dire que le propre de la poule est de pondre des œufs, ont besoin de vingt pages pour développer cette grande vérité et ne parviennent pas à s'en tirer. » — On devine dans la moindre production d'Ivan Serguiévitch un travail de réduction acharné, le souci de l'art tel que l'entendaient les maîtres classiques.

De pareilles qualités, rehaussées par la magie du style, par une langue toujours exacte et parfois magnifique, assurent à Tourguénef une place éminente dans la littérature contemporaine. M. Taine me permettra de citer ici une opinion qui emprunte un grand poids à l'autorité de son nom; je lui ai souvent entendu dire qu'à son estime, Tourguénef était un des artistes les plus parfaits que le monde ait possédés depuis ceux de la Grèce. La critique anglaise, qui regarde froidement et n'est pas suspecte d'exagération, lui accorde le premier rang[1]; je voudrais souscrire à cet arrêt, quand je relis l'enchanteur; mais je me reprends et j'hésite en pensant à ce prodigieux Tolstoï, qui enchaîne mon admiration et terrasse mon jugement. Aussi bien, il faut laisser le dernier mot à l'avenir dans ces questions de préséance.

Après *Terres vierges*, le repos du déclin commença. Le

---

[1] *Europe has been unanimous in according to Tourguenef the first rank in contemporary literature.* (*The Athenæum*, 8 sept. 1883.)

talent restait entier, l'intelligence vigoureuse et curieuse ; mais cette intelligence flottait en quelque sorte, elle semblait chercher une voie perdue, comme il arrive pour d'autres au début de la vie. Il y avait bien des causes à ce découragement. L'écrivain russe a retiré de son long séjour parmi nous de grands avantages et quelques inconvénients. A l'origine, l'étude de nos maîtres, l'amitié et les conseils de Mérimée lui furent d'un précieux secours; il dut peut-être à ces fréquentations littéraires la discipline intellectuelle, la clarté, la précision, mérites si rares chez les prosateurs de son pays. Plus tard il s'éprit d'enthousiasme pour Flaubert; je rencontre dans les œuvres complètes d'excellentes traductions d'*Hérodiade* et de la *Légende de saint Julien l'Hospitalier*. Enfin, après les pères du naturalisme, ses amitiés le rattachèrent aux successeurs du second degré; il se figurait innocemment qu'il appartenait à leur école, il écoutait leurs doctrines et faisait des efforts inquiets pour concilier ces doctrines avec son ancien idéal.

D'autre part, il se sentait de plus en plus séparé de son pays natal, de son vrai fonds d'idées. On le lui reprochait parfois en Russie, on le traitait de déserteur, de distancé. Les tendances de ces derniers romans avaient soulevé des récriminations sincères et des calomnies intéressées. Quand il revenait à Pétersbourg ou à Moscou, de loin en loin, les ovations de la jeunesse l'accueillaient; mais d'autres cercles lui témoignaient de la froideur; il voyait une partie de son public lui échapper, courir aux idoles nouvelles. Alors même qu'on le saluait respectueusement comme un ancêtre, ce Parisien d'esprit et de langue dut se dire plus d'une fois tout bas :

« On me traite en vieux bonze. » — Ah! comme on passe vite vieux bonze en littérature! Lors de sa dernière apparition en Russie, pour les fêtes de Pouchkine, les étudiants de Moscou dételèrent sa voiture; mais je me souviens qu'un jour, à Pétersbourg, en revenant de chez un haut personnage, Ivan Serguiévitch nous dit, sur un ton de plaisanterie non exempt d'amertume : « Il m'a appelé Ivan Nikolaiévitch. » Cette inadvertance paraîtrait bien vénielle chez nous, où l'on n'est heureusement pas obligé de savoir le nom du père de chacun : dans les habitudes russes et vis-à-vis d'une célébrité nationale, l'erreur était blessante; elle faisait mesurer la crue de l'oubli.

A cette même époque, j'eus la bonne fortune de passer une soirée entre Tourguénef et Skobélef. Le jeune général parlait avec sa chaleur et son éloquence habituelles, il racontait ses longs espoirs, ses vastes pensées; le vieil écrivain l'écoutait en silence, l'enveloppant de ce regard doux et voilé qui semblait attirer à soi les formes, les couleurs; il était facile de voir que le modèle posait pour le peintre, et que celui-ci étudiait cette physionomie étrange pour la graver dans quelque livre; la mort guettait à la porte, elle n'a permis ni au héros de vivre son roman, ni au poëte de l'écrire.

Nous reparlions de ces souvenirs, un jour du printemps de 1883, la dernière fois que j'eus l'honneur de voir Ivan Serguiévitch; il me disait : « Je vais le rejoindre », et l'on sentait trop qu'il disait vrai, en regardant ce corps miné par de cruelles souffrances, alangui sur le lit de repos. Toute la vie avait reflué dans la tête, superbe sous son désordre de cheveux blancs, secouée avec des fiertés de lion blessé. Ses yeux s'arrêtaient sur un tableau de Rousseau, qu'il aimait entre tous, parce que Rousseau avait compris comme lui l'âme et la force de la terre : un chêne décimé, usé par les hivers, jetant au vent de décembre ses dernières feuilles rousses. Entre cette peinture et le noble vieillard qu'elle consolait, il y avait comme un lien fraternel, un entretien résigné sur les arrêts communs de la nature.

Déjà atteint par son mal rare et terrible, un cancer de la moelle épinière, Tourguénef publia encore trois nouvelles : *le Chant de l'amour triomphant,* brillante fantaisie dans le goût de Boccace, ciselée avec un art minutieux, comme un bijou florentin; *Clara Militch,* une histoire inspirée sans doute par un drame récent qui venait d'occuper Paris; l'auteur y raconte la mort volontaire d'une jeune actrice et essaye de nous faire comprendre pourquoi l'épidémie du suicide sévit sur la jeunesse russe dans d'effrayantes proportions. Dans une autre nouvelle intitulée *Désespoir,* l'écrivain s'efforçait de concentrer en quelques pages cette tristesse nationale qu'il avait étudiée et reproduite dans toute son œuvre; il mettait à nu le fatalisme inconscient qui gouverne certaines volontés slaves, qui donne à ces vagabonds moraux un air de famille avec les victimes du *fatum* antique dans Eschyle et dans Sophocle.

Ce fut une lugubre ironie du sort que la suprême production du romancier portât ce titre : *Désespoir.* Il avait dit son dernier mot sur cette âme russe qu'il fouillait depuis quarante ans : il se tut. Pourtant l'artiste survivait à l'homme; durant les crises finales, saturé d'opium et de morphine, il narrait à ses amis les rêves étranges qui le hantaient et regrettait de ne pas pouvoir les écrire :

« Ce serait un curieux livre », disait-il. Il en avait écrit quelques-uns dans une de ses dernières œuvres, les *Poëmes en prose;* courtes symphonies de paroles, rattachées tantôt à une idée, à un nom flottant dans la mémoire du vieillard, tantôt à des visions douloureuses ou fantastiques, de celles qui assiégent l'âme quand elle se débat pour fuir

Peu de jours avant de fermer les yeux, il prit encore la plume et rédigea un testament touchant, une lettre adressée à son ami Léon Tolstoï : avec cet adieu, Tourguénef expirant léguait à son rival, à son héritier, le souci et l'honneur des lettres russes. Voici les dernières lignes de cette lettre :

« Très-cher Léon Nikolaiévitch, je ne vous ai pas écrit depuis longtemps; j'étais et je suis sur mon lit de mort. Je ne puis guérir, il n'y a plus à y penser. Je vous écris expressément pour vous dire combien j'ai été heureux d'être votre contemporain, et pour vous exprimer ma dernière, instante prière. Mon ami, revenez aux travaux littéraires! Ce don vous est venu de là d'où tout nous vient. Ah! combien je serais heureux si je pouvais penser que vous écouterez ma prière!... Mon ami, grand écrivain de notre terre russe, exaucez cette prière! Répondez-moi si ce papier vous est parvenu; je vous serre une dernière fois sur mon cœur, vous et tous les vôtres... Je ne puis pas davantage... Je suis las! » — Espérons que ce vœu sera entendu par le seul écrivain digne de ramasser la plume tombée de ces vaillantes mains. Comme un soldat frappé, Ivan Serguiévitch avait remis ses pouvoirs sur les âmes à un autre capitaine; rien ne le retenait plus, il partit pour faire ailleurs d'autres songes, plus tranquilles, plus beaux.

Ceux qu'il fit ici-bas sont laborieux et tristes. Nous les avons tous, ramassés dans quelques volumes, raccourci d'une longue, d'une puissante vie humaine. Une œuvre littéraire, c'est une vie; et de même qu'il y a dans chaque existence des jours qu'on voudrait effacer, il reste dans toute œuvre des pages qu'il eût fallu détruire. Tourguénef en a laissé échapper quelques-unes; mais l'ensemble de son legs est bon, est sain. Disons-le bien en quittant cet homme, — parce que, en dépit des doctrines contraires, cela seul importe, cela seul est l'honneur de quiconque tient une plume, — dans presque tous ses livres, un noble souffle passe, élève et réchauffe le cœur. C'est peu de chose et c'est beaucoup, ce souffle léger resté d'une ombre, qui nourrira à jamais des milliers d'âmes. Ivan Serguiévitch a disparu comme ces paysans de son pays d'Orel, qui vont semant le grain dans les labours d'automne; la plaine de blé est immense, le sillon noir fuit à l'infini; l'homme le remonte, décroît, s'évanouit dans la brume et va s'asseoir, épuisé de fatigue, là-bas derrière les versants; s'il est trop vieux, si quelque mal le prend cet hiver, on le couchera sous son labour, on l'oubliera. Qu'importe? Disparais, pauvre homme de peine qui agitais tes bras dans le vide, sur la terre nue. La semence demeure et vit; aux soleils de l'été prochain, le blé va sortir, mûrir, rouler sur la steppe des vagues d'or, et dispenser aux multitudes le bon pain, le pain de force et de courage.

CHAPITRE V

LA RELIGION DE LA SOUFFRANCE. — DOSTOIEVSKY.

Voici venir le Scythe, le vrai Scythe, qui va révolutionner toutes nos habitudes intellectuelles. Avec lui, nous rentrons au cœur de Moscou, dans cette monstrueuse cathédrale de Saint-Basile, découpée et peinte comme une pagode chinoise, bâtie par des architectes tartares, et qui abrite pourtant le Dieu chrétien. Sortis de la même école, portés par le même mouvement d'idées, débutant ensemble la même année, Tourguénef et Dostoïevsky présentent des contrastes bien tranchés; ils ont un trait de ressemblance, le signe ineffaçable des « années quarante », la sympathie humaine. Chez Dostoïevsky, cette sympathie s'exalta en pitié désespérée pour les humbles, et sa pitié le fit maître de ce peuple, qui crut en lui.

Il y a des liens secrets entre toutes les formes d'art nées à la même heure; l'inclination qui porta ces écrivains russes à l'étude de la vie réelle, et l'attrait qui ramenait, vers la même époque, nos grands paysagistes français à l'observation de la nature, semblent découler du même sentiment. Corot, Rousseau, Millet donneraient une idée assez exacte de la tendance commune et des nuances personnelles dans les trois talents que nous déchiffrons; la préférence que l'on garde à l'un de ces peintres préjuge le goût que l'on ressentira pour l'un de ces romanciers. Je ne voudrais pas forcer la comparaison, mais elle est encore le seul moyen de mettre vite l'esprit à l'aise dans l'inconnu : Tourguénef a la grâce et la poésie de Corot; Tolstoï, la grandeur simple de Rousseau; Dostoïevsky, l'âpreté tragique de Millet.

On traduit enfin ses romans en France, et ce qui m'étonne davantage, on semble les lire avec plaisir. Cela me met à l'aise pour parler de lui. On ne m'aurait pas cru, si j'avais essayé de montrer cette étrange figure avant qu'on pût en vérifier la ressemblance dans les livres où elle se reflète; mais on aurait peine à comprendre ces livres si l'on ne savait la vie de celui qui les a créés, j'allais dire qui les a soufferts : peu importe, le premier mot renferme toujours le second.

En entrant dans l'œuvre et dans l'existence de cet homme, je convie le lecteur à une promenade toujours triste, souvent effrayante, parfois funèbre. Que ceux-là y renoncent qui répugnent à visiter les hospices, les salles de justice, les prisons, qui ont peur de traverser la nuit les cimetières. Je serais un voyageur infidèle si je cherchais à égayer une route que la destinée et le caractère ont faite uniformément sombre. J'ai la confiance que quelques-uns me suivront, même au prix de fatigues : ceux qui estiment que l'esprit français est grevé d'un devoir héréditaire, le devoir de tout connaître du monde, pour continuer l'honneur de conduire le monde. Or la Russie des vingt dernières années est une énigme inexplicable, si l'on ignore l'œuvre qui a laissé dans ce pays la plus profonde empreinte, les ébranlements les plus intimes. Examinons des livres[1] d'une si grande conséquence, et d'abord le plus dramatique de tous, la vie de l'homme qui les conçut.

I

Il naquit en 1821, à Moscou, dans l'hôpital des pauvres; par une destination implacable, ses yeux s'ouvrirent sur le spectacle dont ils ne devaient jamais se détourner, sur les formes les plus envenimées du malheur. Son père, un médecin militaire retraité, était attaché à cet établissement. Sa famille appartenait à ces rangs infimes de la noblesse où se recrute le peuple des petits fonctionnaires : comme toutes ses pareilles, elle possédait un modeste bien et quelques serfs, dans le gouvernement de Toula. On menait parfois l'enfant à cette campagne; ces premières visions de la vie des champs reparaîtront de loin en loin dans son œuvre, mais rares et courtes. Au rebours des autres écrivains russes, amoureux de la nature et toujours ramenés à celle où ils ont grandi, Dostoïevsky ne lui prêtera qu'une attention distraite; psychologue, l'âme humaine retiendra toute sa vue, ses paysages préférés seront les

[1] *Œuvres complètes*, 14 vol. in-8°, édition des frères Pantéléief, Saint-Pétersbourg, 1883.

faubourgs des grandes villes, les rues de misère. Dans ces souvenirs de l'enfance où le talent puise sa coloration particulière, vous ne sentirez guère l'influence des bois paisibles et des cieux libres; quand l'imagination du romancier se retrempera à sa source, elle reverra le jardin de l'hospice, les apparitions maladives sous la robe brune et le bonnet blanc d'uniforme, les jeux timides entre les « humiliés » et les « offensés ».

Les enfants du médecin étaient nombreux, la vie malaisée. Après les premières études dans une pension de Moscou, le père obtint que les deux ainés, Michel et Féodor, fussent admis à l'École des ingénieurs militaires, à Pétersbourg. Une vive amitié, resserrée par une vocation commune pour la littérature, unit toujours les deux frères; ils se furent d'un mutuel appui dans les grandes crises qui les frappèrent ensemble; les lettres adressées à Michel tiennent la meilleure place dans le volume de *Correspondance,* qui nous renseignera sur la vie intime de Féodor Michaïlovitch. Tous deux se trouvaient fort dépaysés dans cette école du génie qui remplaçait pour eux l'université. L'éducation classique a manqué à Dostoïevsky; elle lui eût donné la politesse et l'équilibre qu'on gagne au commerce précoce des lettres. Il y suppléait tant bien que mal en lisant Pouchkine et Gogol, les romans français, Balzac, Eugène Suë, George Sand, qui parait avoir eu un grand ascendant sur son imagination. Mais Gogol était son maitre favori; les *Ames mortes* lui révélaient ce monde des humbles vers lequel il se sentait attiré. Sorti de l'école en 1843, avec le grade de sous-lieutenant, Dostoïevsky ne garda pas longtemps ses torsades d'ingénieur; un an plus tard, il donnait sa démission pour se vouer exclusivement aux occupations littéraires.

A partir de ce jour commence, pour durer pendant quarante ans, le duel féroce de l'écrivain et de la misère. Le père était mort, le maigre patrimoine dispersé entre les enfants, vite évanoui. Le jeune Féodor Michaïlovitch entreprend des traductions, sollicite les journaux et les libraires. Pendant quarante ans, sa correspondance, qui fait penser à celle de Balzac, ne sera qu'un long cri d'angoisse, une récapitulation des dettes qu'il traîne derrière lui, une lamentation sur ce métier de « cheval de fiacre » loué d'avance aux éditeurs. Il n'aura de pain assuré que celui du bagne, pendant les années qu'il y passera. Très-dur aux privations matérielles, Dostoïevsky était sans force contre les blessures morales que fait l'indigence; l'orgueil douloureux qui formait le fond de son caractère souffrait horriblement de tout ce qui trahissait sa pauvreté. On sent la plaie vive dans ses lettres, on la sent chez les héros de ses romans, en qui son âme est si visiblement incarnée; tous sont torturés par une vergogne ombrageuse. Avec cela malade déjà, victime de ses nerfs ébranlés, visionnaire même; il se croit menacé de tous les maux; il laisse parfois sur son bureau, en s'endormant, des tablettes qui portent cette recommandation : « Peut-être que cette nuit je tomberai dans un sommeil léthargique ; ainsi qu'on prenne garde de m'ensevelir avant un certain nombre de jours... »

Ce qui n'était point une vision, c'était le mal terrible, le mal sacré, dont il ressentit alors les premières attaques. On a prétendu qu'il l'avait contracté plus tard, en Sibérie; un ami de sa jeunesse m'affirme que, dès cette époque,

Féodor Michaïlovitch se roulait dans les rues, l'écume à la bouche. Oui, il était bien tel dès lors que nous l'avons connu sur son déclin, un frêle et vivace faisceau de nerfs exaspérés, une âme féminine dans l'enveloppe d'un paysan russe; concentré, sauvage, halluciné, avec des flots de vague tendresse qui lui noyaient le cœur quand il regardait les basses régions de la vie.

Seul le travail le consolait et le ravissait. Dans ses lettres, il narre ses projets de romans avec des explosions d'enchantement naïf; et plus tard, c'est avec le souvenir de ces premières ivresses qu'il fera parler un des personnages tirés de lui-même, le romancier qui figure dans *Humiliés et offensés :* « Si j'ai jamais été heureux, ce ne fut point pendant les premières minutes enivrées de mes succès, mais alors que je n'avais encore lu ni montré mon manuscrit à personne; pendant ces longues nuits passées au milieu de rêves et d'espérances enthousiastes, dans un amour passionné pour mon travail; lorsque je vivais avec ma chimère, avec les personnages créés par moi, comme avec des parents, des êtres existant réellement: je les aimais; je me réjouissais ou je m'affligeais avec eux, et il m'est arrivé de verser des larmes sincères sur les mésaventures de mon pauvre héros. »

Cela se voit bien dans son premier roman, celui qui contient en germe tous les autres, les *Pauvres Gens*. Dostoïevsky l'écrivit à vingt-trois ans; il a raconté sur la fin de sa vie, dans le *Carnet d'un écrivain*, la belle histoire de ce début. Le pauvre petit ingénieur ne connaissait pas une âme dans le monde littéraire et ne savait que faire de son manuscrit. Un de ses camarades, M. Grigorovitch, qui tient une place honorée dans les lettres et m'a confirmé cette anecdote, porta le manuscrit chez Nékrassof, le poëte des déshérités. A trois heures du matin, Dostoïevsky entendit frapper à sa porte : c'était Grigorovitch qui revenait, amenant Nékrassof. Le poëte se précipita dans les bras de l'inconnu avec une émotion communicative ; il avait lu toute la nuit le roman, il en avait l'âme bouleversée. Nékrassof vivait, lui aussi, de cette vie méfiante et dérobée qui fut le partage de presque tous les écrivains russes à cette époque. Ces cœurs fermés, jetés l'un à l'autre par une impulsion irrésistible, se débondèrent au premier choc avec toute la générosité de leur âge ; l'aube surprit les trois enthousiastes attardés dans une causerie exaltée, dans une communion d'espérances, de rêves d'art et de poésie.

En quittant son protégé, Nékrassof alla droit chez Biélinsky, l'oracle de la pensée russe, le critique dont le nom seul épouvantait les débutants. « Un nouveau Gogol nous est né ! s'écria le poëte en entrant chez son ami. — Il pousse aujourd'hui des Gogol comme des champignons », répondit le critique de son air le plus refrogné ; et il prit le manuscrit comme il eût fait d'une croûte de pain empoisonnée. On sait que, par tous pays, les grands critiques prennent ainsi les manuscrits. Mais, sur Biélinsky aussi, l'effet de la lecture fut magique ; quand l'auteur, tremblant d'angoisse, se présenta chez son juge, celui-ci l'apostropha comme hors de lui : « Comprenez-vous bien, jeune homme, toute la vérité de ce que vous avez écrit ? Non, avec vos vingt ans, vous ne pouvez pas le comprendre. C'est la révélation de l'art, le don d'en haut : respectez ce don, vous serez un grand écrivain ! » — Quelques mois après, les *Pauvres Gens* paraissaient dans une revue périodique, et la Russie ratifiait le verdict de son critique.

L'étonnement de Biélinsky était bien justifié. On se refuse à croire qu'une âme de vingt ans ait enfanté une tragédie si simple et si navrante. A cet âge, on devine le bonheur, science de la jeunesse, apprise sans maître, et qu'on désapprend dès qu'on cherche à l'appliquer; on invente des douleurs héroïques et voyantes, de celles qui portent leur consolation dans leur grandeur et leur fracas; mais la souffrance du déclin, toute plate, toute sourde, la souffrance honteuse et cachée comme une plaie, où l'avait-il apprise avant le temps, ce misérable génie? — C'est une histoire bien ordinaire, une correspondance entre deux personnages. Un petit commis de chancellerie, usé d'années et de soucis, descend la pente de sa triste vie, en luttant contre la détresse matérielle, les supplices d'amour-propre; pour un rien, il ne serait que ridicule, cet expéditionnaire ignorant et naïf, souffre-douleur de ses camarades, commun de parler, médiocre de pensée, qui met toute sa gloire à bien copier; mais sous cette enveloppe vieillie et falote, un cœur d'enfant s'est conservé, si candide, si dévoué, j'ai failli dire si saintement bête dans le don sublime de soi-même ! C'est le type de prédilection de tous les observateurs russes, celui qui résume ce qu'il y a de meilleur dans le génie de leur peuple; c'est la Loukéria des *Reliques vivantes*, pour Tourguénef, le Karataïef de *Guerre et paix* pour Tolstoï. Mais ceux-là ne sont que des paysans; le Diévouchkine des *Pauvres Gens* est de quelques degrés plus élevé sur l'échelle intellectuelle et sociale.

Dans cette vie, noire et glacée comme une longue nuit de décembre russe, il y a un rayon de clarté, une joie ; vis-à-vis de la soupente où l'expéditionnaire copie ses dossiers, dans un autre pauvre logis, une jeune fille habite ; c'est une parente lointaine, battue du sort, elle aussi, et qui n'a au monde que la faible protection de son ami ; isolées, étouffées de tout côté par la pression brutale des hommes et des choses, ces deux misères se sont appuyées l'une sur l'autre pour s'entr'aimer et s'entr'aider à ne pas mourir. Dans cette affection mutuelle, l'homme apporte une abnégation discrète, une délicatesse d'autant plus charmante qu'elle jure avec la gaucherie habituelle de ses idées et de ses actes ; fleur timide, née sur une pauvre terre, dans les ronces, et qui ne se trahit que par son parfum. Il s'impose des privations héroïques pour soutenir et même pour égayer l'existence de son amie ; elles sont bien cachées, on ne les devine que par quelques maladresses dans son style, lui-même les trouve si naturelles ! C'est tour à tour le sentiment d'un père, d'un frère, d'un bon vieux chien ; ainsi l'appellerait de bonne foi le pauvre homme, s'il cherchait à s'analyser ; et pourtant, je sais bien le vrai nom de ce sentiment ; mais n'allez pas le lui dire, il mourrait de honte en entendant le mot.

Le caractère de la femme est tracé avec un art surprenant ; elle est bien supérieure à son ami par l'esprit et l'éducation, elle le guide dans les choses de l'intelligence où il est si neuf ; tendre et faible, avec un cœur moins sûr, moins résigné. Elle n'a pas tout à fait renoncé à vivre, celle-là ; sans cesse elle se récrie contre les sacrifices que Diévouchkine s'impose, elle le supplie de ne pas s'inquiéter d'elle; puis un cri de dénûment lui échappe, ou même un désir enfantin, l'envie d'un chiffon. Les deux voisins ne peuvent se voir qu'à de longs intervalles, pour ne pas donner à jaser; une correspondance presque quotidienne s'est établie entre eux. Ces lettres nous apprennent leur passé, leur morose histoire, les petits incidents de leur vie de chaque jour, leurs déceptions; les terreurs de la jeune fille, poursuivie par le vice aux aguets, les désespoirs de l'employé, courant après son pain, cherchant piteusement à défendre les lambeaux de sa dignité d'homme, arrachés par des mains cruelles. Enfin la crise survient, Diévouchkine perd sa seule joie. Vous croyez sans doute qu'elle va lui être ravie par un jeune amour, prenant dans le cœur de sa protégée la place de l'affection fraternelle; oh! non, c'est bien plus humain, bien plus triste.

Un homme, qui a jadis recherché cette personne et à qui revient une bonne part des difficultés présentes, lui offre sa main; il est d'âge mûr, très-riche, un peu suspect; pourtant sa proposition est honorable; lasse de lutter contre la fatalité, persuadée peut-être qu'elle allége d'autant les difficultés où se débat son ami, la malheureuse accepte. Ici l'étude de caractère est d'une vérité achevée; la fiancée passant de l'indigence au luxe est grisée un instant par cette nouvelle atmosphère: des toilettes, des bijoux, enfin! Dans sa cruauté ingénue, elle remplit les dernières lettres de détails sur ces graves sujets; par habitude, elle charge ce bon Diévouchkine, qui lui faisait jadis toutes ses emplettes, d'aller chez la modiste, chez le joaillier. Est-ce à dire que ce soit une âme vile, indigne du sentiment exquis qu'elle avait inspirée ? Le lecteur n'a pas une minute cette impression, tant le narrateur sait garder la note juste Non, c'est un peu de jeunesse et d'humanité qui remonte à la surface de cette âme écrasée : comment lui en vouloir? Et puis, cette cruauté s'explique par le malentendu des deux sentiments; pour elle, ce n'est qu'une amitié qui restera fidèle, reconnaissante, bien qu'un peu moins étroite : comment comprendrait-elle que pour lui, c'est le désespoir? Car une des conditions du mariage est de partir aussitôt pour une province éloignée. Jusqu'à la dernière heure, Diévouchkine répond aux lettres avec des détails minutieux sur les commissions dont il s'acquitte, avec de grands efforts pour se reconnaître dans les dentelles et les rubans ; à peine si un frisson réprimé trahit çà et là l'épouvante qui l'envahit, à l'idée de l'abandon prochain; mais dans la dernière lettre, le cœur déchiré se fend, le malheureux homme voit devant lui son affreux reste de vie, seule, vide; il ne sait plus ce qu'il écrit; et néanmoins sa plainte est discrète, il ne semble pas deviner encore tout le secret de sa douleur. Le drame finit sur ce gémissement, prolongé dans la solitude, derrière le train qui sépare les « pauvres gens. »

Il y a déjà quelques longueurs dans ce premier livre; mais le défaut est bien moins sensible qu'il ne le sera par la suite. Certains tableaux sont saisis en pleine réalité, avec une vigueur tragique. — La jeune femme raconte la mort d'un étudiant, son voisin dans la maison, et le désespoir du père, un vieillard simple et illettré, qui vivait dans une admiration craintive pour l'intelligence de son fils, si savant.

« Anna Fédorovna, notre propriétaire, s'occupa des obsèques. Elle acheta une bière toute simple et loua un charretier avec son tombereau. Pour se couvrir de ses dépenses, Anna Fédorovna prit tous les livres et toutes les hardes du défunt. Le vieux se querella avec elle, il fit grand tapage et lui arracha autant de livres qu'il put; il fut comme hébété, sans mémoire; il tournait sans relâche autour du cercueil, d'un air affairé, cherchant à se rendre utile; tantôt il arrangeait les couronnes placées sur le corps, tantôt il allumait ou changeait les cierges. On voyait que ses idées ne pouvaient se fixer sur rien avec suite.

« Ni ma mère ni Anna Fédorovna n'allèrent à l'église pour l'absoute. Ma mère était malade, Anna Fédorovna s'était disputée avec le vieux et ne voulait plus se mêler de rien. J'allai seule avec lui. Pendant la cérémonie, je fus prise d'une peur vague, comme un pressentiment d'avenir; je pouvais à peine me tenir sur mes jambes. Enfin on cloua le cercueil, on le chargea sur la charrette et on l'emmena. Le charretier fit prendre le trot à son cheval. Le vieux courait derrière et sanglotait bruyamment. Ses sanglots étaient haletants, coupés de hoquets par l'essoufflement de la course. Le pauvre homme perdit son chapeau et ne s'arrêta pas pour le ramasser. La pluie ruisselait sur sa tête; un vent froid s'éleva, la pluie se changea en givre qui piquait le visage. Le vieux semblait ne pas s'apercevoir de cet affreux temps; il courait toujours en sanglotant d'un côté de la charrette à l'autre. Les pans de sa redingote usée battaient au vent, comme de grandes ailes; de toutes ses poches des livres tombaient; il avait dans les mains un gros volume et l'étreignait contre lui de toute sa force. Les passants se découvraient et se signaient. Quelques-uns se retournaient et regardaient avec étonnement ce vieillard. A chaque instant, il perdait des livres qui roulaient dans la boue. On l'arrêtait pour les lui montrer ; il les ramassait et courait de plus belle pour rattraper la bière. Au coin de la rue, une vieille mendiante se mit à accompagner le convoi avec lui. La charrette disparut au tournant, et je les perdis de vue. »

Je voudrais citer d'autres morceaux : j'hésite et ne trouve pas. C'est le plus bel éloge qu'on puisse faire d'un roman. La structure est si solide, les matériaux si simples et si bien sacrifiés à l'impression d'ensemble, qu'un fragment détaché perd toute valeur ; il ne signifie pas plus que la pierre arrachée d'un temple grec, où toute la beauté réside dans les lignes générales. C'est le don inné chez les grands romanciers russes ; les pages de leurs livres s'accumulent sans bruit, gouttes d'eau lentes et creusantes ; tout d'un coup, et sans avoir aperçu la crue, on se trouve perdu sur un lac profond, submergé par cette mélancolie qui monte.

Un autre trait leur est commun, où Tourguénef excella et où Dostoïevsky l'a peut-être dépassé : l'art d'éveiller avec une ligne, un mot, des résonnances infinies, des séries de sentiments et d'idées. Dans les *Pauvres Gens*, cet art est déjà tout entier. Les mots que vous lisez sur ce papier, il semble qu'ils ne soient pas écrits en longueur, mais en profondeur ; ils trainent derrière eux de sourdes répercussions, qui vont se perdre on ne sait où ; c'est le clavier de l'orgue, ces touches étroites d'où le son paraît sortir, et qui se relient par d'invisibles conduites au vaste cœur de l'instrument, au réservoir d'harmonie où grondent les tempêtes. Quand on tourne la dernière page, on connaît les deux personnages comme si l'on eût vécu des années auprès d'eux ; l'auteur ne nous a pas dit la millième partie de ce que nous savons sur eux, et cependant nous le savons de science certaine, tant ses indications sont révélatrices. J'en demande pardon à nos écoles de précision et d'exactitude, mais décidément l'écrivain est surtout puissant par ce qu'il ne dit pas : nous lui sommes reconnaissants de tout ce qu'il nous laisse deviner.

OEuvre désolée, qui pourrait porter comme épigraphe ce que Diévouchkine écrit d'un de ses compagnons de misère, frappé par un nouveau coup : « Ses larmes coulaient : peut-être n'était-ce pas de ce chagrin, mais comme cela, par habitude, ses yeux étant toujours humides. » — OEuvre de tendresse, sortie du cœur tout d'un jet. Dostoïevsky y a déposé toute sa nature, sa sensibilité maladive, son besoin de pitié et de dévouement, son amère conception de la vie, son orgueil farouche et toujours endolori. Comme les lettres simulées de Diévouchkine, ses lettres de cette époque parlent des souffrances inconcevables que lui faisait éprouver « sa redingote honteuse ». — Pour partager la surprise de Nékrassof et de Biélinsky, pour comprendre l'originalité de cette création, il faut la replacer à son moment littéraire. Les *Récits d'un chasseur* ne devaient paraître que cinq ans plus tard. Il est vrai, Gogol avait fourni le thème, dans le *Manteau* ; mais Dostoïevsky substituait à la fantaisie de son maître une émotion suggestive.

Il continua dans la même voie, par des essais qui marquèrent moins; son talent inquiet chercha dans d'autres directions, et même dans la drôlerie, avec la farce qui porte ce singulier titre : *la Femme d'un autre et le mari sous le lit.* La plaisanterie y est grosse et lourde ; ce qui manquait le plus à notre romancier, c'était la bonne humeur ; il avait la finesse philosophique et la finesse du cœur, il n'entendait rien à cette finesse qui est le sourire de l'esprit. — La destinée allait se charger de le remettre dans son chemin avec la rudesse qu'elle apporte parfois à ses indications. Nous touchons à la terrible épreuve qui constitue à cet homme une physionomie tragique entre tous les écrivains.

II

On a vu plus haut quel esprit animait les cercles d'étudiants qui se formèrent après 1840, comment ces jeunes gens se réunissaient pour lire et discuter Fourier, Louis Blanc, Proudhon. Vers 1847, ces cercles s'ouvrirent à des publicistes, à des officiers ; ils se relièrent entre eux sous la direction d'un ancien étudiant, l'auteur du *Dictionnaire des termes étrangers,* l'agitateur Pétrachevsky. L'histoire de la conspiration de Pétrachevsky est encore mal connue, comme toute l'histoire de ce temps. Il est certain néanmoins que deux courants se dessinèrent parmi les affiliés ; les uns se rattachaient à leurs prédécesseurs, les décembristes de 1825 ; ceux-là se bornaient à rêver l'émancipation des serfs et une constitution libérale. Les autres devançaient leurs successeurs, les nihilistes actuels, et réclamaient la ruine radicale de notre vieille maison sociale.

L'âme de Dostoïevsky, telle qu'on a déjà pu l'entrevoir, était une proie désignée pour ces entrainements d'idées ; elle leur appartenait par sa générosité, comme par ses chagrins et ses révoltes. Il a raconté longtemps après, dans le *Carnet d'un écrivain*, comment il fut endoctriné par Biélinsky, comment son protecteur littéraire l'attira au socialisme et voulut le convertir à l'athéisme ; ces pages, écrites en 1873, sont amères et outrées, elles ont eu le tort de venir trop tard, quand la mort avait clos les lèvres qui eussent pu protester.

L'auteur de *Pauvres Gens* fut bientôt assidu aux réunions inspirées par Pétrachevsky. Il est hors de doute qu'il y prit place parmi les modérés, ou, pour dire plus juste, parmi les rêveurs indépendants ; du mysticisme, de la pitié, c'est tout ce qu'il pouvait dégager d'une doctrine politique ; son incapacité pour l'action rendait ce métaphysicien peu dangereux. Le jugement prononcé contre lui par la suite ne relevait que des charges bien vénielles : la participation aux réunions, « à des entretiens sur la sévérité de la censure », la lecture ou seulement l'audition de quelques pamphlets délictueux, le concours éventuel promis à une typographie en projet. Ces crimes d'opinion paraitront bien légers, surtout si on les balance avec le châtiment rigoureux qu'ils provoquèrent. La police était alors si imparfaite qu'elle ignora pendant deux ans ce qui se tramait dans les cercles des mécontents ; enfin il se trouva un faux frère pour la renseigner. Pétrachevsky et ses amis achevèrent de se trahir dans un banquet donné en l'honneur de Fourier ; on y prêcha, dans le style de l'époque, la destruction de la famille, de la propriété, des rois et des dieux ; ce qui n'empêcha pas les conspirateurs de se donner rendez-vous à un autre banquet où l'on célébrerait « le fondateur du christianisme ». Dostoïevsky n'assista pas à ces agapes sociales.

Ceci se passait, — on ne doit pas l'oublier en lisant ce qui va suivre, — au lendemain des journées de juin qui avaient terrifié l'Europe, un an après d'autres banquets qui avaient renversé un trône. L'empereur Nicolas était sensible et humain ; il se faisait violence pour être impitoyable, avec la conviction religieuse que Dieu l'avait élu à la seule fin de sauver un monde qui croulait. Ce souverain méditait l'affranchissement des serfs ; par un malentendu fatal, il allait frapper des hommes dont quelques-uns n'avaient commis d'autre crime que de vouloir le même bienfait. L'histoire n'est équitable que si elle plonge dans toutes les consciences pour vérifier leurs mobiles et éprouver les ressorts qui les ont fait agir. Mais l'heure de lutte dont je parle n'était pas propice aux explications et aux jugements rassis.

Le 23 avril 1849, à cinq heures du matin, trente-quatre suspects furent arrêtés. Les deux frères Dostoïevsky étaient du nombre. On conduisit les prévenus à la citadelle, on les mit au secret dans les casemates du ravelin Alexis, lieu lugubre, hanté d'ombres douloureuses. Ils y restèrent huit mois, sans autre distraction que les interrogatoires des commissaires enquêteurs ; à la fin seulement, on toléra dans leurs cellules quelques livres de piété. Féodor Michaïlovitch écrivait plus tard à son frère, assez promptement relâché faute de préventions suffisantes : « Pendant cinq mois j'ai vécu de ma propre substance, c'est-à-dire de mon seul cerveau et de rien autre... Penser perpétuellement et seulement penser, sans aucune impression extérieure pour renouveler et soutenir la pensée, c'est pesant... J'étais comme sous une machine à faire le vide, d'où on retirait tout l'air respirable. » — Cette comparaison énergique gardait alors sa justesse bien au delà des glacis de la citadelle russe. Hippolyte Debout, l'un des prisonniers, a noté dans ses souvenirs la seule consolation qui leur fût donnée. Un jeune soldat de la garnison, de faction dans le corridor, s'était attendri sur l'isolement des détenus; de temps en temps, il entr'ouvrait le judas pratiqué dans les portes des casemates et chuchotait : « Vous vous ennuyez bien? souffrez avec patience. Le Christ aussi a souffert. » Ce fut peut-être en entendant la parole du soldat que Dostoïevsky conçut quelques-uns de ces caractères où il a si bien peint la pieuse résignation du peuple russe.

Le 22 décembre, on vint extraire les prévenus, sans les instruire du jugement rendu contre eux en leur absence par la cour militaire. Ils n'étaient plus que vingt et un ; les autres avaient été relaxés. On les conduisit sur la place de Séménovsky, où un échafaud était dressé. Tandis qu'on les groupait sur la plate-forme et qu'ils fraternisaient en se reconnaissant, Dostoïevsky communiqua à l'un d'eux, Monbelli, qui l'a raconté depuis, le plan d'une nouvelle à laquelle il travaillait dans sa prison. Par un froid de 21 degrés Réaumur, les criminels d'État durent quitter leurs habits et écouter en chemise la lecture du jugement, qui dura une demi-heure. Comme le greffier commençait, Féodor Michaïlovitch dit à son voisin, Dourof : « Est-il possible que nous soyons exécutés? » Cette idée se présentait alors pour la première fois à son esprit. Dourof répondit d'un geste, en lui montrant une charrette chargée d'objets dissimulés sous une bâche, qui semblaient être des cercueils. La lecture finit sur ces mots : « ...sont condamnés à la peine de mort et seront fusillés. » Le greffier descendit de l'échafaud, un prêtre y monta, la croix entre les mains, et exhorta les condamnés à se confesser. Un seul, un homme de la classe marchande, se rendit à cette invitation ; tous les autres baisèrent la croix. On attacha au poteau Pétrachevsky et deux des principaux conjurés. L'officier fit charger les armes à la compagnie rangée en face et prononça les premiers commandements.

Comme les soldats abaissaient leurs fusils, un guidon blanc fut hissé devant eux ; alors seulement, les vingt et un apprirent que l'Empereur avait réformé le jugement militaire et commué leur peine. Les télègues qui attendaient au pied de l'échafaud devaient les conduire en Sibérie. On détacha les chefs ; l'un d'eux, Grigorief, avait été frappé de folie et ne retrouva jamais ses facultés [1].

Tout au contraire, Dostoïevsky a souvent affirmé depuis, et de la meilleure foi du monde, qu'il serait immanquablement devenu fou dans la vie normale, si cette épreuve et celles qui suivirent lui eussent été

---

[1] Ces faits sont empruntés à l'excellente biographie placée en tête de la *Correspondance* par M. Oreste Miller, et composée avec les récits de tous les survivants de cette époque.

épargnées. Durant sa dernière année de liberté, l'obsession de maladies chimériques, le trouble de ses nerfs et les « frayeurs mystiques[1] » le menaient droit au dérangement mental, à l'en croire; il ne fut sauvé, assure-t-il, que par ce brusque changement d'existence, par la nécessité de se roidir contre les coups qui l'accablèrent alors. Je le veux bien ; les secrets de l'âme sont insaisissables, et il est certain que rien ne guérit des maux imaginaires comme un malheur véritable; pourtant, j'incline à penser qu'il y avait quelque illusion d'orgueil dans cette affirmation. A lire attentivement toutes les œuvres ultérieures du romancier, on retrouve toujours un point où l'ébranlement cérébral de cette affreuse minute est persistant. Dans chacun de ses livres, il ramènera une scène pareille, le récit ou le rêve d'une exécution capitale, et il s'acharnera à l'étude psychologique du condamné qui va mourir; remarquez l'intensité particulière de ces pages, on y sent l'hallucination d'un cauchemar qui habite dans quelque retraite douloureuse du cerveau.

L'arrêt impérial, moins rigoureux pour l'écrivain que pour les autres, réduisait sa peine à quatre ans de travaux forcés; ensuite, l'inscription au service comme simple soldat, avec perte de la noblesse, des droits civils. Les déportés montèrent séance tenante dans les

---

[1] « Dès que venait le crépuscule, je tombais par degrés dans cet état d'âme qui s'empare de moi si souvent, la nuit, depuis que je suis malade, et que j'appellerai *frayeur mystique*. C'est une crainte accablante de quelque chose que je ne puis définir ni concevoir, qui n'existe pas dans l'ordre des choses, mais qui peut-être va se réaliser soudain, à cette minute même, apparaître et se dresser devant moi, comme un fait inexorable, horrible, difforme. » (*Humiliés et offensés*, p. 55.)

traîneaux, le convoi s'achemina vers la Sibérie. A Tobolsk, après une dernière nuit passée en commun, ils se dirent adieu ; on les ferra, on leur rasa la tête, on les dirigea sur des destinations différentes. Ce fut là, dans la prison d'étapes, qu'ils reçurent la visite des femmes des décembristes. On sait quel admirable exemple avaient donné ces vaillantes ; appartenant aux plus hautes classes sociales, à la vie heureuse, elles avaient tout quitté, suivi en Sibérie leurs maris exilés ; depuis vingt-cinq ans, elles erraient à la porte des bagnes. En apprenant que la patrie envoyait une nouvelle génération de proscrits, ces femmes vinrent à la prison ; institutrices de souffrance et de courage, elles enseignèrent au malheur nouveau la leçon maternelle de l'ancien malheur ; elles apprirent à ces jeunes gens, — les plus âgés n'avaient pas trente ans, — ce qui les attendait et comment il fallait supporter la disgrâce ; elles firent mieux, elles offrirent à chacun d'eux tout ce qu'elles pouvaient donner, tout ce qu'ils pouvaient posséder : un Évangile. Dostoïevsky accepta, et pendant les quatre années le livre ne quitta pas son chevet ; il le lut chaque nuit, sous la lanterne du dortoir, il apprit à d'autres à y lire ; après le dur travail du jour, tandis que ses compagnons de fers demandaient au sommeil la réparation de leurs forces physiques, il implorait de son livre un bienfait plus nécessaire encore pour l'homme de pensée : la réfection des forces morales, le soutien du cœur à hauteur de l'épreuve.

Qu'on se le figure, cet homme de pensée, avec ses nerfs délicats, son orgueil dévorant, son imagination naturellement effrayée et rapide à grossir chaque contrariété, — qu'on se le figure, déchu dans cette compagnie de scélérats vulgaires, voué à des supplices monotones, traîné chaque matin aux travaux de force, et, à la moindre négligence, au moindre mouvement d'humeur de ses gardiens, menacé de passer entre les verges des soldats. Il était inscrit dans la « seconde catégorie », celle des pires malfaiteurs et des criminels politiques. Ces condamnés étaient détenus dans une citadelle, sous la surveillance militaire : on les employait à tourner la meule dans les fours à albâtre, à dépecer les vieilles barques, l'hiver, sur la glace du fleuve, à d'autres travaux rudes et inutiles. Il a très-bien décrit, plus tard, le surcroît de fatigue qui accable l'homme quand on le contraint à travailler pour travailler, avec le sentiment que sa besogne est une simple gymnastique. Il a dit aussi, et je le crois, que la punition la plus sévère, c'est de n'être jamais seul un instant, pendant des années. Mais la torture suprême pour cet écrivain en pleine sève, envahi par les idées et les formes, c'était l'impossibilité d'écrire, d'alléger sa peine en la jetant dans une œuvre littéraire ; son talent rentré l'étouffait.

Il survécut pourtant, épuré et fortifié. Nous n'avons pas besoin d'imaginer l'histoire de ce martyre ; voici qu'elle est tout entière, transparente sous des noms étrangers, dans le livre qu'il écrivit au sortir du bagne, les *Souvenirs de la maison des morts*. Avec ce livre, nous rentrons dans l'étude de son œuvre, tout en continuant celle de sa vie. — Oh ! que la fortune littéraire est chose de hasard et d'injustice ! Le nom et l'ouvrage de Silvio Pellico ont fait le tour du monde civilisé ; ils sont classiques en France ; et dans cette même France, sur cette grande route de toutes les renommées et de toutes les idées, on ignorait hier encore jusqu'au titre d'un livre cruel et superbe, supérieur au récit du prisonnier lombard par la maîtrise d'art autant que par l'épouvante des choses racontées. Est-ce que les larmes russes seraient moins humaines que les larmes italiennes?

Jamais livre ne fut plus difficile à faire. Il s'agissait de parler de cette terre secrète, la Sibérie, dont le nom n'était pas prononcé volontiers à cette époque. La langue juridique elle-même usait souvent d'un euphémisme pour ne pas risquer le mot; les tribunaux condamnaient à la déportation « dans des lieux très-éloignés ». Et c'était un ancien détenu politique qui entreprenait de marcher sur ces braises, de tenir cette gageure contre la censure! Il la gagna. La première condition de succès était de paraître ignorer qu'il y eût des condamnés politiques; il fallait pourtant nous faire comprendre quels raffinements de souffrance attendent un homme des classes supérieures, précipité dans ce milieu infâme. L'écrivain nous présente le manuscrit d'un certain Alexandre Goriantchikof, mort en Sibérie après sa libération; quelques pages biographiques nous avertissent que ce prête-nom était un homme honnête et instruit, appartenant à l'ordre de la noblesse; ce qui lui a valu sa condamnation à dix ans de travaux forcés, oh! mon Dieu, c'est moins que rien, un accident, une de ces peccadilles qui n'entachent ni le cœur ni l'honneur : Goriantchikof a tué sa femme dans un accès de jalousie justifiée. Vous ne l'en estimez pas moins, n'est-ce pas? nos jurés l'acquitteraient, et d'ailleurs vous devinez que cette histoire est inventée à plaisir pour dissimuler un crime d'opinion; le but de l'auteur est atteint, c'est à la suite d'un innocent que nous entrons en enfer.

Une caserne entre des remparts; trois à quatre cents forçats venus de tous les points de l'horizon, un microcosme qui est la fidèle image de la Russie, avec sa mosaïque de nationalités : des Tatars, des Khirgiz, des Polonais, des Lesghiens, un Juif. Durant dix années d'un formidable ennui, la seule occupation de Goriantchikof, — lisez : de Dostoïevsky, sera d'observer ces pauvres âmes; il en résulte d'incomparables études psychologiques. Peu à peu, sous la livrée uniforme de ces misérables, sous la physionomie farouche et taciturne qui leur est commune, nous voyons se dessiner des caractères, des créatures humaines analysées dans le plus profond de leurs instincts. L'observateur enveloppe d'une large sympathie tous les « malheureux » qui l'entourent; c'est le terme par lequel le peuple russe désigne invariablement les victimes de la justice; l'écrivain se sert volontiers de ce terme[1]; on sent que lui aussi évite de penser à la faute pour s'attendrir sur la tristesse de l'expiation, pour rechercher, — car c'est là son souci constant, — l'étincelle divine qui subsiste toujours chez le plus dégradé. Quelques-uns des forçats lui racontent leur histoire; c'est la matière de petits chapitres dramatiques, chefs-d'œuvre de naturel et de sentiment; les plus achevés sont les récits de deux meurtriers par amour : le soldat Baklouchine et le mari d'Akoulina. Pour d'autres, le philoso-

---

[1] Bossuet dit, dans le même sentiment : « Alors on commence à se souvenir qu'il y a *des malheureux qui gémissent dans les prisons*, et des pauvres délaissés qui meurent de faim et de maladie dans quelque coin ténébreux. » (Sermon sur la dévotion à la Vierge.)

phe ne s'inquiète pas de fouiller dans leur passé; il se complait à peindre leur nature morale en elle-même, avec ce procédé large et flottant, ce pourtour vague de pénombre qu'affectionnent les auteurs russes. Ils voient les choses et les figures dans le jour gris de la première aube; les contours, mal arrêtés, finissent dans un possible confus et nuageux; ce sont des portraits de M. Henner en regard de nos portraits d'Ingres. Et la langue, surtout cette langue populaire qu'emploie volontiers Dostoïevsky, s'y prête merveilleusement, avec son indétermination et sa fluidité.

La plupart de ces natures peuvent se ramener à un type commun : l'excès d'impulsion, l'*otchaïanié*, cet état de cœur et d'esprit pour lequel je m'efforce vainement de trouver un équivalent dans notre langue. Dostoïevsky l'analyse en maint endroit : « C'est la sensation d'un homme qui, du haut d'une tour élevée, se penche sur l'abîme béant et éprouve un frisson de volupté à l'idée qu'il pourrait se jeter la tête la première. Plus vite, et finissons-en ! pense-t-il. Parfois ce sont des gens très-paisibles, très-ordinaires, qui pensent ainsi... L'homme trouve une jouissance dans l'horreur qu'il inspire aux autres... Il tend toute son âme dans un désespoir effréné, et ce désespéré appelle le châtiment comme une solution, comme quelque chose qui « décidera » pour lui... » — Dans un roman auquel nous viendrons tout à l'heure, *l'Idiot*, notre auteur cite un exemple topique de ces attaques de caprice, un fait réel, à ce qu'il assure.

« Deux paysans, hommes d'âge, amis qui se connaissaient depuis longtemps, arrivèrent dans une auberge; ils n'étaient ivres ni l'un ni l'autre. Ils prirent le thé et demandèrent une seule chambre, où ils passèrent la nuit ensemble. L'un d'eux avait remarqué, depuis deux jours, une montre d'argent, retenue par une chainette en perles de verre, que son compagnon portait et qu'il ne lui connaissait pas auparavant. Cet homme n'était pas un voleur, il était honnête, et fort à son aise pour un paysan. Mais cette montre lui plut si fort, il en eut une envie si furieuse, qu'il ne put se maîtriser; il prit un couteau, et dès que son ami eut le dos tourné, il s'approcha de lui à pas de loup, visa la place, leva les yeux au ciel, se signa, et murmura dévotement cette prière : « Seigneur, pardonne-moi par les mérites du Christ! » Il égorgea son ami d'un seul coup, comme un mouton, puis il lui prit la montre. »

Souvent, il entre une forte dose d'ascétisme dans ces accès de folie. Voyez l'épisode du vieux-croyant, un condamné de conduite exemplaire, qui jette une pierre au commandant de place, uniquement pour être passé par les verges, « pour subir la souffrance ». Dostoïevsky reviendra sur ce trait, dans *Crime et châtiment,* tant il en a été impressionné; il expliquera pour la centième fois, à cette occasion, le sens mystique que l'homme du peuple en Russie attache à la souffrance, recherchée pour elle-même, pour sa vertu propitiatoire. « Et si cette souffrance vient des autorités, c'est encore mieux. » Ici se retrouve cette idée de l'Antechrist, inséparable du pouvoir temporel pour une partie de ce peuple, pour les innombrables sectaires du *raskol*. Tout le portrait du vieux-croyant mériterait d'être cité; il éclaire bien le procédé de l'écrivain, il fait comprendre mieux que de longues digressions le pays que nous étudions.

« C'était un petit vieux tout blanc, tout chétif, d'une soixantaine d'années. Il m'avait vivement frappé dès notre première rencontre. Il ne ressemblait en rien aux autres détenus; il y avait dans son regard quelque chose de si calme, de si reposé! Je me souviens d'avoir contemplé avec un plaisir particulier ses yeux clairs, lumineux, cernés de petites rides. Je m'entretenais souvent avec lui; rarement dans ma vie j'ai rencontré une aussi bonne créature, une âme aussi droite. Il expiait en Sibérie un crime irrémissible. A la suite de quelques conversions, d'un mouvement de retour à l'orthodoxie qui s'était produit parmi les vieux-croyants de Starodoub, le gouvernement, désireux d'encourager ces bonnes dispositions, avait fait bâtir une église orthodoxe. Le vieillard, d'accord avec d'autres fanatiques, avait résolu de « résister pour la foi », comme il disait. Ces gens avaient mis le feu à l'église. Les instigateurs du crime furent condamnés aux travaux forcés, lui tout le premier. C'était un marchand très-aisé, à la tête d'un commerce florissant; il laissait à la maison une femme et des enfants; mais il partit pour l'exil avec fermeté; dans son aveuglement, il considérait sa peine comme « un témoignage pour la foi ». Après quelque temps de vie commune avec lui, on se posait involontairement cette question : Comment cet homme paisible, doux comme un enfant, avait-il pu se révolter? Souvent je discutais avec lui sur les choses de « la foi ». Il ne cédait rien de ses convictions; mais son argumentation ne trahissait jamais la moindre haine, le moindre ressentiment. J'ai eu beau l'étudier, je n'ai jamais discerné en lui le plus léger indice d'orgueil ou de fanfaronnade.

« Le vieillard était l'objet d'un respect universel dans le bagne, et il n'en tirait aucune vanité. Les détenus l'appelaient « notre petit oncle », et ne le molestaient jamais. Je compris là quel ascendant il avait dû exercer sur ses coreligionnaires. — Malgré la fermeté apparente avec laquelle il supportait son sort, on devinait au fond de son âme un chagrin secret, inguérissable, qu'il s'efforçait de dérober à tous les yeux. Nous couchions tous deux dans le même dortoir. Une nuit, comme j'étais éveillé à quatre heures du matin, j'entendis un sanglot étouffé, timide; le vieillard était assis sur le poêle et lisait une prière dans son eucologe manuscrit. Il pleurait, et je l'entendais murmurer de temps en temps : « Seigneur, ne m'abandonne pas! Seigneur, fortifie-moi! « Mes petits enfants, mes chers petits, nous ne nous rever« rons donc jamais! » — Je ne puis dire quelle tristesse je ressentis ».

En regard de ce portrait, je veux traduire un morceau d'un réalisme terrible, la mort de Michaïlof.

« Je connaissais peu ce Michaïlof. C'était un tout jeune homme de vingt-cinq ans au plus, grand, mince et remarquablement bien fait de sa personne. Il était détenu dans la section réservée (celle des grands criminels); extrêmement silencieux, toujours plongé dans une tristesse tranquille et morne. Il avait littéralement « séché » en prison. C'est ce que disaient de lui par la suite les forçats, parmi lesquels il laissa un bon souvenir. Je me souviens seulement qu'il avait de beaux yeux, et, en vérité, je ne sais pas pourquoi il me revient obstinément à la mémoire...

« Il mourut à trois heures de l'après-midi, par une

belle, claire journée des grandes gelées. Le soleil, je me le rappelle, transperçait de ses rayons obliques les carreaux verdâtres et opaques de givre, dans les croisées de notre chambre d'hôpital. Le torrent lumineux tombait précisément sur cet infortuné. Il mourut sans connaissance et péniblement; l'agonie fut longue, plusieurs heures de suite. Depuis le matin ses yeux ne distinguaient plus ceux qui s'approchaient de lui. On essayait de lui procurer quelque soulagement; on voyait qu'il souffrait beaucoup; il respirait difficilement, profondément, avec un râle; sa poitrine se soulevait très-haut, comme si elle manquait d'air. Il rejeta sa couverture, son vêtement, et enfin déchira sa chemise, qui paraissait lui être un poids insupportable. On lui vint en aide, on le débarrassa de cette chemise. C'était effrayant à voir, ce long corps maigre, avec des jambes et des bras desséchés jusqu'à l'os, un ventre tombant, une poitrine soulevée et des côtes dessinées en relief, comme celles d'un squelette. Sur tout ce corps, il ne restait plus qu'une petite croix de bois et les fers; il semblait que ses pieds amaigris eussent pu maintenant s'échapper des anneaux. Une demi-heure avant sa mort, tous les bruits tombèrent dans notre chambrée, on ne se parlait plus qu'en chuchotant. Ceux qui marchaient assourdissaient leurs pas. Les forçats causaient peu, et de choses indifférentes; de loin en loin ils regardaient à la dérobée le mourant, qui râlait de plus en plus. A la fin, sa main errante et incertaine chercha sur sa poitrine la petite croix de bois et fit effort pour l'arracher, comme si cela aussi lui pesait trop, l'étouffait. On lui retira la croix; dix minutes après, il expira.

« On frappa à la porte pour appeler le factionnaire, on lui donna avis. Un gardien entra, regarda le mort d'un air hébété et alla chercher l'officier de santé. Celui-ci vint aussitôt. C'était un jeune et brave garçon, un peu trop occupé de son extérieur, qui était d'ailleurs agréable ; il s'approcha du défunt d'un pas rapide, sonore dans la chambre silencieuse ; avec un air d'indifférence qui semblait composé pour la circonstance, il prit le pouls, le tâta, fit un geste signifiant que tout était fini, et sortit. On alla aussitôt avertir le poste ; il s'agissait d'un criminel important, de la section réservée ; il fallait des formalités particulières pour constater le décès. Comme on attendait la garde, un des forçats émit à voix basse l'avis qu'il ne serait pas mal de fermer les yeux au défunt. Un autre l'écouta attentivement, s'approcha sans bruit du mort et lui abaissa les paupières. Voyant la croix qui gisait sur l'oreiller, cet homme la prit, la regarda et la passa au cou de Michaïlof ; puis il se signa. Cependant le visage s'ossifiait ; un rayon de lumière jouait à la surface ; la bouche était à demi entr'ouverte ; deux rangées de dents jeunes et blanches brillaient sous les lèvres minces, collées aux gencives.

« Enfin le sous-officier de garde parut, en armes et le casque en tête, suivi de deux surveillants. Il avança, ralentissant toujours le pas, regardant avec hésitation les forçats silencieux, qui faisaient cercle autour de lui et le considéraient d'un air sombre. Arrivé près du corps, il s'arrêta comme scellé au plancher. On eût dit qu'il avait peur. Ce cadavre desséché, tout nu, chargé seulement de ses fers, lui imposait. Le sous-officier dégrafa sa jugulaire, retira son casque, ce que nul ne songeait à exiger de lui, et il fit un large signe de croix. C'était une figure de vétéran, sévère, grise, disciplinée. Je me souviens qu'à ce moment la tête blanche du vieux Tchékounof se trouvait à côté de celle du sous-officier. Tchékounof dévisageait cet homme avec une attention étrange, le regardant dans le blanc des yeux et épiant tous ses gestes. Leurs regards se rencontrèrent, et tout à coup la lèvre inférieure de Tchékounof se mit à trembler. Elle se contracta, laissa voir les dents, et le forçat, montrant le mort au sous-officier d'un geste rapide et involontaire, murmura en s'éloignant :

« — Il avait pourtant une mère, lui aussi!...

« Je me souviens, ces mots me percèrent comme un trait. Pourquoi les avait-il dits? comment lui étaient-ils venus à l'esprit?... On souleva le cadavre, les surveillants chargèrent le lit de camp où il reposait; la paille froissée craquait, les fers trainaient avec un cliquetis sur le plancher dans le silence général. On les releva, on emporta le corps. Aussitôt les conversations reprirent, bruyantes. Nous entendîmes le sous-officier, dans le corridor, qui dépêchait quelqu'un chez le forgeron. Il fallait déferrer le mort...»

On voit la méthode, avec ses qualités et ses défauts, l'insistance, la décomposition minutieuse de chaque action.

Entre ces tableaux tragiques passent des figures plus douces, de bonnes âmes dévouées au soulagement des déportés, comme cette veuve qui venait chaque jour à la porte de la citadelle pour leur faire de petits présents, leur donner quelques nouvelles ou seulement sourire aux malheureux. « Elle pouvait bien peu, elle était très-pauvre; mais nous autres prisonniers, nous sentions qu'il y avait tout près, par delà les murs de la prison, un être qui nous était tout dévoué, et c'était déjà beaucoup. »

Je choisis encore une page, l'une des plus serrées, des plus intérieurement émues; l'histoire de l'aigle libéré par les forçats « afin qu'il crève libre ». Un jour, en revenant de la corvée, ils avaient capturé un de ces grands oiseaux de Sibérie, blessé à l'aile. On le gardait depuis quelques mois dans la cour des casernements, on le nourrissait, on tentait vainement de l'apprivoiser. Réfugié dans un recoin de la palissade, l'aigle se défendait contre toute approche, dardant ses yeux méchants sur ceux qui lui faisaient partager leur prison. On avait fini par l'oublier.

« On eût dit qu'il attendait haineusement la mort, ne se fiant à personne et ne se réconciliant avec personne. Enfin, un jour, les détenus se souvinrent de lui comme par hasard. Après un oubli de deux mois, pendant lesquels nul ne s'était inquiété de l'oiseau, il sembla que tous se fussent donné le mot pour le prendre subitement en pitié. On décida qu'il fallait libérer l'aigle. « S'il « doit crever, que ce soit en liberté », opinèrent quelques-uns.

« — Connu, ajoutèrent d'autres; un oiseau libre, sauvage..., on ne l'accoutumera pas à la prison.

« — Ça veut dire qu'il n'est pas comme nous, hasarda quelqu'un,

« — Voyez le farceur! lui, c'est un oiseau, et nous, nous sommes des hommes.

« — L'aigle, camarades, c'est le tsar des forêts... commença Skouratof, le beau parleur; mais cette fois, personne ne l'écouta. Après le dîner, quand les tambours battirent l'appel de corvée, on s'empara de l'aigle, on lui maintint le bec, parce qu'il se défendait bravement; on l'emporta hors de la palissade. Nous arrivâmes au glacis; les douze hommes qui composaient l'escouade attendaient avec curiosité pour voir où irait l'oiseau. Chose étrange! tous semblaient heureux d'on ne savait quoi, comme s'ils allaient recevoir eux-mêmes une part de liberté.

« — Eh! la canaille! on veut lui faire du bien, et il mord comme un enragé! s'écria celui qui tenait la méchante bête, en lui jetant des regards presque attendris.

« — Lâche-le, Mikitka!

« — Oui, c'est un diable qui n'est pas fait pour vivre dans une boîte. Donne-lui la liberté, la bonne petite liberté.

« On lança l'aigle du haut du glacis dans la steppe. C'était à la fin de l'automne, par une après-midi froide et obscure. Le vent sifflait sur la steppe nue et gémissait dans les grandes herbes, jaunies, desséchées. L'aigle s'enfuit en droite ligne, battant de l'aile malade, et comme pressé d'arriver là où nos regards ne le suivraient plus. Les forçats guettaient curieusement sa tête qui pointait entre les herbes.

« — Voyez le coquin! fit pensivement l'un d'eux.

« — Il ne s'est pas retourné, dit un autre. Pas une seule fois il n'a regardé en arrière, frères. Il ne pense qu'à fuir pour lui.

« — Tiens, dit un troisième, croyais-tu qu'il allait revenir te remercier?

« — Connu, la liberté! il a reçu la liberté

« — Comme qui dirait l'indépendance.

« — On ne le voit déjà plus, frères.

« — Que fait-on là à flâner? Marche! crièrent les soldats de l'escorte.

« Et tous se mirent silencieusement au travail ».

Quand on ouvre ce livre, la note est tout d'abord si navrée qu'on se demande comment l'écrivain ménagera sa gradation, comment il appliquera sa manière constante, l'accumulation des touches sombres, la lente progression de tristesse et de terreur. Il y a réussi : ceux-là s'en rendront compte qui auront le courage d'aller jusqu'au chapitre des peines corporelles, jusqu'à la description de l'hôpital où les forçats viennent se remettre après les exécutions. Je ne pense pas qu'il soit possible de peindre des souffrances plus atroces dans un cadre plus répugnant. Voilà qui est fait pour décourager nos naturalistes : je les défie d'aller jamais aussi loin dans la sanie.

Et pourtant Dostoïevsky n'est pas de leur école. La différence est malaisée à expliquer, mais elle se sent. L'homme qui visiterait un hospice par pure curiosité de voir des plaies rares serait sévèrement jugé; celui qui s'y rend pour panser ces plaies mérite l'intérêt et le respect. Tout est dans l'intention de l'écrivain; si subtils que soient les stratagèmes de son art, il ne trompe pas le lecteur sur cette intention. Quand son réalisme n'est qu'une recherche bizarre, il peut éveiller nos curiosités malsaines, mais dans notre for intérieur nous le condamnons, et nous-mêmes par-dessus le marché, ce qui ne contribue pas à nous faire aimer l'auteur. S'il est visible, au contraire, que cette esthétique particulière sert une idée morale, qu'elle enfonce plus profondément une leçon dans notre esprit, nous pouvons discuter l'esthétique, mais notre sympathie est acquise à l'auteur; ses peintures dégoûtantes s'ennoblissent, comme l'ulcère sous les doigts de la Sœur de charité.

Tel est le cas de Dostoïevsky. Il a écrit pour guérir. Il a soulevé d'une main prudente, mais impitoyable, la toile qui cachait aux regards des Russes eux-mêmes cet enfer sibérien, le cercle de glace de Dante, perdu dans des brumes lointaines. Les *Souvenirs de la maison des morts* ont été pour la déportation ce que les *Récits d'un chasseur* avaient été pour le servage, le coup de tocsin qui a précipité la réforme. Aujourd'hui, je me hâte de le dire, ces scènes repoussantes ne sont plus que de l'histoire ancienne; on a aboli les peines corporelles, le régime des prisons est aussi humain en Sibérie que chez nous. En faveur du résultat, pardonnons à ce tortionnaire la volupté secrète qu'il éprouve à nous énerver, quand il nous montre ce cauchemar du moyen âge : les mille, les deux mille baguettes tombant sur les échines ensanglantées, les facéties des officiers exécuteurs, les nausées d'une nuit à l'hôpital, les fous par épouvante, les états nerveux qui sont la suite du martyre. Il faut se vaincre et achever de lire; cela en dit plus long que bien des digressions philosophiques sur les mœurs possibles, le caractère fatal d'un pays où de telles choses se passaient hier et pouvaient se raconter ainsi, comme un récit banal, sans une interjection de révolte ou d'étonnement sous la plume du narrateur. Je sais bien que cette impartialité est un procédé, en partie littéraire, en partie commandé par les susceptibilités de la censure; mais le fait même que ce procédé est accepté du lecteur, qu'on peut lui parler de ces horreurs comme de phénomènes tout naturels de la vie sociale, de la vie courante, ce fait-là nous avertit que nous sommes sortis de notre monde, qu'il faut nous attendre à toutes les extrémités du mal et du bien, barbarie, courage, abnégation. Rien ne doit étonner de ces hommes qui vont au bagne avec un Évangile! On a pu voir, dans les citations que j'ai faites, combien ces âmes extrêmes sont pénétrées par l'esprit d'un Testament qui a traversé Byzance, façonnées par lui à l'ascétisme et au martyre : leurs erreurs comme leurs vertus sont toutes puisées à cette source.

En vérité, le désespoir me prend quand j'essaye de faire comprendre ce monde au nôtre, c'est-à-dire de relier par des idées communes des cerveaux hantés d'images si différentes, pétris par des mains si diverses. Ces gens-là viennent tout droit des Actes des apôtres, depuis le paysan du *raskol* qui cherche la « souffrance », jusqu'à l'écrivain qui raconte la sienne avec une douceur résignée. Et cette douceur n'est pas purement une attitude : Dostoïevsky a dit mille fois, depuis, que l'épreuve lui avait été bonne, qu'il y avait appris à aimer ses frères du peuple, à discerner leur grandeur jusque chez les pires criminels : « La destinée, en me traitant comme une marâtre, fut en réalité une mère pour moi. »

Le dernier chapitre pourrait être intitulé : la Résurrection. On y suit, développés avec une rare habileté, les sentiments qui envahissent le prisonnier à l'approche et au moment de sa libération; il semble qu'on assiste à un lever d'aurore, aux progrès du jour dans les ténèbres, jusqu'à la minute où le soleil apparaît. Durant les dernières semaines, Goriantchikof peut se procurer quelques livres, un numéro d'une revue : depuis dix années, il n'avait lu que son Évangile, il n'avait rien entendu du monde des vivants. En se reprenant, après cette interruption, au fil de la vie contemporaine, il éprouve des sensations insolites, il entre dans un nouvel univers, il ne s'explique pas des mots et des choses très-simples; il se demande avec terreur quels pas de géants a pu faire sans lui sa génération ; ce sont les sentiments probables d'un ressuscité. Enfin l'heure solennelle a sonné; il fait des adieux touchants à ses compagnons ; ce qu'il éprouve en les quittant, c'est presque du regret : on laisse un peu de son cœur partout, même dans un bagne. Il va à la forge, ses fers tombent, il est libre.

III

Liberté bien relative. Dostoïevsky entrait comme simple soldat dans un régiment de Sibérie. Deux ans après, en 1856, le nouveau règne apportait le pardon; promu officier d'abord et réintégré dans ses droits civils, Féodor Michaïlovitch était bientôt autorisé à donner sa démission; il fallut encore de longues démarches pour obtenir la grâce de retourner en Europe, et surtout cette permission d'imprimer, sans laquelle tout le reste n'était rien pour l'écrivain. Enfin, en 1859, après dix années d'exil, il repassa l'Oural et rentra dans une

Russie toute changée, tout aérée pour ainsi dire, frémissante d'impatience et d'espérance à la veille de l'émancipation. — Il ramenait de Sibérie une compagne, la veuve d'un de ses anciens complices dans la conspiration de Pétrachevsky, qu'il avait rencontrée là-bas, aimée et épousée. Comme tout ce qui touchait à sa vie, ce roman de l'exil fut traversé par le malheur et ennobli par l'abnégation. La jeune femme avait ailleurs un attachement plus vif, peu s'en fallut qu'elle ne s'engageât à un autre homme. Pendant toute une année, la correspondance de Dostoïevsky nous le montre travaillant à faire le bonheur de celle qu'il aimait et de son rival, écrivant à ses amis de Pétersbourg pour qu'on lève tous les obstacles à leur union. « Quant à moi, — ajoute-t-il à la fin d'une de ces lettres, — par Dieu! j'irai me jeter à l'eau, ou je me mettrai à boire. »

Ce fut cette page de son histoire intime qu'il récrivit dans *Humiliés et offensés,* le premier de ses romans traduit en France, mais non le meilleur. La situation du confident, favorisant des amours qui le désespèrent, est vraie sans doute, puisque l'auteur l'a subie; je ne sais si elle est mal présentée ou si le cœur est plus égoïste chez nous, mais cette situation a peine à se faire accepter, elle ne se prolonge pas sans quelque ridicule. L'exposition trop lente, l'action dramatique double choquent toutes nos habitudes de composition; au moment où nous nous intéressons à l'intrigue, il en surgit une seconde à l'arrière-plan, distincte, et qui semble copiée sur la première. Je croirais volontiers que l'écrivain a cherché dans ce dédoublement un effet d'art très-subtil, par un procédé emprunté à ceux des musiciens; le drame principal éveille dans le lointain un écho ; c'est le dessin mélodique de l'orchestre, transposant les chœurs qu'on entend sur la scène. Ou bien, si l'on préfère, les deux romans conjugués imitent le jeu de deux miroirs opposés, se renvoyant l'un à l'autre la même image. C'est trop de finesse pour le public.

En outre, quelques-uns des acteurs sortent de la réalité. Dostoïevsky avait beaucoup goûté Eugène Suë ; je soupçonne, d'après certains passages de la *Correspondance*, qu'il était encore à cette époque sous l'influence du dramaturge ; son prince Valkovsky est un traître de mélodrame, il vient tout droit de l'Ambigu. Dans les très-rares occasions où le romancier emprunta ses types aux hautes classes, il a toujours fait fausse route ; il n'entendait rien au jeu complexe et discret des passions dans les âmes amorties par l'habitude du monde. L'amant de Natacha, l'enfant étourdi à qui elle sacrifie tout, ne vaut guère mieux ; je sais bien qu'il ne faut pas demander ses raisons à l'amour, et qu'il est plus philosophique d'admirer sa force indépendamment de son objet ; mais le lecteur de romans n'est pas tenu d'être philosophe, il veut qu'on l'intéresse au héros si bien aimé ; il l'accepte scélérat, il ne le souffre pas bête. En France, au moins, nous ne prendrons jamais notre parti de ce spectacle, pourtant naturel et consolant : une créature exquise à genoux devant un imbécile ; étant très-galants, nous admettons à la rigueur l'inverse, le génie qui adore une sotte, mais c'est tout ce que nous pouvons concéder. — Dostoïevsky a devancé de lui-même les jugements les plus sévères ; il écrivait dans un article de journal, en parlant d'*Humiliés et offensés* : « Je reconnais qu'il y a dans mon roman beaucoup de poupées au lieu d'hommes; ce ne sont pas des personnages revêtus d'une forme artistique, mais des livres ambulants. »

Ces réserves faites, ajoutons qu'on retrouve la griffe du maitre dans les deux figures de femmes. Natacha est la passion incarnée, dévouée et jalouse; elle parle et agit comme une victime des tragédies grecques, tout entière en proie à la Vénus fatale. Nelly, la délicieuse et navrante petite fille, semble une sœur des plus charmantes enfants de Dickens. Comme elle exprime bien cette idée profonde, toujours une des idées évangéliques vivantes dans le cœur du peuple russe : « J'irai demander l'aumône par les rues; ce n'est pas une honte de demander l'aumône; ce n'est pas à un homme que je demande, je demande à tout le monde, et tout le monde, ce n'est personne; c'est ce que m'a dit une vieille mendiante. Je suis petite, je n'ai rien, j'irai demander à tout le monde. »

Depuis sa rentrée à Pétersbourg jusqu'à 1865, Dostoïevsky se laissa absorber par les travaux du journalisme. Le pauvre métaphysicien avait une passion malheureuse pour l'action sous cette forme séduisante; il y a usé la meilleure partie de son talent et de sa vie. Durant cette première période, il fonda deux feuilles pour défendre les idées qu'il croyait avoir. Je défie qu'on formule ces idées en langage pratique. Il avait pris position entre les libéraux et les slavophiles, plus près de ces derniers : comme eux, il avait pour cri de ralliement et pour tout programme les deux vers fameux du poëte Tutchef :

> On ne comprend pas la Russie avec la raison,
> On ne peut que croire à la Russie.

C'est une religion patriotique très-respectable, mais cette religion, toute de mystères, sans dogmes précis, échappe par son essence à l'explication et à la polémique : on y croit, ou on n'y croit pas, et c'est tout. L'erreur des slavophiles est d'avoir noirci depuis vingt-cinq ans des montagnes de papier pour raisonner un sentiment. Un étranger n'a que faire dans ces débats, qui supposent une initiation préalable et la foi révélée ; aussi bien, il est sûr de ce qui l'attend, quoi qu'il fasse et qu'il dise ; s'il entre dans la question, on lui signifie qu'il est incapable de comprendre et que les linges sacrés se lavent dans la famille des lévites ; s'il n'y entre pas, on le taxe d'ignorance et de dédain.

A ce moment surtout, dans les années mémorables de l'émancipation, les idées trop longtemps comprimées avaient le vertige. Le *métel* soufflait, le vent furieux qui soulève parfois les neiges immobiles, obscurcit l'air de poussières folles, voile les routes et confond les perspectives ; dans ces ténèbres, un train passe, une chaudière enveloppée dans son nuage de vapeur, lancée à toute vitesse vers l'inconnu par les forces prisonnières qui la secouent et la brûlent. Telle était la Russie d'alors. Je trouve dans les *Souvenirs* de M. Strakhof, le collaborateur de Dostoïevsky à cette époque, un trait qu'il faut citer ; rien de plus instructif sur ce temps et sur ces hommes :

« Voici dans quelles circonstances un de nos rédacteurs, Ivan Dolgomostief, jeune homme des plus dignes et des plus sensés, fut atteint sous mes yeux d'un accès de folie qui le conduisit au tombeau. Il vivait seul dans une chambre meublée. Au commencement de décembre, à la reprise des grandes gelées, il apparut un jour chez moi et me demanda avec larmes de le secourir contre les persécutions et les ennuis auxquels il se disait en butte dans son logement. Je lui offris de rester chez moi. Quelques jours plus tard, comme je rentrais après minuit, je le trouvai ne dormant pas; de la chambre où il couchait, il engagea avec moi une conversation assez incohérente. Je le priai de cesser et de dormir, je m'assoupis. Au bout d'une heure ou deux, je fus réveillé par un bruit de paroles. J'écoutai dans l'obscurité; c'était mon hôte qui parlait avec lui-même. Il haussait le ton de plus en plus, il s'assit sur son lit pour continuer. Je compris que c'était le délire de la folie. Que faire? Il était trop tard pour aller chez le médecin ou à l'hôpital, j'attendis jusqu'à l'aube. Durant cinq ou six heures, je l'entendis délirer ainsi. Comme je connaissais toutes les pensées et les façons de s'exprimer de mon ami, je démêlai, si je puis dire, la folie secrète de cette folie. C'était un chaos d'idées et de paroles qui m'étaient depuis longtemps familières ; on eût dit que toute l'âme du malheureux Dolgomostief, que toutes ses pensées et ses sentiments étaient pulvérisés en menus flocons, et que ces flocons se réunissaient de la manière la plus inattendue. Il nous arrive quelque chose de semblable au réveil, quand les images et les paroles qui emplissent notre esprit se condensent dans des créations bizarres, insensées... Un seul lien rattachait ces divagations, l'idée fixe de trouver une nouvelle direction politique pour

notre parti. Je reconnus avec tristesse et terreur, dans
le délire de mon ami, les discussions et les thèses qui
occupaient nuit et jour, depuis quelques années, tout
notre petit cénacle du journal[1]. »

Ainsi éclatèrent quelques-uns de ces cerveaux, trop
gonflés d'espérances. Dans les autres, le désenchantement fit le vide; le nihilisme s'y installa en maître, successeur logique, fatal, des enthousiasmes déçus. C'est
l'heure où il apparaît; à partir de cette heure, il absorbe le roman comme la politique. Dostoïevsky abandonne l'idéal purement artistique, il se dégage de
l'influence de Gogol et se consacre à l'étude de l'esprit
nouveau.

En 1865, une suite d'années lamentables commence
pour notre auteur. Il a eu son second journal tué sous
lui, et il reste écrasé sous le poids des dettes que laisse
l'entreprise; il a perdu coup sur coup sa femme et son
frère Michel, associé à ses travaux. Pour échapper à ses
créanciers, il fuit à l'étranger, traîne en Allemagne et
en Italie une misérable vie; malade, sans cesse arrêté
dans son travail par les attaques d'épilepsie, il ne revient que pour solliciter quelques avances de ses éditeurs; il se désespère dans ses lettres sur les traités qui
le garrottent. Tout ce qu'il a vu en Occident l'a laissé
assez indifférent; une seule chose l'a frappé, une exécution capitale dont il fut témoin à Lyon; ce spectacle
lui a remis en mémoire la place de Séménovski, il le
fera raconter à satiété par les personnages de ses futurs
romans. Et malgré tout, il écrit à cette date: « Avec

---

[1] STRAKHOF, *Souvenirs*, au t. Ier des *OEuvres complètes* de Dostoïevsky.

tout cela, il me semble que je commence seulement à vivre. C'est drôle, n'est-ce pas? Une vitalité de chat! »
— En effet, durant cette période tourmentée de 1865 à 1871, il composa trois grands romans, *Crime et châtiment*, *l'Idiot*, *les Possédés*.

Le premier marque l'apogée du talent de Dostoïevsky; il a été traduit, on peut en juger. Les hommes de science, voués à l'observation de l'âme humaine, liront avec intérêt la plus profonde étude de psychologie criminelle qui ait été écrite depuis *Macbeth;* les curieux de la trempe de Perrin Dandin, ceux à qui la torture fait toujours passer une heure ou deux, trouveront dans ce livre un aliment à leur goût; je pense qu'il effrayera le grand nombre et que beaucoup ne pourront pas l'achever. En général, nous prenons un roman pour y chercher du plaisir et non une maladie; or, la lecture de *Crime et châtiment*, c'est une maladie qu'on se donne bénévolement; il en reste une courbature morale. Cette lecture est même très-difficile pour les femmes et les natures impressionnables. Tout livre est un duel entre l'écrivain, qui veut nous imposer une vérité, une fiction ou une épouvante, et le lecteur, qui se défend avec son indifférence ou sa raison; dans le cas actuel, la puissance d'épouvante de l'écrivain est trop supérieure à la résistance nerveuse d'une organisation moyenne; cette dernière est tout de suite vaincue, traînée dans d'indicibles angoisses. Si je me permets d'être aussi affirmatif, c'est que j'ai vu en Russie, par de nombreux exemples, quelle est l'action infaillible de ce roman. On m'objectera peut-être la sensibilité du tempérament slave; mais en France également, les quelques personnes qui ont affronté l'épreuve m'assurent avoir souffert du même malaise. Hoffmann, Edgar Poë, Baudelaire, tous les classiques du genre inquiétant que nous connaissions jusqu'ici ne sont que des mystificateurs en comparaison de Dostoïevsky; on devine dans leurs fictions le jeu du littérateur; dans *Crime et châtiment,* on sent que l'auteur est tout aussi terrifié que nous par le personnage qu'il a tiré de lui-même.

La donnée est très-simple. Un homme conçoit l'idée d'un crime; il la mûrit, il la réalise, il se défend quelque temps contre les recherches de la justice, il est amené à se livrer lui-même, il expie. Pour une fois, l'artiste russe a observé la coutume d'Occident, l'unité d'action; le drame, purement psychologique, est tout entier dans le combat entre l'homme et son idée. Les personnages et les faits accessoires n'ont de valeur que par leur influence dans les déterminations du criminel. La première partie, celle où l'on nous montre la naissance et la végétation de l'idée, est conduite avec une vérité et une sûreté d'analyse au-dessus de tout éloge. L'étudiant Raskolnikof, un nihiliste au vrai sens du mot, très-intelligent, sans principes, sans scrupules, accablé par la misère et la mélancolie, rêve d'un état plus heureux. Comme il revient d'engager un bijou chez une vieille usurière, cette pensée vague traverse son cerveau, sans qu'il y attache d'importance : « Un homme intelligent qui posséderait la fortune de cette femme arriverait à tout; pour cela il suffirait de supprimer cette vieille, inutile **et nuisible.** »

Ce n'est encore là qu'une de ces larves d'idées qui ont passé une fois dans bien des imaginations, ne fût-ce que pendant les cauchemars de la fièvre et sous la forme si connue : Si l'on tuait le mandarin?... Elles ne prennent vie que par l'assentiment de la volonté. Il naît et croît à chaque page, cet assentiment, avec l'obsession de l'idée devenue fixe; toutes les tristes scènes de la vie réelle auxquelles Raskolnikof se trouve mêlé lui apparaissent en relation avec son projet; elles se transforment, par un travail mystérieux, en conseillères du crime. La force qui pousse cet homme est mise en saillie avec une telle plasticité, que nous la voyons comme un acteur vivant du drame, comme la fatalité dans les tragédies antiques; elle conduit la main du criminel, jusqu'au moment où la hache s'abat sur les deux victimes.

L'horrible action est commise; le malheureux va lutter avec son souvenir, comme il luttait auparavant avec son dessein. Une vue pénétrante domine cette seconde partie : par le fait irréparable d'avoir supprimé une existence humaine, tous les rapports du meurtrier avec le monde sont changés; ce monde, regardé désormais à travers le crime, a pris une physionomie et une signification nouvelles, qui excluent pour le coupable la possibilité de sentir et de raisonner comme les autres, de trouver sa place stable dans la vie. Toute l'âme est modifiée, en désaccord constant avec la vie. Ce n'est pas le remords, au sens classique du mot : Dostoïevsky s'attache à bien marquer la nuance; son personnage ne connaîtra le remords, avec sa vertu bienfaisante et réparatrice, que le jour où il aura accepté l'expiation; non, c'est un sentiment complexe et pervers, le dépit d'avoir mal profité d'un acte aussi bien préparé, la révolte contre les conséquences morales inattendues engendrées par cet acte, la honte de se trouver faible et dominé; car le fond du caractère de Raskolnikof, c'est l'orgueil. Il n'y a plus qu'un seul intérêt dans son existence : ruser avec les hommes de police. Il recherche leur compagnie, leur amitié; par un attrait analogue à celui qui nous pousse au bord d'un précipice pour y éprouver la sensation du vertige, le meurtrier se plaît à d'interminables entretiens avec ses amis du bureau de police, il conduit ces entretiens jusqu'au point extrême où un seul mot achèverait de le perdre; à chaque instant, nous croyons qu'il va dire ce mot; il se dérobe et continue avec volupté ce jeu terrible. Le juge d'instruction Porphyre a deviné le secret de l'étudiant, il joue avec lui comme un tigre en gaieté, sûr que son gibier lui reviendra par fascination; et Raskolnikof se sait deviné; pendant plusieurs chapitres, un dialogue fantastique se prolonge entre les deux adversaires; dialogue double, celui des lèvres, qui sourient et ignorent volontairement, celui des regards, qui savent et se disent tout.

Enfin, quand l'auteur nous a suffisamment torturés en tendant cette situation aiguë, il fait apparaître l'influence salutaire qui doit briser l'orgueil du coupable et le réconcilier avec lui-même par l'expiation. Raskolnikof aime une pauvre fille des rues. N'allez pas croire, sur cet exposé rapide, que Dostoïevsky ait gâché son sujet avec la thèse stupide qui traîne dans nos romans depuis cinquante ans, le forçat et la prostituée se rachetant mutuellement par l'amour. Malgré la similitude des conditions, nous sommes ici à mille lieues de cette conception banale, on le comprendra vite en lisant les développements du livre. Le trait de clairvoyance, c'est d'avoir deviné que, dans l'état psychologique créé par le crime, le sentiment habituel de l'amour devait être modifié comme tous les autres, changé en un sombre désespoir. Sonia, une humble créature vendue par la faim, est presque inconsciente de sa flétrissure, elle la subit comme une maladie inévitable. Dirai-je la pensée intime de l'auteur, au risque d'éveiller l'incrédulité pour ces exagérations du mysticisme? Sonia porte son ignominie comme une croix, avec résignation et piété. Elle s'est attachée au seul homme qui ne l'ait pas traitée avec mépris, elle le voit bourrelé par un secret, elle essaye de le lui arracher; après de longs combats, l'aveu s'échappe, et encore je dis mal; aucun mot ne le trahit; dans une scène muette qui est le comble du tragique, Sonia voit passer la chose monstrueuse au fond des yeux de son ami. La pauvre fille, un moment atterrée, se remet vite; elle sait le remède, un cri jaillit de son cœur: « Il faut souffrir, souffrir ensemble... prier, expier... Allons au bagne! »

Nous voici ramenés au terrain où Dostoïevsky revient toujours, à la conception fondamentale du christianisme dans le peuple russe : la bonté de la souffrance en elle-même, surtout de la souffrance subie en commun, sa vertu unique pour résoudre toutes les difficultés. Pour caractériser les rapports singuliers de ces deux êtres, ce lien pieux et triste, si étranger à toutes les idées qu'éveille le mot d'amour, pour traduire l'expression que l'écrivain emploie de préférence, il faut restituer le sens étymologique de notre mot *compassion,* tel que Bossuet l'entendait[1] : souffrir avec et par un autre. Quand Raskol-

---

[1] Voir les deux sermons de 1660 pour le vendredi de la Passion.

nikof tombe aux pieds de cette fille qui nourrit ses parents de son opprobre, alors qu'elle, la méprisée de tous, s'effraye et veut le relever, il dit une phrase qui renferme la synthèse de tous les livres que nous étudions : « Ce n'est pas devant toi que je m'incline, je me prosterne devant toute la souffrance de l'humanité. »

Remarquons-le ici en passant, notre romancier n'a pas réussi une seule fois à représenter l'amour dégagé de ces subtilités, l'attrait simple et naturel de deux cœurs l'un vers l'autre ; il n'en connaît que les extrêmes : ou bien cet état mystique de *compassion* près d'un être malheureux, de dévouement sans désir ; ou bien les brutalités affolées de la bête, avec des perversions contre nature. Les amants qu'il nous représente ne sont pas faits de chair et de sang, mais de nerfs et de larmes. De là un des traits presque inexplicables de son art ; ce réaliste, qui prodigue les situations scabreuses et les récits les plus crus, n'évoque jamais une image troublante, mais uniquement des pensées navrantes ; je défie qu'on cite dans toute son œuvre une seule ligne suggestive pour les sens, où l'on voie passer la femme comme tentatrice ; il ne montre le nu que sous le fer du chirurgien, sur un lit de douleur. En revanche, et tout à fait en dehors des scènes d'amour absolument chastes, le lecteur attentif trouvera dans chaque roman deux ou trois pages où perce tout à coup ce que Sainte-Beuve eût appelé « une pointe de sadisme ». — Il fallait tout dire, il fallait marquer tous les contrastes de cette nature excessive, incapable de garder le milieu entre l'ange et la bête.

On soupçonne le dénoûment. Le nihiliste, à demi vaincu, rôde quelque temps encore autour du bureau de police, comme un animal sauvage et dompté qui revient par de lents circuits sous le fouet de son maitre; enfin, il avoue, on le condamne. Sonia lui apprend à prier, les deux créatures déchues se relèvent par une expiation commune; Dostoïevsky les accompagne en Sibérie et saisit avec joie cette occasion de récrire, en guise d'épilogue, un chapitre de la *Maison des morts*.

Si même vous retiriez de ce livre l'âme du principal personnage, il y resterait encore, dans les âmes des personnages secondaires, de quoi faire penser pendant des années. Étudiez de près ces trois figures, le petit employé Marméladof, le juge d'instruction Porphyre, et surtout l'énigmatique Svidrigaïlof, l'homme *qui doit avoir tué sa femme,* et qu'un aimant rapproche de Raskolnikof, pour parler de crimes ensemble. Je ne citerai rien, l'ouvrage est traduit, et la version de M. Derély est une des trop rares traductions du russe qui ne soient pas une mystification; mais s'il est chez nous des romanciers qui soient en peine de grandir les procédés du réalisme sans rien sacrifier de leur âpreté, je signale charitablement à ceux-là le récit de Marméladof, le repas des funérailles, et surtout la scène de l'assassinat; impossible de l'oublier quand on l'a lue une fois. Il y a pire encore, la scène où le meurtrier, toujours ramené vers le lieu sinistre, veut se donner à lui-même la représentation de son crime; où il vient tirer la sonnette fêlée de l'appartement, afin de mieux ressusciter, par le son, l'impression de l'atroce minute.

Je devrais d'ailleurs répéter ici ce que je disais plus haut : à mesure que Dostoïevsky accentue sa manière, les morceaux détachés signifient de moins en moins ; ce qui est infiniment curieux, c'est la trame du récit et des dialogues, ourdie de menues mailles électriques, où l'on sent courir sans interruption un frisson mystérieux. Tel mot auquel on ne prenait pas garde, tel petit fait qui tient une ligne, ont leur contre-coup cinquante pages plus loin ; il faut se les rappeler pour s'expliquer les transformations d'une âme dans laquelle ces germes déposés par le hasard ont obscurément végété. Ceci est tellement vrai, que la suite devient inintelligible dès qu'on saute quelques pages. On se révolte contre la prolixité de l'auteur, on veut le gagner de vitesse, et aussitôt on ne comprend plus ; le courant magnétique est interrompu. C'est du moins ce que me disent toutes les personnes qui ont fait cette épreuve. Où sont nos excellents romans qu'on peut indifféremment commencer par l'un ou l'autre bout ? Celui-ci ne délasse pas, il fatigue, comme les chevaux de sang, toujours en action ; ajoutez la nécessité de se reconnaître entre une foule de personnages, figures cauteleuses qui glissent à l'arrière-plan avec des allures d'ombres ; il en résulte pour le lecteur un effort d'attention et de mémoire égal à celui qu'exigerait un traité de philosophie ; c'est un plaisir ou un inconvénient, suivant les catégories de lecteurs. D'ailleurs, une traduction, si bonne soit-elle, n'arrive guère à rendre cette palpitation continue ces dessous du texte original.

On ne peut s'empêcher de plaindre l'homme qui a écrit un pareil livre, si visiblement tiré de sa propre substance. Pour comprendre comment il y fut amené, il est bon d'avoir présent ce qu'il disait à un ami de son état mental, à la suite des accès : « L'abattement où ils me plongent est caractérisé par ceci : je me sens un grand criminel, il me semble qu'une faute inconnue, une action scélérate pèsent sur ma conscience. » — De temps en temps, la revue qui donnait les romans de Dostoïevsky paraissait avec quelques pages seulement du récit en cours de publication, suivies d'une brève note d'excuses; on savait dans le public que Féodor Michaïlovitch avait son attaque de haut mal.

Crime et châtiment assura la popularité de l'écrivain. On ne parla que de cet événement littéraire durant l'année 1866; toute la Russie en fut malade. A l'apparition du livre, un étudiant de Moscou assassina un prêteur sur gages dans des conditions de tout point semblables à celles imaginées par le romancier. On établirait une curieuse statistique en recherchant, dans beaucoup d'attentats analogues commis depuis lors, la part d'influence de cette lecture. Certes, l'intention de Dostoïevsky n'est pas douteuse, il espère détourner de pareilles actions par le tableau du supplice intime qui les suit; mais il n'a pas prévu que la force excessive de ses peintures agirait en sens opposé, qu'elle tenterait ce démon de l'imitation qui habite les régions déraisonnables du cerveau. Aussi suis-je fort embarrassé pour me prononcer sur la valeur morale de l'œuvre. Nos écrivains diront que je prends bien de la peine; ils n'admettent pas, je le sais, que cet élément puisse entrer en ligne de compte dans l'appréciation d'une œuvre d'art; comme si quelque chose existait dans ce monde indépendamment de la valeur morale! Les auteurs russes sont moins superbes, ils ont la prétention de nourrir des âmes, et la plus grande injure qu'on puisse leur faire, c'est de leur dire qu'ils ont assemblé des mots sans servir une idée. — On estimera que le roman de Dostoïevsky est efficace ou nuisible, selon qu'on tient pour ou contre la moralité des exécutions et des procès publics. La question est de même ordre; pour moi elle est résolue par la négative.

IV

Avec ce livre, le talent avait fini de monter. Il donnera encore de grands coups d'aile, mais en tournant dans un cercle de brouillards, dans un ciel toujours plus trouble, comme une immense chauve-souris au crépuscule. Dans l'*Idiot*, dans les *Possédés* et surtout dans les *Frères Karamazof,* les longueurs sont intolérables, l'action n'est plus qu'une broderie complaisante qui se prête à toutes les théories de l'auteur, et où il dessine tous les types rencontrés par lui ou imaginés dans l'enfer de sa fantaisie. C'est la *Tentation de saint Antoine* gravée par Callot; le lecteur est assailli par une foule d'ombres chinoises qui tourbillonnent au travers du récit; grands enfants sournois, bavards et curieux, occupés d'une inquisition perpétuelle dans l'âme d'autrui. Presque tout le roman se passe en conversations où deux bretteurs d'idées essayent mutuellement de s'arracher leurs secrets, avec des astuces de Peaux-Rouges. Le plus souvent c'est le secret d'un dessein, d'un crime ou d'un amour; alors

ces entretiens rappellent les procès-verbaux de la
« Chambre de question » sous Ivan le Terrible ou
Pierre Ier; c'est le même mélange de terreur, de duplicité et de constance, demeuré dans la race. D'autres fois,
les disputeurs s'efforcent de pénétrer le dédale de leurs
croyances philosophiques ou religieuses; ils font assaut
d'une dialectique tantôt subtile, tantôt baroque, comme
deux docteurs scolastiques en Sorbonne. Telle de ces
conversations rappelle les dialogues d'Hamlet avec sa
mère, avec Ophélie ou Polonius. Depuis plus de deux
cents ans, les scoliastes discutent pour savoir si Hamlet
était fou quand il parlait ainsi; suivant qu'on décide la
question, la réponse s'applique aux héros de Dostoïevsky.
On a dit plus d'une fois que l'écrivain et les personnages
qui le reflètent étaient simplement des fous : dans la
même mesure qu'Hamlet.

Pour ma part, je crois le mot inintelligent et mauvais;
il faut le laisser aux âmes très-simples, qui se refusent à
admettre des états psychiques différents de ceux qu'elles
connaissent par l'expérience personnelle. Il faut se souvenir, en étudiant Dostoïevsky et son œuvre, d'une de ses
phrases favorites, qui revient à plusieurs reprises sous sa
plume : « La Russie est un jeu de la nature. » —Étrange
anomalie, dans quelques-uns de ces lunatiques décrits
par le romancier! Ils sont concentrés dans leur contemplation intime, acharnés à s'analyser; l'auteur leur commande-t-il l'action? ils s'y précipitent d'un premier
mouvement, dociles aux impulsions désordonnées de
leurs nerfs, sans frein et sans raison régulatrice; vous
diriez des volontés lâchées en liberté, des forces élémentaires.

Observez les indications physiques reproduites à satiété dans le récit; elles nous font deviner la perturbation des âmes par l'attitude des corps. Quand on nous présente un personnage, ce dernier n'est presque jamais assis à une table, livré à quelque occupation. « Il était étendu sur un divan, les yeux clos, mais ne sommeillant pas... Il marchait dans la rue sans savoir où il se trouvait... Il était immobile, les regards obstinément fixés sur un point dans le vide... » — Jamais ces gens-là ne mangent; ils boivent du thé, la nuit. Beaucoup sont alcooliques. Ils dorment à peine, et, quand ils dorment, ils rêvent; on trouve plus de rêves dans l'œuvre de Dostoïevsky que dans toute notre littérature classique. Ils ont presque toujours la fièvre; vous tournerez rarement vingt pages sans rencontrer l'expression « état fiévreux ». Dès que ces créatures agissent et entrent en rapport avec leurs semblables, voici les indications qui reviennent presque à chaque alinéa : « Il frissonna.. il se leva d'un bond... son visage se contracta... il devint pâle comme une cire... sa lèvre inférieure tremblait... ses dents claquaient... » Ou bien ce sont de longues poses muettes dans la conversation : les deux interlocuteurs se regardent dans le blanc des yeux. Dans le peuple innombrable inventé par Dostoïevsky, je ne connais pas un individu que M. Charcot ne pût réclamer à quelque titre.

Le caractère le plus travaillé par l'écrivain, son enfant de prédilection, qui remplit à lui seul un gros volume, c'est l'*Idiot*. Féodor Michaïlovitch s'est peint dans ce caractère comme les auteurs se peignent, non certes tel qu'il était, mais tel qu'il aurait voulu se voir. D'abord, « l'idiot » est épileptique : ses crises fournissent un dénoûment imprévu à toutes les scènes d'émotion. Le romancier s'en est donné à cœur joie de les décrire; il nous assure qu'une extase infinie inonde tout l'être durant les quelques secondes qui précèdent l'attaque; on peut l'en croire sur parole. Ce sobriquet, « l'idiot », est resté au prince Muichkine, parce que, dans sa jeunesse, la maladie avait altéré ses facultés et qu'il est toujours demeuré bizarre. Ces données pathologiques une fois acceptées, ce caractère de fiction est développé avec une persistance et une vraisemblance étonnantes. Dostoïevsky s'était proposé d'abord de transporter dans la vie contemporaine le type du don Quichotte, l'idéal redresseur de torts; çà et là, la préoccupation de ce modèle est évidente; mais bientôt, entraîné par sa création, il vise plus haut, il ramasse dans l'âme où il s'admire lui-même les traits les plus sublimes de l'Évangile, il tente un effort désespéré pour agrandir la figure aux proportions morales d'un saint.

Imaginez un être d'exception qui serait homme par la maturité de l'esprit, par la plus haute raison, tout en restant enfant par la simplicité du cœur; qui réaliserait, en un mot, le précepte évangélique : « Soyez comme des petits enfants. » Tel est le prince Muichkine, « l'idiot ». La maladie nerveuse s'est chargée, par un heureux hasard, d'accomplir ce phénomène; elle a aboli les parties de l'intellect où résident nos défauts : l'ironie, l'arrogance, l'égoïsme, la concupiscence; les parties nobles se sont librement développées. Au sortir de la maison de santé, ce jeune homme extraordinaire est jeté dans le courant de la vie commune; il semble qu'il y va périr, n'ayant pas pour se défendre les vilaines armes que nous y portons : point du tout. Sa droiture simple est plus forte que les ruses conjurées contre lui ; elle résout toutes les difficultés, elle sort victorieuse de toutes les embûches. Sa sagesse naïve a le dernier mot dans les discussions, des mots d'un ascétisme profond, comme ceux-ci, dits à un mourant : « Passez devant nous et pardonnez-nous notre bonheur. » Ailleurs il dira : « Je crains de n'être pas digne de ma souffrance. » Et cent autres semblables. Il vit dans un monde d'usuriers, de menteurs, de coquins ; ces gens le traitent d'idiot, mais l'entourent de respect et de vénération ; ils subissent son influence et deviennent meilleurs. Les femmes aussi rient d'abord de l'idiot, elles finissent toutes par s'éprendre de lui ; il ne répond à leurs adorations que par une tendre pitié, par cet amour de compassion, le seul que Dostoïevsky permette à ses élus.

Sans cesse l'écrivain revient à son idée obstinée, la suprématie du simple d'esprit et du souffrant ; je voudrais pourtant la creuser jusqu'au fond. Pourquoi cet acharnement de tous les idéalistes russes contre la pensée, contre la plénitude de la vie ? Voici, je crois, la raison secrète et inconsciente de cette déraison. Ils ont l'instinct de cette vérité fondamentale que vivre, agir, penser, c'est faire une œuvre inextricable, mêlée de mal et de bien ; quiconque agit crée et détruit en même temps, se fait sa place aux dépens de quelqu'un ou de quelque chose. Donc ne pas penser, ne pas agir, c'est supprimer cette fatalité, la production du mal à côté du bien, et, comme le mal les affecte plus que le bien, ils se réfugient dans le recours au néant, ils admirent et sanctifient l'idiot, le neutre, l'inactif; il ne fait pas de bien, c'est vrai, mais il ne fait pas de mal : partant, dans leur conception pessimiste du monde, il est le meilleur.

Je cours au milieu de ces géants et de ces monstres qui me sollicitent; mais comment passer sous silence le marchand Rogojine, une figure très-réelle, celle-là, une des plus puissantes que l'artiste ait gravées? Les vingt pages où l'on nous montre les tortures de la passion dans le cœur de cet homme sont d'un grand maître. La passion, arrivée à cette intensité, a un tel don de fascination que la femme aimée vient malgré elle à ce sauvage qu'elle hait, avec la certitude qu'il la tuera. Ainsi fait-il, et, toute une nuit, devant le lit où gît sa maîtresse égorgée, il cause tranquillement de philosophie avec son ami. Pas un trait de mélodrame; la scène est toute simple, du moins elle paraît toute naturelle à l'auteur, et voilà pourquoi elle nous glace d'effroi. Je signale encore, tant les occasions d'égayer cette étude sont rares, le petit usurier ivre qui « fait tous les soirs une prière pour le repos de l'âme de madame la comtesse du Barry ». Et ne croyez pas que Dostoïevsky veuille nous réjouir; non, c'est très-sérieusement que, par la bouche de son personnage, il s'apitoie sur le martyre de madame du Barry durant le long trajet dans la charrette et la lutte avec le bourreau. Toujours le souvenir de la demi-heure du 22 décembre 1849.

Les *Possédés*, c'est la peinture du monde révolutionnaire nihiliste. Je modifie légèrement le titre russe, trop obscur, *les Démons*. Le romancier indique clairement sa pensée, en prenant pour épigraphe les versets de saint Luc sur l'exorcisme de Gérasa; il a passé à côté du vrai titre, qui eût pu s'appliquer non-seulement à ce livre, mais à tous les autres. Les personnages de Dostoïevsky sont tous dans l'état de possession, tel que l'entendait le moyen âge; une volonté étrangère et irrésistible les pousse à commettre malgré eux des actes monstrueux. Possédée, la Natacha d'*Humiliés et offensés;* possédés, le Raskolnikof de *Crime et châtiment,* le Rogojine de l'*Idiot;* possédés, tous ces conspirateurs qui assassinent ou se suicident, sans motif et sans but défini. — L'histoire de ce roman est assez curieuse. Dostoïevsky fut toujours séparé de Tourguénef par des dissentiments politiques et surtout, hélas! par des jalousies littéraires. A cette époque, Tolstoï n'avait pas encore établi son pouvoir, les deux romanciers étaient seuls à se disputer l'empire sur les imaginations russes; la rivalité inévitable entre eux fut presque de la haine du côté de Féodor Michaïlovitch; il se donna tous les torts, et dans le volume qui nous occupe, par un procédé inqualifiable, il mit en scène son confrère sous les traits d'un acteur ridicule.

Le grief secret, impardonnable, était celui-ci : Tourguénef avait le premier deviné et traité le grand sujet contemporain, le nihilisme; il se l'était approprié dans une œuvre célèbre, *Pères et fils.* Mais, depuis 1861, le nihilisme avait mûri, il allait passer de la métaphysique à l'action; Dostoïevsky écrivit les *Possédés* pour prendre sa revanche; trois ans après, Tourguénef relevait le défi en publiant *Terres vierges.* Le thème des deux romans est le même, une conspiration révolutionnaire dans une petite ville de province. S'il fallait décerner le prix dans cette joute, j'avouerais que le doux artiste de *Terres vierges* a été vaincu par le psychologue dramatique : ce dernier pénètre mieux dans tous les replis de ces âmes tortueuses; la scène du meurtre de Chatof est rendue avec une puissance diabolique, dont Tourguénef n'approcha jamais. Mais, en dernière analyse, dans l'un comme dans l'autre ouvrage, je ne vois que la descendance directe de Bazarof : tous ces nihilistes ont été engendrés par leur impérissable prototype, le cynique de *Pères et fils*. Dostoïevsky le sentait et s'en désespérait.

Pourtant sa part est assez belle; son livre est une prophétie et une explication. Il est une prophétie, car en 1871, alors que les ferments d'anarchie couvaient encore, le voyant raconte des faits de tous points analogues à ceux que nous avons vus se dérouler depuis. J'ai assisté aux procès nihilistes; je peux témoigner que plusieurs des hommes et des attentats qu'on y jugeait étaient la reproduction identique des hommes et des attentats imaginés d'avance par le romancier. — Ce livre est une explication; si on le traduit, comme je le désire[1], l'Occident connaitra enfin les vraies données du problème, qu'il semble ignorer jusqu'ici, puisqu'il les cherche dans la politique. Dostoïevsky nous montre les diverses catégories d'esprits où se recrute la secte; d'abord le simple, le croyant à rebours, qui met sa capacité de ferveur religieuse au service de l'athéisme; notre auteur trouve un trait frappant pour le peindre. On sait que dans toute chambre russe un petit autel supporte des images de sainteté : « Le lieutenant Erkel, ayant jeté et brisé à coups de hache les images, disposa sur les

[1] M. Derély vient de terminer la traduction des *Possédés;* elle paraîtra prochainement. (Mai 1886.)

tablettes, comme sur trois pupitres, les livres ouverts de Vogt, de Moleschott et de Buchner; devant chacun des volumes il alluma des cierges d'église. » — Après les simples, les faibles, ceux qui subissent le magnétisme de la force et suivent les chefs dans tous les tours de l'engrenage. Puis les pessimistes logiques, comme l'ingénieur Kirilof, ceux qui se tuent par impuissance morale de vivre, et dont le parti exploite la complaisance; l'homme sans principes, décidé à mourir parce qu'il ne peut pas trouver de principes, se prête à ce qu'on exige de lui comme à un passe-temps indifférent. Enfin les pires « possédés », ceux qui tuent pour protester contre l'ordre du monde qu'ils ne comprennent pas, pour faire un usage singulier et nouveau de leur volonté, pour jouir de la terreur inspirée, pour assouvir l'animal enragé qui est en eux.

Le plus grand mérite de ce livre confus, mal bâti, ridicule souvent et encombré de théories apocalyptiques, c'est qu'il nous laisse malgré tout une idée nette de ce qui fait la force des nihilistes. Cette force ne réside pas dans les doctrines, absentes, ni dans la puissance d'organisation, surfaite; elle gît uniquement dans le caractère de quelques hommes. Dostoïevsky pense, — et les révélations des procès lui ont donné raison, — que les idées des conspirateurs sont à peu près nulles, que la fameuse organisation se réduit à quelques affiliations locales, mal soudées entre elles, que tous ces fantômes, comités centraux, comités exécutifs, existent seulement dans l'imagination des adeptes. En revanche, il met vigoureusement en relief ces volontés tendues à outrance, ces âmes d'acier glacé, il les oppose à la timidité et à l'irrésolution des autorités légales, personnifiées dans le gouverneur Von Lembke; il nous montre entre ces deux pôles la masse des faibles, attirée vers celui qui est fortement aimanté.

Oui, on ne saurait trop le redire, c'est le caractère de ces résolus qui agit sur le peuple russe, et non leurs idées; et la vue perçante du philosophe porte ici plus loin que la Russie. Les hommes sont de moins en moins exigeants en fait d'idées, de plus en plus sceptiques en fait de programmes; ceux qui croient à la vertu absolue des doctrines sont chaque jour plus rares; ce qui les séduit, c'est le caractère, même s'il applique son énergie au mal, parce qu'il promet un guide et garantit la fermeté du commandement, le premier besoin d'une association humaine. L'homme est le serf né de toute volonté forte qui passe devant lui.

Avec la publication des *Possédés* et le retour de Dostoïevsky en Russie commence la dernière période de sa vie, de 1871 à 1881. Elle fut un peu moins sombre et difficile que les précédentes. Il s'était remarié à une personne intelligente et courageuse, qui l'aida à sortir de ses embarras matériels. Sa popularité grandissait, le succès de ses livres lui permettait de se libérer. Repris par le démon du journalisme, il collabora d'abord à une feuille de Pétersbourg et finit par se donner un organe bien à lui, qu'il rédigeait tout seul, *le Carnet d'un écrivain*. Cette publication mensuelle paraissait... quelquefois. Elle n'avait rien de commun avec ce que nous appelons un journal ou une revue. S'il y avait eu à Delphes un moniteur chargé d'enregistrer les oracles intermittents de la Pythie, c'eût été quelque chose de semblable. Dans cette encyclopédie, qui fut la grande affaire de ses dernières années, Féodor Michaïlovitch déversait toutes les idées politiques, sociales et littéraires qui le tourmentaient, il racontait des anecdotes et des souvenirs de sa vie. J'ignore s'il a pensé aux *Paroles d'un croyant* de Lamennais : mais il y fait souvent penser. J'ai déjà dit ce qu'était sa politique : un acte de foi perpétuel dans les destinées de la Russie, une glorification de la bonté et de l'intelligence du peuple russe. Ces hymnes obscurs échappent à l'analyse comme à la controverse.

Commencé à la veille de la guerre de Turquie, le *Carnet d'un écrivain* ne parut avec quelque régularité que durant ces années de fièvre patriotique; il reflète les accès d'enthousiasme et de découragement qui secouaient la Russie en armes. Je ne sais pas ce qu'on ne trouverait pas dans cette *Somme* des rêves slaves, où toutes les questions humaines sont remuées. Il n'y manque qu'une seule chose, un corps de doctrines où l'esprit puisse se prendre. Çà et là, des épisodes touchants, des récits menés avec art, perles perdues dans ces vagues troubles, rappellent le grand romancier. Le *Carnet d'un écrivain* réussit auprès du public spécial qui s'était attaché moins aux idées qu'à la personne et pour ainsi dire au son de voix de Féodor Michaïlovitch. Entre temps, il composait son dernier livre, *les Frères Karamazof*. Je n'ai pas parlé d'un roman intitulé *Croissance*, publié après les *Possédés* pour continuer l'étude du mouvement contemporain, fort inférieur à ses aînés, et dont le succès fut médiocre. Je ne m'arrêterai pas davantage aux *Frères Karamazof*. De l'aveu commun, très-peu de Russes ont eu le courage de lire jusqu'au bout cette interminable histoire; pourtant, au milieu de digressions sans excuses et à travers des nuages fumeux, on distingue quelques figures vraiment épiques, quelques scènes dignes de rester parmi les plus belles de notre auteur, comme celle de la mort de l'enfant.

Ce n'est pas dans un chapitre d'histoire littéraire qu'on peut embrasser l'œuvre totale d'un pareil travailleur. Quatorze volumes, de ces redoutables in-8° russes qui contiennent chacun un millier de pages de nos impressions françaises! Le détail n'était pas inutile à donner : la physionomie matérielle des livres nous renseigne sur les mœurs littéraires d'un pays. Le roman français se fait de plus en plus léger, preste à se glisser dans un sac de voyage, pour quelques heures de chemin de fer; le lourd roman russe s'apprête à trôner longtemps sur la table de famille, à la campagne, durant les longues soirées d'hiver; il éveille les idées connexes de patience et d'éternité. — Je vois encore Féodor Michaïlovitch, entrant chez des amis le jour où parurent les *Frères Karamazof*, portant ses volumes sur les bras, et s'écriant avec orgueil : « Il y en a cinq bonnes livres au poids! » Le malheureux avait pesé son roman, et il était fier de ce qui eût dû le consterner. — Ma tâche devait se borner à appeler l'attention sur l'écrivain célèbre là-bas, presque inconnu ici, à signaler dans son œuvre les trois parties qui montrent le mieux les divers aspects de son talent; ce sont les *Pauvres Gens,* les *Souvenirs de la maison des morts, Crime et châtiment.*

Sur l'ensemble de cette œuvre, chacun portera son jugement avec les indications que j'ai tenté de dégager.

Si l'on se place au point de vue de notre esthétique et de nos goûts, ce jugement est malaisé à formuler. Il faut considérer Dostoïevsky comme un phénomène d'un autre monde, un monstre incomplet et puissant, unique par l'originalité et l'intensité. Au frisson qui vous prend en approchant quelques-uns de ses personnages, on se demande si l'on n'est pas en face du génie; mais on se souvient vite que le génie n'existe pas dans les lettres sans deux dons supérieurs, la mesure et l'universalité; la mesure, c'est-à-dire l'art d'assujettir ses pensées, de choisir entre elles, de condenser en quelques éclairs toute la clarté qu'elles recèlent; l'universalité, c'est-à-dire la faculté de voir la vie dans tout son ensemble, de la représenter dans toutes ses manifestations harmonieuses. Le monde n'est pas fait seulement de ténèbres et de larmes; on y trouve, même en Russie, de la lumière, de la gaieté, des fleurs et des joies. Dostoïevsky n'en a vu que la moitié, puisqu'il n'a écrit que deux sortes de livres, des livres douloureux et des livres terribles. C'est un voyageur qui a parcouru tout l'univers et admirablement décrit tout ce qu'il a vu, mais qui n'a jamais voyagé que de nuit. Psychologue incomparable, dès qu'il étudie des âmes noires ou blessées, dramaturge habile, mais borné aux scènes d'effroi et de pitié.

Nul n'a poussé plus avant le réalisme : voyez le récit de Marméladof, dans *Crime et châtiment,* les portraits des forçats et le tableau de leur existence; nul n'a osé davantage dans le chimérique : voyez tout le personnage de l'*Idiot*. Il peint les réalités de la vie avec vérité et dureté, mais son rêve pieux l'emporte et plane sans cesse par delà ces réalités, dans un effort surhumain vers quelque nouvelle consommation de l'Évangile. Appelons cela, si vous voulez, du réalisme mystique. Nature double, de quelque côté qu'on la regarde, le cœur d'une Sœur de charité et l'esprit d'un grand inquisiteur. Je me le figure vivant dans un autre siècle, — ni lui ni ses héros n'appartiennent au nôtre, ils comptent dans cette fraction du peuple russe soustraite au temps occidental; — je le vois mieux à l'aise dans des temps de grandes cruautés et de grands dévouements, hésitant entre un saint Vincent de Paul et un Laubardemont, devançant l'un à la recherche des enfants abandonnés, s'attardant après l'autre pour ne rien perdre des pétillements d'un bûcher. Selon qu'on est plus touché par tel ou tel excès de son talent, on peut l'appeler avec justice un philosophe, un apôtre, un aliéné, le consolateur des affligés ou le bourreau des esprits tranquilles, le Jérémie du bagne ou le Shakspeare de la maison des fous; toutes ces appellations seront méritées : prise isolément, aucune ne sera suffisante.

Peut-être faudrait-il dire de lui ce qu'il disait de toute sa race, dans une page de *Crime et châtiment:* « L'homme russe est un homme vaste, vaste comme sa terre, terriblement enclin à tout ce qui est fantastique et désordonné; c'est un grand malheur d'être vaste sans génie particulier. » — J'y souscris; mais je souscris aussi au jugement que j'ai entendu porter sur ce livre par un des maîtres de la psychologie contemporaine: « Cet homme ouvre des horizons inconnus sur des âmes différentes des nôtres; il nous révèle un monde nouveau, des natures plus puissantes pour le mal comme pour le bien, plus fortes pour vouloir et pour souffrir. »

V

On me pardonnera de recourir à des souvenirs personnels pour compléter cette esquisse, pour faire revivre l'homme et donner une idée de son influence. Le hasard m'a fait rencontrer souvent Féodor Michaïlovitch durant les trois dernières années de sa vie. Il en était de sa figure comme des scènes capitales de ses romans : on ne pouvait plus l'oublier quand on l'avait vue une fois. Oh! que c'était bien l'homme d'une telle œuvre et l'homme d'une telle vie! Petit, grêle, tout de nerfs, usé et voûté par soixante mauvaises années; flétri pourtant plutôt que vieilli, l'air d'un malade sans âge, avec sa longue barbe et ses cheveux encore blonds; et malgré tout, respirant cette « vivacité de chat » dont il parlait un jour. Le visage était celui d'un paysan russe, d'un vrai moujik de Moscou; le nez écrasé, de petits yeux clignotant sous l'arcade, brillant d'un feu tantôt sombre, tantôt doux; le front large, bossué de plis et de protubérances, les tempes renfoncées comme au marteau; et tous ces traits tirés, convulsés, affaissés sur une bouche douloureuse. Jamais je n'ai vu sur un visage humain pareille expression de souffrance amassée; toutes les transes de l'âme et de la chair y avaient imprimé leur sceau; on y lisait, mieux que dans le livre, les souvenirs de la maison des morts, les longues habitudes d'effroi, de méfiance et de martyre. Les paupières, les lèvres, toutes les fibres de cette face tremblaient de tics nerveux. Quand il s'animait de colère sur une idée, on eût juré qu'on avait déjà vu cette tête sur les bancs d'une cour criminelle, ou parmi les vagabonds qui mendient aux portes des prisons. A d'autres moments, elle avait la mansuétude triste des vieux saints sur les images slavonnes.

Tout était peuple dans cet homme, avec l'inexprimable mélange de grossièreté, de finesse et de douceur qu'ont fréquemment les paysans grands-russiens, — et je ne sais quoi d'inquiétant, peut-être la concentration de la pensée sur ce masque de prolétaire. Au premier abord, il éloignait, avant que son magnétisme étrange eût agi sur vous. Habituellement taciturne, quand il prenait la parole, c'était d'un ton bas, lent et volontaire, s'échauffant par degrés, défendant ses opinions sans ménagements pour personne. En soutenant sa thèse favorite sur la prééminence du peuple russe, il lui arrivait parfois de dire à des femmes, dans les cercles mondains où on l'attirait : « Vous ne valez pas le dernier des moujiks. » Les discussions littéraires finissaient vite avec Dostoïesky; il m'arrêtait d'un mot de pitié superbe : « Nous avons le génie de tous les peuples et en plus le génie russe; donc nous pouvons vous comprendre et vous ne pouvez nous comprendre. » — Que sa mémoire me pardonne; j'essaye aujourd'hui de lui prouver le contraire.

Malheureusement pour son dire, il jugeait des choses d'Occident avec une naïveté amusante. Je me rappelle toujours une sortie qu'il fit sur Paris, un soir que l'inspiration le saisit; il en parlait comme Jonas devait parler de Ninive, avec un feu d'indignation biblique; j'ai noté ses paroles : « Un prophète apparaîtra une nuit au Café

Anglais, il écrira sur le mur les trois mots de flamme ; c'est de là que partira le signal de la fin du vieux monde, et Paris s'écroulera dans le sang et l'incendie, avec tout ce qui fait son orgueil, ses théâtres et son Café Anglais... » — Dans l'imagination du voyant, cet établissement inoffensif représentait l'ombilic de Sodome, une caverne d'orgies infernales et attirantes, qu'il fallait maudire pour n'en pas trop rêver. Il vaticina longtemps et fort éloquemment sur ce thème.

Bien souvent Féodor Michaïlovitch m'a fait penser à Jean-Jacques ; il me semble avoir connu ce cuistre de génie depuis que j'ai pratiqué l'ombrageux philanthrope de Moscou. Chez tous deux, mêmes humeurs, même alliage de grossièreté et d'idéalisme, de sensibilité et de sauvagerie ; même fond d'immense sympathie humaine, qui leur assura à tous deux l'audience de leurs contemporains. Après Rousseau, nul ne porta plus loin que Dostoïevsky les défauts de l'homme de lettres, l'amour-propre effréné, la susceptibilité, les jalousies et les rancunes ; nul non plus ne sut mieux gagner le commun des hommes, en leur montrant un cœur tout plein d'eux. Cet écrivain, d'un commerce si maussade dans la société, fut l'idole d'une grande partie de la jeunesse russe ; non-seulement elle attendait avec fièvre ses romans, son journal, mais elle venait à lui comme à un directeur spirituel, pour chercher une bonne parole, un secours dans les peines morales ; durant les dernières années, le plus grand travail de Féodor Michaïlovitch fut de répondre aux monceaux de lettres qui lui apportaient l'écho de souffrances inconnues.

Il faut avoir vécu en Russie pendant ces années troublées pour s'expliquer l'ascendant qu'il exerça sur tout ce monde des « pauvres gens », en quête d'un idéal nouveau, sur toutes les classes qui ne sont plus le peuple et ne sont pas encore la bourgeoisie. Le prestige littéraire et artistique de Tourguénef avait subi une éclipse fort injuste; l'influence philosophique de Tolstoï ne s'adressait qu'aux intelligences; Dostoïevsky prit les cœurs, et sa part de direction dans le mouvement contemporain est peut-être la plus forte. En 1880, à cette inauguration du monument de Pouchkine, où la littérature russe tint ses grandes assises, la popularité de notre romancier écrasa celle de tous ses rivaux; on sanglota tandis qu'il parlait, on le porta en triomphe, les étudiants prirent d'assaut l'estrade pour le voir de plus près, pour le toucher, et l'un de ces jeunes gens s'évanouit d'émotion en arrivant jusqu'à lui. Ce courant le soulevait si haut, qu'il eût eu une situation difficile, s'il eût vécu quelques années de plus. Dans la hiérarchie officielle de l'empire, comme dans le jardin de Tarquin, il n'y a pas de place pour les plantes de trop vive poussée, pour le pouvoir d'un Gœthe ou d'un roi Voltaire; malgré la parfaite orthodoxie de sa politique, l'ancien déporté eût risqué d'être compromis par ses séides et désigné aux suspicions. On n'aperçut sa grandeur et son danger que le jour de sa mort. Bien qu'il me répugne d'achever par des tableaux funèbres une étude déjà si sombre, je dois parler de cette apothéose, je dois consigner ici l'impression que nous eûmes tous alors; mieux qu'une longue critique, elle fera voir ce que fut cet homme dans ce pays.

Le 10 février 1881, des amis de Dostoïevsky m'apprirent qu'il avait succombé la veille à une courte maladie. Nous nous rendîmes à son domicile pour assister aux prières que l'Église russe célèbre deux fois par jour sur les restes de ses enfants, depuis l'heure où ils ont fermé les yeux jusqu'à celle de l'ensevelissement. Féodor Michaïlovitch habitait une maison de la ruelle des Forgerons, dans un quartier populaire de Saint-Pétersbourg. Nous trouvâmes une foule compacte devant la porte et sur les degrés de l'escalier; à grand'peine nous nous frayâmes un passage jusqu'au cabinet de travail où l'écrivain prenait son premier repos; pièce modeste, jonchée de papiers en désordre et remplie par les visiteurs qui se succédaient autour du cercueil.

Il reposait sur une petite table, dans le seul coin de la chambre laissé libre par les envahisseurs inconnus. Pour la première fois, je vis la paix sur ces traits, libérés de leur voile de souffrance; ils ne gardaient plus que de la pensée sans douleur et semblaient enfin heureux d'un bon rêve, sous les roses amoncelées; elles disparurent vite, la foule se partagea ces reliques de fleurs. Cette foule augmentait à chaque minute, les femmes en pleurs, les hommes bruyants et avides de voir, s'écrasant par de brusques remous. Une température étouffante régnait dans la chambre, hermétiquement close comme le sont les pièces russes en hiver. Tout à coup, l'air manquant, les nombreux cierges qui brûlaient vacillèrent et s'éteignirent; il ne resta que la lumière incertaine de la petite lampe appendue devant les images saintes. A ce moment, à la faveur de l'obscurité, une poussée formidable partit de l'escalier, apportant un nouveau flot de peuple; il sembla que toute la rue montait; les premiers rangs furent jetés sur le cercueil, qui pencha. La malheureuse veuve, prise avec ses deux enfants entre la table et le mur, s'arc-bouta sur le corps de son mari et le maintint en jetant des cris d'effroi ; pendant quelques minutes, nous crûmes que le mort allait être foulé aux pieds ; il oscillait, battu par ces vagues humaines, par cet amour ardent et brutal qui se ruait d'en bas sur sa dépouille.

En cet instant, j'eus la vision rapide de toute l'œuvre du défunt, avec ses cruautés, ses épouvantes, ses tendresses, son exacte correspondance au monde qu'elle avait voulu peindre. Tous ces inconnus prirent des noms et des visages qui m'étaient familiers ; la chimère me les avait montrés dans les livres, la vie réelle me les rendait, agissant de même dans une scène d'horreur semblable. Les personnages de Dostoïevsky venaient le tourmenter jusqu'après la fin, ils lui apportaient leur piété gauche et rude, sans souci de profaner l'objet de cette piété. Cet hommage scandaleux, c'était bien celui qu'il eût aimé.

Deux jours après, nous eûmes de nouveau cette vision, agrandie et plus complète. La date du 12 février 1881 est restée célèbre en Russie ; sauf peut-être à la mort de Skobélef, jamais on ne vit dans ce pays des funérailles plus imposantes, plus significatives. Je serais embarrassé de dire qui eut les plus belles, du héros de l'action ou du héros de la pensée russe. Dès le matin, toute la ville était debout sur la Perspective, cent mille personnes faisaient la haie sur le long trajet que devait parcourir le cortége jusqu'au monastère de Saint-Alexandre Nevsky ; on évaluait à plus de vingt mille le nombre de celles qui le suivaient. Le gouvernement était inquiet, il craignait une manifestation retentissante ; on savait que les éléments subversifs projetaient d'accaparer ce cadavre, on avait dû réprimer des étudiants qui voulaient porter derrière le char les fers du forçat sibérien. Les timorés insistaient pour qu'on interdit ces pompes révolutionnaires. C'était, qu'on se le rappelle, au plus fort des grands attentats nihilistes, un mois avant celui qui devait coûter la vie au Tsar, et pendant l'essai libéral de Loris-Mélikof. Tout fermentait alors en Russie, et le moindre incident pouvait amener une explosion. Loris jugea qu'il valait mieux s'associer au sentiment populaire que l'étouffer. Il eut raison; les mauvais desseins de quelques-uns furent noyés dans les regrets de tous. Par une de ces fusions inattendues dont la Russie a le secret, quand une idée nationale l'échauffe, on vit tous les partis, tous les adversaires, tous les lambeaux disjoints de l'empire rattachés par ce mort dans une communion d'enthousiasme.

Qui a vu ce cortége a vu le pays des contrastes sous toutes ses faces : les prêtres, un clergé nombreux qui psalmodiait des prières, les étudiants des universités, les petits enfants des gymnases, les jeunes filles des écoles de médecine, les nihilistes, reconnaissables à leurs singularités de costume et de tenue, le plaid sur l'épaule pour les hommes, les lunettes et les cheveux coupés ras pour les femmes; toutes les compagnies littéraires et savantes, des députations de tous les points de l'empire, de vieux marchands moscovites, des paysans en touloupe, des laquais et des mendiants; dans l'église attendaient les dignitaires officiels, le ministre de l'instruction publique et de jeunes princes de la famille impériale. Une forêt de bannières, de croix et de couronnes dominait cette armée en marche; et suivant que passait un de ces tronçons de la Russie, on distinguait des figures douces ou sinistres, des larmes, des prières, des ricanements, des silences recueillis ou farouches. Chez les spectateurs du cortége, les impressions mobiles se succédaient; chacun jugeait par ce qu'il voyait dans l'instant et croyait voir, tour à tour, l'avénement des classes nouvelles entrant dans l'histoire, la marche triomphale de la révolution dans la capitale de Nicolas, la célébration du génie de la patrie, la douleur de tout un peuple. Chacun jugeait imparfaitement; ce qui passait, c'était toujours l'œuvre de cet homme, formidable et inquiétante, avec ses folies et ses grandeurs; aux premiers rangs sans doute et les plus nombreux, ses clients préférés, les « pauvres gens », les « humiliés », les « offensés », les « possédés » même, misérables heureux d'avoir leur jour et de mener leur avocat sur ce chemin de gloire; mais avec eux et les enveloppant, tout l'incertain et la confusion de la vie nationale, telle qu'il l'avait dépeinte, toutes les espérances vagues qu'il avait remuées chez tous. Comme on disait des anciens tsars qu'ils « rassemblaient » la terre russe, ce roi de l'esprit avait rassemblé là le cœur russe.

La foule se tassa dans la petite église de la Laure, toute comblée de fleurs, et dans les sépultures plantées de bouleaux qui l'entourent; la mêlée des conditions et des partis s'acheva dans une Babel de paroles. Devant l'autel, l'archimandrite parla de Dieu et des espérances éternelles; d'autres prirent le corps pour le porter dans la fosse et y parler de gloire. Discoureurs officiels, étudiants, comités slavophiles et libéraux, lettrés et poëtes, chacun vint expliquer son idéal, réclamer pour sa cause l'esprit qui s'enfuyait et, comme il est d'usage, servir son ambition sur cette tombe. Tandis que le vent de février emportait cette éloquence avec les feuilles séchées et la poussière des neiges retournées par la bêche, je m'efforçais de juger en toute équité la valeur morale de cet homme et de son action. J'étais aussi perplexe que lorsqu'il faut prononcer sur sa valeur littéraire. Il avait épanché sur ce peuple et réveillé en lui de la pitié, de la piété même : mais au prix de quels excès d'idées, de quels ébranlements moraux! Il avait jeté son cœur à la foule, ce qui est bien, mais sans le faire précéder de la sévère et nécessaire compagne du cœur, la raison.

J'aurais cherché longtemps mon jugement, si je n'avais revu soudain toute la suite de cette vie, née dans un hôpital, étreinte au début par la misère, la maladie et le chagrin, continuée en Sibérie dans les bagnes, les casernes, pourchassée depuis sur toutes les routes par la détresse matérielle et morale, toujours écrasée et ennoblie par un travail rédempteur. Alors je compris que cette âme persécutée échappait à notre mesure, fausse parce qu'elle est unique; je remis le jugement à Celui qui a autant de poids divers qu'il y a de cœurs et de destinées. Et quand je m'inclinai sur ce refuge de boue qu'il avait eu tant de peine à gagner, en y poussant à mon tour de la neige sur les couronnes de laurier entassées, je ne trouvai d'autre adieu que les mots de l'étudiant à la pauvre fille, les mots qui résumaient toute la foi de Dostoïevsky et devaient lui revenir : « Ce n'est pas devant toi que je m'incline; je me prosterne devant toute la souffrance de l'humanité. »

CHAPITRE VI

LE NIHILISME ET LE MYSTICISME. — TOLSTOÏ.

Nous avons vu le roman de mœurs naître en Russie avec Tourguénef ; nous l'avons vu se porter du premier coup, et comme par une pente naturelle de l'esprit national, vers l'observation psychologique des types généraux ; peut-être serait-il plus juste de dire la contemplation, pour bien marquer la sérénité qui tempérait chez ce grand artiste la curiosité morale. Dostoïevsky nous a montré un génie tout contraire, inculte et subtil, échauffé par la pitié, torturé par les visions tragiques, avec une préoccupation maladive des types d'exception. Le premier de ces écrivains reste toujours en coquetterie avec les doctrines libérales ; le second est un slavophile intransigeant.

Tolstoï[1] nous garde d'autres surprises. Plus jeune que ses prédécesseurs d'une dizaine d'années, il n'a guère subi les influences de 1848. Libre de toute attache d'école, indifférent aux partis politiques qu'il dédaigne, ce

---

[1] *OEuvres complètes*, 11 vol. in-8º, édit. des frères Salaïef, Moscou. 1880.

gentilhomme solitaire et méditatif ne relève d'aucun maitre ni d'aucun groupe; il est lui-même un phénomène spontané. Son premier grand roman est contemporain de *Pères et fils;* mais entre les deux romanciers il y a un abime. L'un se réclamait encore des traditions du passé et de la maîtrise européenne, il rapportait chez lui l'instrument de précision qu'il tenait de nous ; l'autre a rompu avec le passé, avec la servitude étrangère ; c'est la Russie nouvelle, précipitée dans les ténèbres à la recherche de ses voies, rétive aux avertissements de notre goût, et souvent incompréhensible pour nous. Ne lui demandez pas de se borner, ce dont elle est le moins capable, de concentrer son application sur un point, de subordonner sa conception de la vie à une doctrine ; elle veut des représentations littéraires qui soient l'image du chaos moral où elle souffre : Tolstoï arrive pour les lui donner. Avant tout autre, plus que tout autre, il est à la fois le traducteur et le propagateur de cet état de l'âme russe qu'on a appelé nihilisme.

Chercher dans quelle mesure il l'a traduit, dans quelle mesure il l'a propagé, ce serait tourner dans le vieux cercle sans issue. L'écrivain remplit la double fonction du miroir, qui réfléchit la lumière et la renvoie décuplée d'intensité, brûlante, communiquant le feu. Dans la confession religieuse qu'il vient d'écrire, le romancier, devenu théologien, nous donne en cinq lignes toute l'histoire de son âme : « J'ai vécu dans ce monde cinquante-cinq ans; à l'exception des quatorze ou quinze années de l'enfance, j'ai vécu trente-cinq ans nihiliste, au sens propre du mot : non pas socialiste et révolutionnaire, suivant le sens détourné que l'usage a donné au mot; mais nihiliste, c'est-à-dire VIDE DE TOUTE FOI. »

Nous n'avions pas besoin de cet aveu tardif; toute l'œuvre de l'homme le criait, bien que le mot redoutable n'y soit pas prononcé une seule fois. Des critiques ont appelé Tourguénef le père du nihilisme, parce qu'il avait dit le nom de la maladie et en avait décrit quelques cas; autant vaudrait affirmer que le choléra est importé par le premier médecin qui en donne le diagnostic, et non par le premier cholérique atteint du fléau. Tourguénef a discerné le mal et l'a étudié objectivement; Tolstoï en a souffert depuis le premier jour, sans avoir d'abord une conscience bien nette de son état; son âme envahie crie à chaque page de ses livres l'angoisse qui pèse sur tant d'âmes de sa race. Si les livres les plus intéressants sont ceux qui traduisent fidèlement l'existence d'une fraction de l'humanité à un moment donné de l'histoire, notre siècle n'a rien produit de plus intéressant que l'œuvre de Tolstoï. Il n'a rien produit de plus remarquable sous le rapport des qualités littéraires. Je n'hésite pas à dire toute ma pensée, à dire que cet écrivain, quand il veut bien n'être que romancier, est un maître des plus grands, de ceux qui porteront témoignage pour le siècle.

Est-ce qu'on dit ces énormités d'un contemporain qui n'est même pas mort, qu'on peut voir tous les jours avec sa redingote, sa barbe, qui dîne, lit le journal, reçoit de l'argent de son libraire et le place en rentes, qui fait, en un mot, toutes les choses bêtes de la vie? Comment parler de grandeur avant que la dernière pincée de cendres soit pourrie, avant que le nom se soit transfiguré dans le respect accumulé des générations? Tant pis, je le vois si grand qu'il m'apparaît comme un mort; je souscris volontiers à cette exclamation de Flaubert parcourant la traduction que Tourguénef venait de lui remettre, et criant de sa voix tonnante, avec des trépignements : « Mais c'est du Shakspeare, cela, c'est du Shakspeare! »

Par une singulière et fréquente contradiction, cet esprit troublé, flottant, qui baigne dans les brumes du nihilisme, est doué d'une lucidité et d'une pénétration sans pareilles pour l'étude scientifique des phénomènes de la vie. Il a la vue nette, prompte, analytique, de tout ce qui est sur terre, à l'intérieur comme à l'extérieur de l'homme; les réalités sensibles d'abord, puis le jeu des passions, les plus fugitifs mobiles des actions, les plus légers malaises de la conscience. On dirait l'esprit d'un chimiste anglais dans l'âme d'un bouddhiste hindou; se charge qui pourra d'expliquer cet étrange accouplement : celui qui y parviendra expliquera toute la Russie. Tolstoï se promène dans la société humaine avec une simplicité, un naturel, qui semblent interdits aux écrivains de notre pays; il regarde, il écoute, il grave l'image et fixe l'écho de ce qu'il a vu et entendu; c'est pour jamais, et d'une justesse qui force notre applaudissement. Non content de rassembler les traits épars de la physionomie sociale, il les décompose jusque dans leurs derniers éléments avec je ne sais quel acharnement subtil; toujours préoccupé de savoir comment et pourquoi un acte est produit, derrière l'acte visible il poursuit la pensée initiale, il ne la lâche plus qu'il ne l'ait mise à nu, retirée du cœur avec ses racines secrètes et déliées.

Par malheur, sa curiosité ne s'arrête pas là; ces phénomènes qui lui offrent un terrain si sûr quand il les étudie isolés, il en veut connaître les rapports généraux, il veut remonter aux lois qui gouvernent ces rapports, aux causes inaccessibles. Alors, ce regard si clair s'obscurcit, l'intrépide explorateur perd pied, il tombe dans l'abime des contradictions philosophiques; en lui, autour de lui, il ne sent que le néant et la nuit; pour combler ce néant, pour illuminer cette nuit, les personnages qu'il fait parler proposent les pauvres explications de la métaphysique ; et soudain, irrités de ces sottises d'école, ils se dérobent eux-mêmes à leurs explications.

A mesure qu'il avance dans son œuvre et dans la vie, de plus en plus branlant dans le doute universel, Tolstoï prodigue sa froide ironie aux enfants de son imagination qui font effort pour croire, pour appliquer un système suivi; sous cette froideur apparente, on surprend le sanglot du cœur, affamé d'objets éternels. Enfin, las de douter, las de chercher, convaincu que tous les calculs de la raison n'aboutissent qu'à une faillite honteuse, fasciné par le mysticisme qui guettait depuis longtemps son âme inquiète, le nihiliste vient brusquement s'abattre aux pieds d'un Dieu ; de quel Dieu, nous le verrons tout à l'heure. Je devrai parler en terminant ce chapitre de la phase singulière où est entrée la pensée de l'écrivain ; j'espère le faire avec toute la réserve due à un vivant, avec tout le respect dû à une conviction sincère. Je ne sais rien de plus curieux que les dépositions actuelles de M. Tolstoï sur le fond de son âme; c'est toute la crise que traverse aujourd'hui la conscience russe, vue en raccourci, en pleine lumière, sur les hauteurs. Ce penseur est le type achevé, le guide

influent d'une multitude d'intelligences; il essaye de dire
ce que ces intelligences ressentent confusément

I

Né en 1828, le comte Léon Nikolaïévitch a aujourd'hui
cinquante-six ans. Sa vie extérieure n'offre aucun aliment
à l'intérêt romanesque; elle a été celle de presque tous les
gentilshommes russes; à la campagne, dans la maison
paternelle, puis à l'Université de Kazan, il reçut cette
éducation des maîtres étrangers qui donne aux classes
cultivées leur tour d'esprit cosmopolite. Entré au service
militaire, il passa quelques années au Caucase,
dans un régiment d'artillerie; transféré sur sa demande
à Sébastopol, quand éclata la guerre de Crimée, il soutint
le siége mémorable; il en a retracé la physionomie
dans trois récits saisissants : *Sébastopol en décembre, en
mai, en août*. Démissionnaire à la paix, le comte Tolstoï
voyagea, vécut à Saint-Pétersbourg et à Moscou dans
son milieu naturel; il vit la société et la Cour comme il
avait vu la guerre, de cet œil attentif, implacable, qui
retient la forme et le fond des choses, arrache les masques,
perce les cœurs. Après quelques hivers de vie
mondaine, il quitta la capitale, en partie, dit-on, pour
échapper aux périls des coteries littéraires qui voulaient
l'enrôler. Vers 1860, il se maria et se retira dans
son bien patrimonial, près de Toula; il n'en est guère
sorti depuis vingt-cinq ans. Toute l'histoire de cette vie

n'est que l'histoire d'une pensée travaillant sans relâche sur elle-même : nous la voyons naître, définir sa nature et confesser ses premières angoisses, dans l'autobiographie à peine déguisée que l'écrivain a intitulée : *Enfance, adolescence, jeunesse;* nous en suivons l'évolution dans ses deux grands romans, *Guerre et paix, Anna Karénine;* elle aboutit enfin, comme on pouvait le prévoir, aux écrits théologiques et moraux qui absorbent depuis quelques années toute l'activité intellectuelle du romancier.

Si je ne me trompe, la première composition de l'écrivain, alors officier au Caucase, dut être la nouvelle ou plutôt le fragment de roman publié plus tard sous ce titre : *les Cosaques.* C'est la moins systématique de ses œuvres; c'est peut-être celle qui trahit le mieux l'originalité précoce de son esprit, le don de voir et de peindre la seule vérité. Les *Cosaques* marquent une date littéraire : la rupture définitive de la poétique russe avec le byronisme et le romantisme, au cœur même de la citadelle où s'étaient retranchées depuis trente ans ces puissances. L'obsession de Byron sur les romantiques était si forte, que leurs yeux prévenus voyaient l'Orient, où ils vivaient, à travers la fantaisie du poëte. Nous avons vu débuter au Caucase Pouchkine, Griboïédof, Lermontof; mais dans le *Prisonnier du Caucase* comme dans le *Démon,* la leçon apprise transfigure les paysages et les hommes, les sauvages Lesghiennes sont de touchantes héroïnes, sœurs d'Haïdée et de la fiancée d'Abydos.

Sollicité comme tant d'autres vers la montagne d'aimant, Tolstoï, — c'est-à-dire Olénine, le héros des *Cosaques* (je crois bien que c'est tout un), — part de

Moscou une belle nuit, après un souper d'adieu avec les camarades de sa jeunesse. Rongé par le mal du civilisé, « cet éternel ennui qui a passé dans le sang, qui s'est transmis de générations en générations », Olénine jette derrière lui ses pensées habituelles comme un vieux vêtement; la troïka l'emporte vers l'inconnu, il rêve l'apaisement de la vie primitive, de nouvelles sensations, de nouvelles amours. C'est encore la note byronienne; Lermontof aurait pu écrire ce prologue; mais attendez! Voici notre voyageur installé dans un des petits postes cosaques perdus en grand'gardes sur le fleuve Térek; il a adopté l'existence de ses nouveaux amis, il partage leurs expéditions et leurs chasses; un vieux montagnard, qui rappelle d'assez près le Bas-de-Cuir de Fenimore Cooper, s'est chargé de son éducation. Naturellement, Olénine s'éprend de la belle Marianne, la fille de ses hôtes. Comment Tolstoï va-t-il rajeunir cet Orient usé à force d'avoir servi? D'une façon bien simple : en lui rendant sa vraie et naturelle figure.

Aux visions lyriques de ses aînés il substitue la vue philosophique des âmes et des choses. Dès son premier contact avec les Asiatiques, l'observateur a compris combien il est puéril de prêter à ces êtres instinctifs nos raffinements de pensée et de sentiment, notre mise en scène théâtrale de la passion. L'intérêt dramatique de son roman, il le placera dans le malentendu fatal entre le cœur du civilisé et le cœur de la créature sauvage, dans l'impossibilité de fondre en une communion d'amour ces deux âmes de qualité différente. Olénine a beau vouloir simplifier ses sentiments, on ne change pas sa nature parce qu'on met un bonnet circassien, on ne redevient pas primitif; son amour ne se sépare pas de toutes les complications intellectuelles que notre éducation littéraire prête à cette passion. — « Ce qu'il y a de terrible et de doux dans ma condition, c'est que je sens que je la comprends, Marianne, et qu'elle ne me comprendra jamais. Elle ne me comprendra pas, non qu'elle me soit inférieure, au contraire; elle ne doit pas me comprendre. Elle est heureuse; elle est comme la nature : égale, tranquille, toute en soi. » — La figure de cette petite Asiatique, mystérieuse et farouche comme une jeune louve, est dessinée avec un relief extraordinaire; j'en appelle à tous ceux qui ont pratiqué l'Orient et constaté la fausseté des types orientaux fabriqués par la littérature européenne; ceux-là retrouveront dans les *Cosaques* l'évocation surprenante de cet autre monde moral.

Si Tolstoï a pu nous rendre ce monde visible, c'est qu'il nous le montre baignant dans la nature qui l'explique; la légère idylle sert de prétexte à d'exactes et magnifiques descriptions du Caucase; la steppe, la forêt, la montagne vivent comme leurs habitants; leurs grandes voix couvrent et appuient les voix humaines, comme l'orchestre dirige la partie de chant dans un chœur. Plus tard, l'écrivain, acharné à fouiller les âmes, ne retrouvera jamais au même degré ce profond sentiment de la nature, ce débordement du panthéisme qui fait dire à Olénine : « Mon bonheur, c'est d'être avec la nature, de la voir, de lui parler. »

Panthéisme et pessimisme, telles paraissent être au début les deux tendances maîtresses entre lesquelles oscille l'esprit de Tolstoï. *Trois Morts*, le fragment dont j'ai donné ailleurs une traduction, nous offre le résumé de cette philosophie : le plus heureux, le meilleur, est celui qui pense le moins, qui meurt le plus simplement; à ce titre, le paysan vaut mieux que le seigneur, l'arbre vaut mieux que le paysan, et la mort d'un chêne est pour la création une plus grande tristesse que la mort d'une vieille princesse. C'est le mot de Rousseau élargi : l'homme qui pense n'est pas seulement un animal dépravé, il est une plante enlaidie. Mais le panthéisme, c'est encore une tentative d'explication rationnelle du monde : le nihilisme va bientôt en faire justice. Le monstre a déjà dévoré tout l'intérieur de cette âme, sans qu'elle-même en ait bien conscience.

Il est facile de s'en convaincre en lisant les notes intimes, rédigées entre 1851 et 1857, et réunies sous ce titre : *Enfance, adolescence, jeunesse.* C'est le journal de l'éveil d'une intelligence à la vie; il nous livre tout le secret de la formation morale de Tolstoï. L'auteur essaye sur sa propre conscience cette analyse pénétrante, inexorable, qu'il promènera plus tard dans la société; il se fait la main sur lui-même avant de la porter sur les autres. Curieux livre, long, insignifiant parfois; Dickens est rapide à côté de l'écrivain russe; en nous racontant le plus ordinaire des voyages de la campagne à Moscou, Tolstoï compte les tours de roue, ne nous fait pas grâce d'un passant, d'un poteau kilométrique. Mais cette observation maladive, fastidieuse quand elle s'attache aux menus faits, devient un instrument merveilleux quand elle s'applique à l'âme et s'appelle psychologie. Ce sont des projections de lumière sur le for intérieur, sans aucune faiblesse pour l'amour-propre ; l'homme se voit et se peint laid, avec toutes ses sottes vanités, ses ingratitudes, ses méfiances d'enfant morose ; nous retrouverons plus tard cet enfant dans les principaux personnages des grands romans, et sa nature n'aura pas changé. — Je veux citer deux passages qui nous montrent le nihilisme à sa source, dans un cerveau de seize ans :

« De toutes les doctrines philosophiques, celle qui me séduisait le plus était le scepticisme ; pendant un temps, il me conduisit à un état voisin de la folie. Je me figurais qu'en dehors de moi il n'existait rien ni personne dans le monde, que les objets n'étaient pas des objets, mais de vaines apparences, évoquées par moi durant le moment où je leur prêtais attention, évanouies quand je cessais d'y penser... Il y avait des minutes où, sous l'influence de cette idée obsédante, j'arrivais à un tel degré d'égarement, que je me retournais brusquement et regardais derrière moi, dans l'espoir d'apercevoir le *néant* là où je n'étais pas. — Mon faible esprit ne pouvant pénétrer l'impénétrable, perdait l'une après l'autre, dans ce travail accablant, des certitudes auxquelles je n'eusse jamais dû toucher pour le bonheur de ma vie. De toute cette fatigue intellectuelle je ne recueillais rien, rien qu'une agilité d'esprit qui affaiblissait en moi la force de la volonté, et une habitude d'incessante analyse morale qui ôtait toute fraîcheur à mes sensations, toute netteté à mes jugements... »

Ceci pourrait être à la rigueur un cri parti d'Allemagne, de quelque disciple de Schelling ; Amiel ne s'exprime pas autrement. Mais écoutez ce qui suit : c'est bien un Russe qui parle, et pour tous ses frères :

« Quand je me souviens de mon adolescence et de l'état

d'esprit où je me trouvais alors, je comprends très-bien les crimes les plus atroces, commis sans but, sans désir de nuire, *comme cela,* par curiosité, par besoin inconscient d'action. Il y a des minutes où l'avenir se présente à l'homme sous des couleurs si sombres, que l'esprit craint d'arrêter son regard sur cet avenir, qu'il suspend totalement en lui-même l'exercice de la raison et s'efforce de se persuader qu'il n'y aura pas d'avenir et qu'il n'y a pas eu de passé. En de pareilles minutes, quand la pensée ne contrôle plus chaque impulsion de la volonté, quand les instincts matériels demeurent les uniques ressorts de la vie, — je comprends l'enfant inexpérimenté qui, sans hésitation, sans peur, avec un sourire de curiosité, allume et souffle le feu sous sa propre maison, où dorment ses frères, son père, sa mère, tous ceux qu'il aime tendrement. — Sous l'influence de cette éclipse temporaire de la pensée, — je dirais presque de cette distraction, — un jeune paysan de dix-sept ans contemple le tranchant fraîchement aiguisé d'une hache, sous le banc où dort son vieux père : soudain il brandit la hache et regarde avec une curiosité hébétée comment le sang coule sous le banc de la tête fendue. Dans ce même état, un homme trouve quelque jouissance à se pencher sur le bord d'un précipice, et à penser : Si je me jetais la tête la première? ou à appuyer sur son front un pistolet chargé et à penser : Si je pressais la détente? ou à dévisager quelque personnage considérable, entouré du respect de tous, et à penser : Si j'allais à lui et que je le prisse par le nez en lui disant : — Eh! mon bon, viens-tu? »

Pur enfantillage, dira-t-on. Oui, dans nos cerveaux

mieux gouvernés, où ces larves de cauchemar n'arrivent presque jamais à la vie de l'action, mais pas dans les cerveaux russes, où ces coups de folie se continuent fréquemment par l'acte correspondant. Tourguénef, dans son *Désespéré*, Dostoïevsky, en maint endroit de ses romans, nous ont déjà fait connaître la maladie nationale ; la *Maison des morts* nous en a montré plusieurs cas identiques à ceux que Tolstoï nous cite[1]; rien ne distingue plus ces écrivains si différents, quand ils se rencontrent sur ce chapitre et se complaisent à nous décrire cet accès au nom intraduisible, l'*otchaïanié*. Si vous consultez le dictionnaire, il vous donnera pour équivalent notre mot de *désespoir ;* mais le dictionnaire est un pauvre changeur, qui n'a jamais la monnaie exacte, et vous rend des pièces françaises contre les pièces étrangères, sans tenir compte de l'écart des valeurs. En réalité, pour traduire ce terme, il faudrait fondre ensemble des parties de vingt autres : désespoir, fatalisme, sauvagerie, ascétisme, que sais-je encore? Un certain entrain triste et fou, l'entrain du conscrit ivre qui part en chantant, avec des larmes au fond des paupières. L'*otchaïanié*, c'est le sentiment, unique en sa racine, qui jette toutes ces jeunes filles, selon le hasard de l'instant, au suicide, à l'ambulance, au cloître, à la propagande, au meurtre, au désordre; c'est lui qui conduit cet étudiant tranquille, parti pour tuer, et ce bohémien de postillon qui pousse sa troïka ventre à terre, la nuit, dans les fondrières, enivré d'aller très-vite dans l'inconnu dangereux; c'était peut-être le nom qu'il fallait donner à la

---

[1] Voir plus haut, page 227.

maladie d'Hamlet, quand il transperçait de son épée le père de sa maitresse, tout en débitant ses lazzi ; c'est la séduction et l'épouvante du pays de folie froide, où l'on ne veut de la vie que les extrêmes, où l'on sait tout supporter, excepté les sorts médiocres, où l'on aime mieux s'anéantir que se modérer. Pauvre Russie! c'est ton âme d'oiseau de mer, léger dans la tempête, et chez lui sur l'abîme!

Le nihilisme et le pessimisme, — est-il besoin de deux mots, et l'un peut-il aller sans l'autre? — inspirent à partir de cette époque toutes les productions de Tolstoï, les petites nouvelles par lesquelles il prélude à ses romans de longue haleine. Un de ces récits est intitulé : *Bonheur de famille;* c'est l'étude de la dégradation de sentiments qui mène deux époux de l'amour à l'amitié. Le début est un peu long, un peu trainant; mais à la fin, la vérité, la simplicité du tableau donnent une poignante impression de mélancolie, par la seule force de la vie reflétée, sans un incident romanesque. Si l'on traduisait ce récit[1], le public français s'y méprendrait sans doute, il croirait reconnaitre l'œuvre d'un des jeunes romanciers qui lui enseignent aujourd'hui la vue désenchantée des choses; on serait surpris d'apprendre que la reproduction simple et amère des réalités bourgeoises a été inventée en Russie il y a trente ans. Tolstoï a appliqué les procédés du réalisme, dès ses premiers essais, avec toute l'âpreté que nous leur connaissons chez nous. Je n'aurais que l'embarras du choix pour citer; par exemple, dans *Enfance, adolescence, jeunesse,*

---

[1] Il a été traduit, depuis que ces lignes étaient écrites, sous ce titre : *Katia.*

la scène tragique de la mort de sa mère, et l'odeur du cadavre qui éloigne le fils du cercueil ; ou bien cette description de la chambre des bonnes, qui pourrait soutenir la comparaison avec des pages un moment achalandées dans la littérature naturaliste ; il ne manque à la ressemblance qu'une petite chose, la grossièreté appuyée : sous ce rapport, Tolstoï est inférieur. Mais je devance des rapprochements qui s'imposeront à nous plus tard ; je dois d'abord étudier les deux œuvres capitales de l'écrivain, celles où il a mis tous ses dons et toute sa pensée. Nous arrivons à l'heure où ce talent, dépensé jusque-là dans des ébauches et des compositions fragmentaires, va se ramasser dans un effort supérieur.

II

Guerre et paix, c'est le tableau de la société russe durant les grandes guerres napoléoniennes, de 1805 à 1815. — L'appellation de roman convient-elle bien à cette œuvre compliquée ? Il faudrait peut-être redemander à nos aïeux le vrai titre de ces compositions encyclopédiques : *Guerre et paix* est une *somme,* la somme des observations de l'auteur sur tout le spectacle humain. L'interminable série d'épisodes, de portraits, de réflexions que Tolstoï nous présente se déroule autour de quelques personnages fictifs ; mais le véritable héros de l'épopée, c'est la Russie dans sa lutte désespérée contre l'étranger. Les figures réelles, Alexandre, Napoléon, Koutouzof, Spéransky, tiennent presque autant de place que les figures imaginées ; le fil très-simple et très-lâche de l'action romanesque sert à rattacher des chapitres d'histoire, de politique, de philosophie, empilés pêle-mêle dans cette polygraphie du monde russe. Essayez de concevoir les *Misérables* de Victor Hugo, repris en sous-œuvre par Dickens avec son travail de termite, puis fouillés à nouveau par la plume froide et curieuse de Stendhal, vous aurez peut-être une idée de l'ordonnance générale du livre, de cette alliance unique entre le grand souffle épique et les infiniment petits de l'analyse. Je me suis laissé dire que M. Meissonier avait pensé un jour à peindre un panorama : j'ignore comment la tentative eût réussi, mais je crois bien qu'elle m'eût fourni le meilleur terme de comparaison pour faire comprendre le double caractère de l'œuvre de Tolstoï.

Le plaisir y veut être acheté comme dans les ascensions de montagne ; la route est parfois ingrate et dure, on se perd, il faut de l'effort et de la peine ; mais, lorsqu'on touche au sommet et qu'on se retourne, la récompense est magnifique, les immensités de pays se déroulent au-dessous de vous : qui n'est pas monté là-haut ne connaîtra jamais le relief exact de la province, le cours de ses fleuves et l'emplacement de ses villes. De même, l'étranger qui n'aurait pas lu Tolstoï se flatterait vainement de connaître la Russie du dix-neuvième siècle, et celui qui voudrait écrire l'histoire de ce pays aurait beau compulser toutes les archives, il ne ferait qu'une œuvre morte s'il négligeait de consulter cet inépuisable répertoire de la vie nationale.

Aussi les esprits passionnés pour l'histoire ne seront-ils pas sévères à ce fouillis de personnages, à cette succession d'incidents banals qui encombrent l'action. En sera-t-il de même pour ceux qui ne cherchent dans la fiction romanesque qu'un divertissement ? Ceux-là, Tolstoï va dérouter toutes leurs habitudes. Cet analyste minutieux ignore ou dédaigne la première opération de l'analyse, si naturelle au génie français ; nous voulons que le romancier choisisse, qu'il sépare un personnage, un fait, du chaos des êtres et des choses, afin d'étudier isolément l'objet de son choix. Le Russe, dominé par le sentiment de la dépendance universelle, ne se décide pas à trancher les mille liens qui rattachent un homme, une action, une pensée, au train total du monde ; il n'oublie jamais que tout est conditionné par tout. Imaginez le Latin et le Slave devant une lunette d'approche : le premier met l'instrument au point, c'est-à-dire qu'il raccourcit volontairement son champ de vision et voit plus petit pour voir plus net ; le second développe toute la puissance des lentilles, agrandit l'horizon, et voit trouble pour voir plus loin.

En un passage d'*Anna Karénine*, Tolstoï définit très-bien le procès éternellement pendant entre ces deux natures d'esprit et l'attrait que l'une a pour l'autre. Lévine, le songeur, rencontre un de ses amis, intelligence méthodique : — « Lévine pensait que la netteté des conceptions de Katavassof découlait de la pauvreté de nature de son ami ; Katavassof pensait que l'incohérence d'idées de Lévine provenait d'un manque de discipline dans l'esprit ; mais la clarté de Katavassof plaisait à Lévine, et la richesse d'une pensée indisciplinée chez ce dernier était agréable à l'autre. » — Ces lignes résument tous les reproches que les Russes font à notre génie et tous ceux que nous faisons au leur; elles expliquent le plaisir que trouvent les deux races dans leurs échanges littéraires

Il est facile de prédire aux lecteurs de *Guerre et paix*, d'*Anna Karénine*, les impressions qui se succéderont en eux; j'en ai vu la progression, dans un ordre constant, chez tous ceux qui ont goûté ces livres. Au début, et pendant un temps assez long, l'esprit sera désorienté; ne sachant pas où on le mène, il éprouvera de la fatigue, tranchons le mot, de l'ennui. Peu à peu, il sera entrainé, captivé par le jeu complexe de tous ces intérêts; il se reconnaitra parmi tous ces personnages, il trouvera des amis et se passionnera pour le secret de leurs destinées. En fermant le livre, on ressentira le vrai chagrin d'un départ, après des années d'habitude dans une famille d'adoption. C'est l'image fidèle de l'existence, c'est l'expérience du voyageur jeté dans une société nouvelle; gêne et ennui d'abord, puis curiosité, enfin longs attachements.

Voici, je crois, la différence entre le conteur classique et l'imitateur scrupuleux des procédés de la vie, comme Tolstoï; un livre, c'est un salon rempli d'inconnus : le premier vous y introduit d'office et vous dévoile d'emblée les mille intrigues qui s'y croisent; avec le second, vous devez vous présenter vous-même, pénétrer à force d'usage les gens marquants, les rapports et les passions de tout ce monde, vivre enfin dans cette compagnie de fiction comme vous avez vécu dans la compagnie réelle. Pour juger le mérite respectif des deux méthodes, il faut s'interroger sur une des lois fondamentales qui régissent nos humeurs ; est-ce un grand plaisir, celui qu'on n'a pas payé d'un peu de peine ? Aime-t-on mieux ce qu'on a conquis tout seul, par un effort ? Souvenez-vous et répondez. — Quel que soit le sentiment de chacun sur la meilleure façon de chercher le plaisir intellectuel, je crois qu'on peut convenir d'un point : dans nos vieux sentiers littéraires, la médiocrité est tolérable ; un auteur qui sait son métier peut toujours amuser ; sur les routes nouvelles, la demi-réussite est insupportable ; il faut assembler le drame comme Shakspeare, le roman comme Tolstoï, pour nous donner vraiment l'impression majestueuse du passage de la vie.

Guerre et paix nous la donne ; donc le procès est jugé en sa faveur, le succès a décidé. En voyant ces camps, ces soldats, cette Cour, ces salons qui se règlent sur la Cour et n'ont guère changé depuis un demi-siècle, en voyant les cœurs des hommes qui ne changent jamais, je les reconnais, je m'écrie à chaque page : « Comme c'est cela ! » A mesure qu'on avance, la curiosité se change en étonnement, l'étonnement en admiration, devant ce juge impassible, qui évoque à son tribunal toutes les actions humaines et fait rendre à l'âme tous ses secrets. On se sent entraîné au courant d'un fleuve tranquille, dont on ne trouve pas le fond ; c'est la vie qui passe, ballottant les cœurs des hommes, soudain mis à nu dans la vérité et la complexité de leurs mouvements.

Parmi tous les phénomènes sociaux, il en est un qui éveille plus particulièrement l'attention du romancier philosophe : c'est la guerre. Tolstoï est persécuté par ce mystère. Il va sans cesse du conseil des généraux au bivouac des soldats, il scrute l'état moral de chacun, les raisons du commandement, celles de l'obéissance et du sacrifice. Dès le début du livre, par un artifice habile, il nous peint la physionomie de l'armée russe ; cette armée se tasse dans le désordre d'une retraite sur le pont de Braunau ; un des personnages du roman, pris dans la presse, regarde le défilé et, comme on dirait dans le métier, passe la revue de détail. Je ne sais de comparable à ce chapitre que l'admirable évocation du *Camp de Wallenstein*. Quand vient la première affaire, le premier coup de canon à mitraille, le premier soldat tombé, on attend depuis longtemps cette minute solennelle, on en a l'angoisse.

Et les batailles impériales se déroulent au cours de ces volumes, Austerlitz, Friedland, Borodino. Oh ! ce ne sont pas ce que nous appelons des « tableaux de batailles ». Tolstoï parle de la guerre en homme qui l'a faite, il sait qu'on ne *voit* jamais une bataille ; souvent il suspend son récit pour prendre à partie M. Thiers et railler doucement les agréables compositions de cet artiste. Sa méthode est celle inaugurée par Stendhal dans le Waterloo de la *Chartreuse de Parme ;* comme le jeune Fabrice del Dongo, le comte Bézouchof, égaré dans la redoute centrale de Borodino, cherche naïvement la bataille. Le soldat, l'officier, le général même que le romancier met en scène, ne voient jamais qu'un point du combat ; mais à la façon dont quelques hommes se battent, pensent, parlent et meurent sur ce point, nous devinons tout le reste de l'action et de quel côté penche la victoire. Quand Tolstoï veut nous donner une description d'ensemble, il la légitime par quelque artifice ; ainsi, dans l'affaire de Schöngraben, l'aide de camp qui porte un ordre tout le long des lignes engagées.

Après cette même affaire, les chefs de corps font leurs rapports ; ces rapports racontent, non ce qui s'est passé, mais ce qui *aurait dû* se passer. Pourquoi ? « Le colonel avait tant désiré exécuter ce mouvement, il regrettait tellement de n'avoir pas réussi à l'exécuter qu'il lui semblait que tout s'était réellement passé ainsi. Et peut-être bien qu'en vérité cela s'était passé ainsi ! Est-ce qu'on peut jamais démêler dans cette confusion ce qui a été et ce qui n'a pas été ? » — Quelle justesse dans cette explication ironique ! J'en appelle à tous ceux qui, ayant assisté à un fait de guerre, l'ont entendu raconter par les autres acteurs.

Ne demandez pas à l'écrivain réaliste la convention classique, une armée respirant l'héroïsme à l'exemple de ses chefs, vivant pour les grandes choses qu'elle accomplit, toute tendue vers ces choses. Tolstoï s'en tient à la vérité humaine : chaque soldat faisant du sublime comme un métier, inconscient, occupé de niaiseries, et les officiers de leurs plaisirs ou de leur avancement, et les généraux de leurs ambitions, de leurs intrigues : tout ce monde accoutumé et indifférent à ce qui nous paraît extraordinaire, grandiose. Néanmoins, à force de simplicité, le narrateur nous tire parfois des larmes pour ces héros qui s'ignorent, par exemple pour l'émouvante figure du capitaine Touchino, un frère du capitaine Renault de *Servitude et grandeur militaires*. Pour les chefs des armées russes, Tolstoï est sévère ; il fait revivre les conseils de guerre, d'après les procès-verbaux contemporains ; il daube sur les stratégistes allemands et français qui entouraient Alexandre ; et son nihilisme historique se donne voluptueusement carrière en peignant ces Babels de langues et d'opinions.

Un seul homme a ses secrètes sympathies, le généralissime Koutouzof. Sait-on pourquoi? Idée bien russe! parce qu'il ne commandait pas, ne regardait pas les plans, et dormait au conseil, s'en remettant de l'événement à la fatalité. Tous ces récits militaires convergent vers cette idée, développée dans l'appendice philosophique du roman : l'action des chefs est vaine et nulle, tout dépend de l'action fortuite des petites unités; le seul facteur décisif, c'est l'élan imprévu qui soulève, à certaines heures, cette collection d'âmes en équilibre instable, une armée. Les dispositifs de bataille? Qui en tient compte sur le terrain, devant les milliers de combinaisons possibles? Le coup d'œil du génie? Mais le génie lui-même ne voit que de la fumée, ses informations lui arrivent et ses ordres partent toujours trop tard. Le chef qui entraine ses troupes? Il entraine dix, cinquante, cent hommes sur cent mille, dans un rayon de quelques mètres, et le reste le lendemain, dans les bulletins! Au-dessus des trois cent mille combattants qui s'égorgent dans la plaine de Borodino, il ne faut invoquer que le vent du hasard, soufflant la victoire ou la défaite. Que voilà bien le nihiliste mystique, tel que nous le retrouverons devant tous les problèmes de la vie!

Après la guerre, ce que Tolstoï étudie avec le plus de passion et de bonheur, c'est l'intrigue des hautes sphères de la société et de leur centre de gravitation, la Cour. Comme les différences de race et de pays s'effacent à mesure qu'on s'élève, ici le romancier ne **crée** plus seulement des types russes, il crée des types humains, universels et éternels. Depuis Saint-Simon, nul n'a aussi curieusement démonté la *mécanique* de la Cour, comme eût dit l'observateur de Versailles. Presque toujours, quand les écrivains d'imagination entreprennent de peindre ces milieux fermés, nous leur refusons notre confiance; nous devinons, à mille fausses notes, qu'on a écouté aux portes, vu à travers le trou de la serrure. La supériorité de l'auteur russe, c'est qu'il est dans son élément natal, il a vu et pratiqué la Cour comme l'armée; il parle de ses pairs avec leur langage, leur éducation; de là une information abondante et sûre, celle du comédien qui divulgue les secrets des planches. Entrez dans le salon de la vieille dame d'honneur, Anna Schérer; écoutez les papotages des émigrés, les jugements sur Bonaparte, les manœuvres des courtisans et cet « accent de tristesse respectueuse » avec lequel on prononce les noms des membres de la famille impériale; asseyez-vous à la table de Spéransky, dans l'intérieur de l'homme d'État, « qui rit comme on rit sur la scène »; suivez la trace du souverain dans les bals à cette aurore qui se lève sur tous les visages dès qu'il entre dans une salle; surtout approchez-vous du lit de mort du vieux comte Bézouchof, regardez la tragédie qui se joue sous les masques de l'étiquette, la querelle des bas intérêts autour de ce mourant sans voix, l'agitation de toutes ces âmes. Ici le sinistre, comme ailleurs le sublime, emprunte une énergie sans pareille à la sincérité, à la simplicité du tableau, à la contention que le savoir-vivre impose aux physionomies et aux paroles.

Il faut lire tous les passages où Tolstoï fait agir et parler l'empereur Napoléon, l'empereur Alexandre; on comprendra la place qu'il y a dans l'esprit russe pour le nihilisme, en tant que négation des grandeurs et des respects consacrés par l'assentiment commun. Le ton de l'écrivain est plein de déférence, on ne peut même dire qu'il rapetisse la majesté du pouvoir; seulement, en la montrant aux prises avec les menues exigences de la vie, il la détruit. On trouvera, disséminés dans le récit, dix ou douze petits portraits de Napoléon, achevés avec un soin minutieux ; aucune hostilité, pas un trait de caricature ; mais, par cela seul qu'on l'abstrait un moment de la légende, l'homme prodigieux s'écroule. Le plus souvent, c'est un détail d'observation physique, habilement glissé, qui semble incompatible avec le sceptre et le manteau impérial. A Tilsitt, Napoléon donne une croix de la Légion d'honneur à un grenadier russe, désigné au hasard par le colonel du régiment; l'Empereur prend cette croix, sur le coussin qu'on lui présente, « d'une petite main blanche, grassouillette ». — La veille de Borodino, il est à sa toilette; Fabvier lui rend compte des prisonniers faits dans la journée, et « un valet de chambre éponge ce corps gras et nu ». — Mais avec Napoléon, Tolstoï prend des libertés franches : le procédé est plus curieux à étudier quand il l'applique au souverain de son pays. Ici les précautions sont infinies, la convenance parfaite, et néanmoins le prestige est aussi sûrement atteint par la disproportion entre les actes habituels de l'homme et le rôle formidable qu'il joue. Je cite un exemple entre cent : Alexandre est à Moscou ; il reçoit les ovations de son peuple au Kremlin, en 1812, à l'heure solennelle où l'on proclame la guerre sainte.

« Après le dîner du Tsar, le maître des cérémonies dit, en regardant à la fenêtre :

« — Le peuple espère encore contempler Votre Majesté.

« L'Empereur se leva, achevant de manger un biscuit, et sortit sur le balcon. Le peuple se précipita vers le perron.

« — Notre ange ! Notre père ! Hurrah ! criait la foule. Et de nouveau les femmes et quelques hommes plus faibles pleuraient de bonheur. Un assez gros morceau du biscuit que l'Empereur tenait à la main se brisa, tomba sur la balustrade du balcon et de là sur le sol. L'homme le plus rapproché, un cocher vêtu d'une blouse, se jeta sur le morceau de biscuit et le ramassa. D'autres se ruèrent sur le cocher. Ce que voyant, l'Empereur se fit apporter une assiette de biscuits et se mit à les jeter du balcon sur la foule. Les yeux de Pierre se remplirent de sang, le danger d'être écrasé le surexcitait encore plus, il se précipita en avant. Il ne savait pas pourquoi, mais il fallait qu'il recueillît un des biscuits tombés de la main du Tsar... »

Dans le même ordre d'idées, rien de plus vrai que le récit de l'audience accordée par l'empereur d'Autriche à Bolkonsky, dépêché en courrier à Brünn, avec la nouvelle d'un succès des alliés. Quelle étude savante dans ce désenchantement graduel du jeune officier, qui voit *sa bataille* s'évanouir dans l'opinion des hommes ! Il l'a quittée en plein rêve, il va remuer le monde avec l'annonce de l'exploit qu'il apporte ; arrivé à Brünn, c'est une cascade de seaux d'eau froide sur son rêve ; l'aide de camp « si poli » du ministre de la guerre, le ministre, le diplomate Bilibine, l'Empereur enfin, qui lui adresse quelques paroles distraites, les questions d'usage sur l'heure, le lieu de l'affaire, et le compliment banal de rigueur. Quand il sort de là, après avoir mesuré l'objet qui l'occupe aux points de vision des hommes, divers suivant leurs intérêts, le pauvre Bolkonsky cherche ce qui lui reste de *sa bataille,* et il la trouve bien diminuée, enfoncée dans le passé. — « André sentit que tout l'intérêt et le bonheur nés pour lui de la victoire s'effaçaient derrière lui, qu'il les avait livrés aux mains indifférentes du ministre de la guerre et de l'aide de camp « si poli »; tout le cours de ses pensées s'était insensiblement modifié; la bataille ne lui apparaissait plus que comme un ancien, lointain souvenir. »

C'est un des phénomènes les plus finement observés par Tolstoï, cette influence variable des milieux sur l'homme; il se plait à plonger successivement un de ses personnages dans des atmosphères diverses, celle du régiment, de la campagne, du grand monde, et à nous montrer les mutations morales correspondantes. Quand le personnage, après avoir agi un certain temps sous l'empire de pensées ou de passions étrangères, est ressaisi, baigné par son milieu habituel, ses vues sur toutes choses changent aussitôt. Suivez le jeune Nicolas Rostof, revenant de l'armée au foyer de famille ou retournant à son escadron de hussards; ce n'est plus le même homme, il a deux âmes de rechange; dans la voiture de poste qui le ramène à Moscou ou qui l'en éloigne, nous le voyons lentement dépouiller ou reprendre l'âme de sa profession.

Je ne veux pas multiplier les exemples de cette curiosité psychologique sans cesse en éveil : j'en ai dit assez pour faire comprendre quel est le trait principal du génie de Tolstoï. Il s'amuse à démonter le pantin humain dans toutes ses parties. Un inconnu entre dans un salon ; l'auteur étudie son regard, sa voix, sa démarche, il nous fait descendre dans le fond de cette âme ; il décompose un coup d'œil échangé entre deux interlocuteurs, il y trouve de l'amitié, de la crainte, le sentiment de la supériorité que l'un d'eux s'attribue, toutes les nuances des rapports de ces deux hommes. Jamais attendri, ce médecin tâte à chaque minute le pouls de tous les passants qu'il rencontre, il enregistre froidement l'état de leur santé morale. Il procède objectivement ; presque jamais il ne nous dit, en nous présentant une de ses créatures : Cet homme est un dissipateur, un joueur, un ambitieux ; mais il le fait agir aussitôt d'une façon typique qui décèle les habitudes. Ainsi le vieux comte Rostof : on ne nous a pas dit qu'il était dissipateur ; mais en l'entendant, après qu'il a constaté l'embarras de ses affaires, demander des roubles tout neufs à son intendant, nous sommes fixés sur son caractère.

Ce précepte fondamental de l'art classique, l'écrivain réaliste l'a retrouvé dans son souci d'imiter la vie réelle, où nous devinons les gens à des indices semblables, sans qu'on nous ait instruits de leur condition et de leurs qualités. C'est qu'il y a bien de l'art dans ce chaos apparent, bien du choix dans cette formidable accumulation de détails. Observez comme, durant une conversation, un récit épisodique, Tolstoï a soin de nous rendre toujours présents et visibles les acteurs, en notant un de leurs gestes, un de leurs tics, en leur coupant la parole pour nous montrer la direction de leurs regards : cela met en scène perpétuellement.

Il y a également bien de l'esprit dans ce style sérieux, qui ne sourit jamais ; non pas l'esprit tel que nous l'entendons, la saillie et la paillette, le choc imprévu des antithèses ; mais ce que Pascal appelle l'esprit de finesse, des aperçus d'une subtilité pénétrante, des comparaisons d'une propriété unique. Je rassemble quelques traits au hasard. — Après un long séjour à la campagne, Bolkonsky rentre dans le tourbillon de Saint-Pétersbourg. — « Il ne faisait rien, ne pensait guère et n'avait pas le loisir de penser ; seulement il parlait avec succès, dépensant en paroles la réserve de pensées qu'il avait eu le loisir d'accumuler à la campagne. » Le prince André est présenté à Spéransky : — « Il regarda les mains du ministre ; on regarde toujours involontairement les mains de l'homme qui tient le pouvoir. » — « La figure de Bilibine était sillonnée de grosses rides, qui semblaient soigneusement et profondément lavées, si bien qu'elles rappelaient l'extrémité des doigts après un bain. » — La noblesse de Moscou donne un dîner au Club anglais en l'honneur de Bagration : — « Ces trois cents personnes s'assirent à la table d'après leurs grades et leur importance, les plus considérables plus près de l'hôte qu'on fêtait ; cela se fit tout naturellement, comme l'eau répandue se nivelle et devient plus profonde là où le sol est plus bas. » — « Oblonsky aimait lire son journal comme il aimait fumer son cigare après dîner, à cause du léger brouillard que cela faisait flotter dans son cerveau. »

III

Dans la foule des personnages qui circulent à travers ce long récit, il y a deux figures de premier plan autour desquelles se concentre l'action, ou plutôt les actions successives du roman : le prince André Bolkonsky et le comte Pierre Bézouchof. Ces types inoubliables valent qu'on s'y arrête; Tolstoï a reflété en eux le double aspect de son âme et de l'âme russe, toutes les pensées, les contradictions qui la tourmentent. Le prince André est le gentilhomme de race supérieure, dominant de haut la vie qu'il méprise, fier, froid, sceptique, athée même, repris pourtant aux heures solennelles par l'inquiétude des grands problèmes. C'est lui qui exprime les jugements de l'auteur sur les personnages historiques de l'époque, qui perce à jour les hommes d'État et leurs intrigues. A le voir passer dans les états-majors et les salons de Pétersbourg, avec sa correction irréprochable, son éducation cosmopolite, vous le prendriez pour un Européen authentique; attendez.

André est reçu chez Spéransky. — On sait quelle fut l'inconcevable fortune de ce séminariste, sorte de Sieyès qui faillit doter la Russie d'une constitution et gouverna quelque temps l'Empire au nom de la raison pure, avec des syllogismes de docteur en droit canon. — « Le trait capital de l'esprit de Spéransky, celui qui frappa le prince André, c'était sa foi absolue, inébranlable, dans la force et la légitimité de la raison. Il était évident que jamais le cerveau de Spéransky n'avait donné accès à cette idée, si familière au prince André, qu'on ne peut pas formuler tout ce que l'on pense; jamais ce doute ne lui était venu : « Tout ce que je pense, tout ce que je « crois, est-ce autre chose qu'une absurdité? » Et cette disposition d'esprit *exceptionnelle* de l'homme d'État le rendait particulièrement sympathique à André. » — Vous le reconnaissez à ce trait, le nihiliste qui se dérobe soudain et s'enfuit à perte de certitude dans son néant. La dernière remarque est juste; elle explique bien l'ascendant que prit Spéransky sur son souverain et sur son pays, et, d'une façon plus générale, l'attrait qui ramène toujours ces irrésolus au tour d'esprit positif de l'Occident.

Grièvement blessé à Austerlitz, André est étendu sur le champ de bataille, les yeux attachés au ciel, « ce ciel lointain, élevé, éternel ». Je ne peux citer tout le passage, qui est d'une rare beauté; mais écoutez le cri du moribond : — « Si je pouvais dire maintenant : Seigneur, ayez pitié de moi! Mais à qui le dirais-je! Ou une force indéfinie, inaccessible, à qui je ne puis m'adresser, que je ne puis même exprimer par des mots, le grand tout ou le grand rien, — ou bien ce Dieu qui est cousu là, dans cette amulette que m'a donnée Marie?... Rien, il n'y a rien de certain, excepté le néant de tout ce que je conçois et la majesté de quelque chose d'auguste que je ne conçois pas! »

Pierre Bézouchof est plus humain de caractère, mais son intelligence est de qualité tout aussi mystérieuse. Ce gros homme lymphatique, distrait, facile aux rougeurs et aux larmes, toujours prêt à se donner avec un fond d'émotion naïve pour tous les amours, de générosité inépuisable pour toutes les souffrances, c'est le bon seigneur russe, la machine nerveuse sans volonté, proie perpétuelle de tous les entrainements de conduite et d'idées; et dans cette épaisse enveloppe, encore une âme subtile, mystique, de moine hindou. Un jour, Pierre a donné sa parole d'honneur à son ami André qu'il n'irait pas à une orgie de jeunes gens; le soir venu, il hésite : « Enfin il pensa que toutes ces paroles d'honneur sont des choses conventionnelles, qui n'ont aucun sens défini, surtout si l'on se prend à songer : Peut-être que demain je mourrai, ou qu'il arrivera tel événement extraordinaire, à la suite duquel il n'y aura plus rien d'honnête ni de déshonnête. Des réflexions de ce genre, destructives de toute résolution et de tout dessein, venaient fréquemment à l'esprit de Pierre... »

Tolstoï s'est habilement servi de cette molle nature, préparée à toutes les impressions comme une plaque photographique, pour nous faire comprendre les grands courants d'idées qui traversèrent la Russie d'Alexandre Ier; ils emportent successivement cet adepte docile, qui subit toutes leurs variations. Dans l'esprit de Bézouchof, nous voyons se développer le mouvement libéral des premières années du règne, puis le vertige maçonnique et théosophique des dernières. C'est encore Pierre qui personnifie les sentiments du peuple russe en 1812, la révolte nationale contre l'étranger, la folie sombre qui s'empara de Moscou vaincue, et d'où sortit cet incendie à jamais inexpliqué, allumé on ne sait par quelles mains. C'est le point culminant du livre, cette folie de Moscou : l'attitude impénétrable de Rostoptchine, le sacrifice de Véreschaguine à la foule, les fous et les forçats lâchés dans la cité, l'entrée des Français au Kremlin, le feu mystérieux montant dans la nuit, aperçu et commenté par les longues colonnes de fuyards qui couvrent les routes, — autant de tableaux d'une grandeur tragique, aux lignes simples, aux couleurs sobres. J'avoue tout bas que je ne vois rien de supérieur dans aucune littérature.

Le comte Pierre est resté dans la ville en flammes, il quitte son palais comme un halluciné et se mêle à la plèbe sous un habit de paysan; il va au hasard devant lui, avec le projet vague de tuer Napoléon, d'être le martyr, la victime expiatoire de son peuple.— « Deux sentiments également violents le sollicitaient invinciblement à ce dessein. Le premier était le besoin de sacrifice et de souffrance au milieu du malheur commun, besoin sous l'empire duquel il avait naguère été, à Borodino, se jeter au plus fort de la mêlée, et qui le poussait maintenant hors de sa maison, loin du luxe et des recherches habituelles de sa vie, qui le faisait coucher sur la dure, manger le repas grossier du portier Gérasime. Le second était ce sentiment indéfinissable, exclusivement russe, de mépris pour tout ce qui est conventionnel, artificiel, humain, pour tout ce que la majorité des hommes estime le souverain bien de ce monde. Pierre avait éprouvé pour la première fois ce sentiment étrange et enivrant le jour de sa fuite, quand il avait senti soudain que la richesse, le pouvoir, la vie, tout ce que les hommes recherchent et gardent avec tant d'efforts, tout cela ne vaut rien, ou du moins ne vaut que par la volupté attachée au sacrifice volontaire de ces biens. »

Et durant des pages et des pages, l'auteur développe cet état de pensée que nous avons saisi dans ses premières notes de jeunesse, cet hymne du nirvâna, qu'on ne chante pas autrement à Ceylan ou au Thibet. Il faut bien le dire, Pierre Bézouchof est le frère aîné de ces riches, de ces savants qui un jour « iront dans le peuple », partageront de bon gré ses souffrances, porteront une bombe de dynamite sous leur cafetan comme Pierre porte un poignard sous le sien, mus par ce double besoin : prendre sa part des souffrances communes, jouir de l'anéantissement des autres et de soi-même.

Bézouchof, prisonnier des Français, rencontre parmi ses compagnons d'infortune un pauvre soldat, un paysan à l'âme obscure, à peine pensante, Platon Karataïef. Cet homme endure la misère de ces jours terribles avec l'humble résignation de la bête de somme, il regarde le comte Pierre avec un bon sourire innocent, il lui adresse quelques paroles naïves, des proverbes populaires au sens vague, empreints de résignation, de fraternité, de fatalisme surtout; un soir qu'il ne peut plus avancer, les serre-files le fusillent sous un pin, dans la neige, et l'homme reçoit la mort avec cette même acceptation indifférente de toutes choses, comme un chien malade, disons le mot, comme une brute. — De cette rencontre date une révolution morale dans l'âme de Pierre. Ici je n'espère plus faire comprendre à mes compatriotes; je dis ce qui est. Bézouchof, le noble, le civilisé, le savant, se met à l'école de cette créature primaire; il a trouvé enfin son idéal de vie, son explication rationnelle du monde dans ce simple d'esprit. Il garde le souvenir et le nom de Karataïef comme un talisman; depuis lors, il lui suffit de penser à l'humble moujik pour se sentir apaisé, heureux, disposé à tout comprendre et à tout aimer dans la création. L'évolution intellectuelle de notre philosophe est achevée, il est parvenu à l'avatar suprême, l'indifférence mystique.

Quand Tolstoï écrivait cet épisode, il y a vingt-cinq ans, avait-il le pressentiment qu'il trouverait un jour son Karataïef, qu'il traverserait la même crise et se mettrait à la même école, pour en sortir régénéré? Nous verrons tout à l'heure comment il a prophétisé son propre cas; constatons dès maintenant qu'il se rencontre avec Dostoïevsky pour fixer, dans ce singulier chapitre, l'idéal de presque toute la littérature contemporaine en Russie. Karataïef s'appellera légion; sous des noms ou des figures diverses, chacun proposera à notre admiration cette forme végétative de l'existence. Le dernier mot de la sagesse humaine, c'est la sanctification, la divinisation de la brute élémentaire, bonne d'ailleurs et vaguement fraternelle. La racine de l'idée, la voici : l'homme civilisé souffre du poids de sa raison, inutile, puisqu'elle ne réussit pas à lui expliquer le but de sa vie; donc il doit faire effort pour rejeter cette raison, pour redescendre du compliqué au simple. Sous des formes variées, cette aspiration anime toute l'œuvre de Tolstoï. Il a réuni dans un volume des articles pédagogiques sur l'enseignement populaire; ce volume roule sur une idée : « Je veux apprendre aux enfants du peuple à penser et à écrire; c'est moi qui devrais apprendre à leur école à écrire et à penser. Nous cherchons notre idéal devant nous, tandis qu'il est derrière nous. Le développement de l'homme n'est pas le moyen de réaliser cet idéal d'harmonie que nous portons en nous, c'est au contraire un obstacle à sa réalisation. Un enfant bien portant qui vient au monde satisfait pleinement cet idéal de vérité, de beauté et de bonté dont il s'éloignera ensuite chaque jour; il est plus près des créatures non pensantes, de l'animal, de la plante, de la nature, qui est le type éternel de vérité, de beauté et de bonté. »

Vous reconnaissez, n'est-ce pas? la filiation de l'idée, le vertige séculaire de l'ascétisme oriental, le culte du yogui, du fakir immobile qui contemple son nombril. Nous ne sommes pas loin de lui avec le bon Karataïef, « qui se déchaussait lentement... exhalant une odeur aigre de sueur... et accroupi, les mains croisées sur ses genoux, regardait fixement Pierre ». — L'Occident n'a pas toujours été indemne de ce mal; lui aussi, dans les égarements de l'ascétisme, il a béatifié la brute et faussé la divine parabole sur les simples d'esprit. Mais la vraie patrie de ce renoncement contagieux, c'est l'Asie; la source mère, c'est l'Inde et ses doctrines; elles revivent, à peine modifiées, dans la frénésie qui précipite une partie de la Russie vers cette abnégation intellectuelle et morale, parfois stupide de quiétisme, parfois sublime de dévouement, comme l'évangile du Bouddha. Tout se touche.

Pour ne pas demeurer sur ces abstractions peu intelligibles, je voudrais dire un mot des femmes de Tolstoï. Elles sont proches parentes des héroïnes de Tourguénef, traitées avec moins de grâce émue, peut-être avec plus de profondeur. Deux figures se détachent de l'ensemble. D'abord Marie Bolkonsky, la sœur d'André, la fille pieuse, dévouée à adoucir la vieillesse d'un père acariâtre; apparition touchante, angélique comme une silhouette de peintre primitif, sous le trait dur qui la dessine. Tout autre est Natacha Rostof, l'enfant vibrante et séduisante, aimée de tous, éprise de plusieurs, et qui traverse toute cette œuvre sévère, laissant derrière elle un parfum d'amour. Elle est bonne, droite, sincère, mais esclave de sa sensibilité; ne lui demandez pas la conséquence. Racine eût pu rencontrer Marie Bolkonsky; l'abbé Prévost eût préféré Natacha Rostof. Fiancée au prince André, le seul homme qu'elle aime véritablement, Natacha s'affole d'un engouement fatal pour ce mauvais sujet de Kouraguine; désabusée à temps, elle retrouve André mourant de ses blessures et le soigne avec un morne désespoir. Il y a dans toute cette partie du livre une étude géniale, inexorable comme la vie, comme ses malheurs subits. Ici tout se réunit pour porter le roman; l'intérêt fiévreux de l'action et l'observation savante d'un cas du cœur. Après la mort d'André, Natacha finit par épouser le brave Pierre, qui l'aime en secret.

Les lecteurs français se récrieront d'horreur devant ces renverses de l'amour; c'est la vie, et Tolstoï sacrifie toutes les conventions au besoin de la peindre telle qu'elle est. Ne pensez pas, d'ailleurs, qu'il cherche le romanesque : les tergiversations de la jeune fille aboutissent en dernier ressort au bonheur conjugal, aux joies solides du foyer; l'écrivain russe leur consacre de longues pages, trop longues peut-être à notre gré; il a le culte de la famille et des affections légitimes; les sentiments qui sortent de ce cadre lui paraissent des exceptions maladives, qu'il faut décrire curieusement, sans aucune sympathie. A ce titre, il analyse d'une plume expérimentée, mais avec un dégoût visible, les manéges de la haute coquetterie dans les salons de Saint-Pétersbourg. Comme Tourguénef, Tolstoï pense médiocrement des femmes de la Cour : la conclusion de tous ses récits est, à peu de chose près, celle du grave président de Montesquieu, dans l'*Esprit des lois :* « Les femmes ont peu de retenue dans les monarchies, parce que la distinction des rangs les appelant à la Cour, elles y vont prendre cet esprit de liberté qui est à peu près le seul qu'on y tolère. Chacun se sert de leurs agréments et de leurs passions pour avancer sa fortune ; et comme leur faiblesse ne leur permet pas l'orgueil, mais la vanité, le luxe y règne toujours avec elles. » — Heureusement, on ne voit rien de semblable dans les républiques.

Le tenace écrivain a fait suivre son roman d'un long appendice philosophique. Il y revient, sous une forme purement doctrinale, sur les questions de métaphysique qui le tourmentent le plus ; il développe des considérations ténébreuses sur la nécessité, le libre arbitre, sur l'origine et l'essence du pouvoir. Il nous apprend une fois de plus qu'il est fataliste ; il essaye de se rendre compte du pouvoir comme d'un rapport entre les parties du corps social, ce qui est définir la question et non la résoudre. — On n'a pas traduit cet appendice dans la version française, et on a bien fait ; aucun lecteur n'eût affronté cette fatigue inutile. L'erreur de Tolstoï est de vouloir toujours insister par des raisonnements abstraits sur des idées qu'il a le don de faire vivre par l'expression plastique ; il ne comprend pas que ses personnages les traduisent bien plus clairement à nos yeux par leurs actions et leurs discours que tous les raisonnements de l'auteur ne sauraient le faire.

IV

Anna Karénine est le testament littéraire du comte Tolstoï; il a poursuivi pendant de longues années la composition de ce roman, qui paraissait par fragments dans une revue de Moscou. La publication de l'œuvre complète ne date que de 1877 : j'ai été témoin de la curiosité soulevée en Russie par cet événement intellectuel. L'écrivain tentait de fixer dans ce livre l'image de la société contemporaine, comme il avait fait dans *Guerre et paix* pour la société d'autrefois. Pour deux raisons au moins, la tâche était plus difficile. D'une part, le présent ne nous appartient pas comme le passé; il nous déborde et nous illusionne, il n'a pas subi ce travail de tassement qui permet d'embrasser, à un demi-siècle de distance, toutes les grandes lignes et toutes les grandes figures d'une époque. Dans les allées d'un cimetière, on discerne du premier coup d'œil les hautes tombes; dans la rue, — dans la rue moderne du moins, — tous les hommes se ressemblent, ils ne sont pas classés. D'autre part, les libertés que Tolstoï avait pu prendre avec les souverains et les hommes d'État défunts, avec les idées mortes, il ne pouvait plus se les permettre avec les idées et les hommes vivants. Ce second livre sur la vie russe n'a pas l'allure d'épopée, la puissance d'étreinte et la complexité de son aîné; en revanche, il se rapproche davantage de nos préférences littéraires par l'unité du sujet, la continuité de l'action, le développement du caractère principal. Notre public y sera moins dépaysé, il y trouvera même deux suicides et un adultère. Que le Malin ne se réjouisse pas trop tôt! Tolstoï s'est proposé d'écrire le livre le plus moral qui ait jamais été fait, et il a atteint son but. Le héros abstrait de ce livre, c'est le Devoir, opposé aux entraînements de la passion. L'auteur développe parallèlement le récit d'une existence jetée hors des cadres réguliers et la contre-épreuve, l'histoire d'un amour légitime, d'un foyer de famille et de travail. Jamais prédicateur n'a opposé avec plus de force la peinture de l'enfer à celle du... purgatoire. L'écrivain réaliste n'est pas de ceux qui veulent ou savent voir le paradis dans aucune des conditions humaines.

Il est impossible de faire la partie plus belle à la passion. Karénine, — l'homme d'État pris dans les entrailles de la société pétersbourgeoise, le personnage plastique et vivant entre tous, — Karénine, ce mari détourné par l'économie politique, est un candidat bien désigné au malheur de Sganarelle. Vronsky, le séducteur, se montre jusqu'au bout honnête homme, dévoué, prêt à tous les sacrifices, alors même que le lien de hasard lui pèse. Anna est une femme charmante, tendre et fidèle dans son égarement. Pour motiver sa chute, Tolstoï n'a recours ni à l'hystérie ni à la névrose. Il méprise cet étalage de courte science. Il sait bien, l'observateur sagace, que tous nos sentiments sont commmandés, aussi loin que nous puissions poursuivre leurs racines, par les dispositions de notre organisme; il sait aussi que la conscience a des commandements contraires, et qu'elle existe, puisqu'elle parle. Il ne s'amuse pas à ce jeu pué-

18.

ril, expliquer l'impénétrable et séparer l'indissoluble ; autant que possible il évite d'employer ces deux langues bâtardes, fabriquées pour déguiser notre ignorance de la véritable, que nous appelons spiritualisme et matérialisme : vains combats de mots qui prétendent rendre raison d'une alliance à jamais occulte ! Le pouvoir du romancier ne commence qu'avec les effets de l'amour ; je doute qu'on l'ait poussé plus loin que Tolstoï.

Voyez la peinture des premiers troubles d'Anna, durant la nuit de voyage entre Moscou et Saint-Pétersbourg, alors qu'elle comprend l'état de son cœur. Vous aurez peine à oublier ces pages. Elle aperçoit Vronsky à la portière du wagon, elle devine qu'il la suit, elle entend l'aveu jeté dans la nuit. Le froid délicieux du poison insinue sa caresse dans chaque veine, la volonté s'abandonne, le rêve commence. Et l'écrivain, suivant sa méthode invariable, profile toutes les choses extérieures sur ce rêve, avec la couleur qu'elles reflètent en le traversant. Le roman anglais que la pauvre femme s'efforce de lire, l'ouragan de neige qui fouette les vitres, les silhouettes des voyageurs, les bruits et la course du train, tout prend une signification nouvelle et fantastique, tout est complice du bonheur et de l'épouvante qui luttent dans cette âme. Cette succession d'images, nous la voyons par les yeux de l'héroïne, nous ne pouvons plus la voir autrement. Quand, au matin, Anna descend sur le quai de la gare où son mari l'attend, une exclamation naïve nous révèle le travail qui s'est fait en elle. — « Ah ! mon Dieu, pourquoi ses oreilles sont-elles devenues si longues ? » — Celui qui a trouvé ce trait sait comment on éclaire d'un seul mot une situation.

Depuis ce premier frisson jusqu'à la dernière convulsion de désespoir qui conduit la malheureuse au suicide, le romancier ne quitte plus l'intérieur de ce cœur, il en note chaque battement. Il n'a besoin d'aucune complication tragique pour amener la catastrophe. Anna a tout abandonné pour suivre son amant; elle s'est placée dans des conditions de vie si funestes, que l'impossibilité de vivre, croissant autour d'elle, suffit à expliquer sa résolution. En regard de cette existence dévastée, l'amour de Kitty et de Lévine suit ses péripéties régulières; au début, une idylle d'une grâce exquise, puis la famille, les enfants, les joies et les soucis.

C'est le thème moral et ennuyeux des *British Authors,* dira-t-on. Oui et non. Le conteur britannique cache presque toujours un prédicant; on sent qu'il juge les actions humaines d'après certaines règles préconçues, au point de vue de l'Église établie et des mœurs puritaines. Chez Tolstoï, la liberté du regard est entière, je dirais presque qu'il se soucie médiocrement de la morale; il poursuit une enquête *de commodo et incommodo* sur la meilleure façon de construire sa maison; la leçon ressort uniquement des faits, amère et fortifiante. Ah! ce n'est pas le livre des vingt ans, ce n'est pas le livre du boudoir, complaisant aux jolis mensonges; c'est un homme qui raconte à des hommes ce que l'expérience lui a enseigné. Ces volumes peuvent affronter l'épreuve qui garantit seule la durée des œuvres littéraires. On les lit, puis on vit; on refait sur l'âme et sur le monde les observations de l'écrivain, les plus fugitives comme les plus générales; on les rapporte au modèle : elles sont toujours vérifiées. Les années passent depuis la première lecture, elles accumulent les concordances sur les marges du livre; telles s'ajoutent, au bas des pages d'un chef-d'œuvre classique, les gloses de plusieurs générations de commentateurs; mais ici l'annotateur pourrait dire : *Confer vitam.*

La manière de Tolstoï ne s'est en rien modifiée depuis *Guerre et paix;* c'est toujours ce savant ingénieur, introduit dans une immense usine et la visitant lentement, avec la passion de connaître le mécanisme de chaque engin; il démonte la plus petite pièce, mesure les tensions, éprouve la justesse des balanciers, démêle les actions transmises par les pistons et les engrenages; il cherche avec désespoir le moteur central qui lui échappe, l'invisible réservoir de la force. Tandis qu'il expérimente le jeu des machines, nous, spectateurs, nous voyons sortir des métiers la résultante de tout ce travail, la délicate broderie aux dessins infinis, la vie. Tolstoï n'a varié ni ses qualités ni ses défauts; il abuse des mêmes longueurs. Dans *Guerre et paix,* il y avait une chasse au chien courant qui tenait trente pages; dans *Anna Karénine,* nous retrouvons une chasse au marais, — quel marais! — nous y restons embourbés durant trente-trois pages.

Les parties consacrées à la peinture de la vie de famille et des occupations rurales paraîtront un peu ternes en France. Le grand malheur d'un certain réalisme, c'est qu'il faut connaître le milieu reproduit par le photographe pour apprécier le mérite de ses chefs-d'œuvre, qui est dans l'exacte ressemblance. La description des courses de Tsarskoé-Sélo, qui a charmé tous les lecteurs russes, risque de vous laisser aussi indifférents que le seraient les Moscovites pour la brillante description du grand prix de Paris dans *Nana;* au contraire, les portraits d'Oblonsky et du ministre Karénine garderont leur intérêt, même pour vous qui n'avez pas vu vivre les modèles, qui n'avez pas entendu chuchoter leurs noms, parce que les sentiments humains sont de tous les pays et de tous les temps.

Je quitte l'analyse de ces romans, qui ne la supportent guère; on ne peut ni arrêter le lecteur ni lui choisir un chemin dans ce labyrinthe; il faut lui laisser le plaisir de s'y perdre. Nous trouverons plus d'intérêt à serrer de près un rapprochement qui s'impose à la critique. Quelle est l'analogie réelle entre l'art de Tolstoï et l'art français de nos jours? Sous la similitude des physionomies, quelles différences radicales séparent ces deux arts?

Si l'on ne s'en tient qu'aux apparences, on retrouve chez Tolstoï, qui a devancé notre nouvelle école, beaucoup de l'esprit et des procédés de celle-ci; le nihilisme et le pessimisme comme inspiration, le naturalisme, l'impressionnisme et l'impassibilité comme moyens.

Tolstoï est naturaliste, si le mot a un sens, par son extrême naturel, par la rigueur de son investigation; il l'est même à l'excès, car il ne recule pas devant le détail bas, grossier : voyez, dans *Guerre et paix,* le bain des soldats dans l'étang, et la complaisance de l'auteur pour « cette masse de chair humaine, blanche, nue, grouillant dans l'eau sale... ce sous-officier tanné, poilu... ». — Le célèbre mendiant de la côte d'Yonville n'aurait rien à envier à Karataïef : « Sa plus grande souffrance, c'étaient ses pieds nus, écorchés, avec des croûtes; le froid était moins pénible; d'ailleurs, les poux qui le dévoraient réchauffaient son corps... Le petit chien de Karataïef était content; de tous côtés trainaient des chairs d'animaux de toute espèce, depuis celles des hommes jusqu'à celles des chevaux, à divers degrés de décomposition; et comme les soldats ne laissaient pas approcher les loups, le petit chien s'empiffrait à son aise... » — Je pourrais citer cent exemples de ce genre; il en est même que je pourrais difficilement citer.

Tolstoï est impressionniste, sa phrase essaye souvent de nous rendre la sensation matérielle d'un spectacle, d'un objet, d'un bruit. L'armée passe en désordre sur le pont de Braunau; « derrière se trainaient encore des télègues, des soldats, des fourgons, des soldats, des charrettes, des soldats, des caissons, des soldats, parfois des femmes... » — « Un sifflement déchira l'air : plus proche, plus rapide et plus bruyant, plus bruyant et plus rapide, le boulet, comme n'ayant pas achevé tout ce qu'il avait à dire, projetant ses éclats avec une force surhumaine, plongea en terre; sous la violence du coup, la terre rendit un gémissement... » — Et les trajets en chemin de fer, dans *Anna Karénine,* la locomotive qui entre en gare, le train qui se déroule lentement, s'arrête...

Enfin il applique rigoureusement le premier dogme de l'école, l'impassibilité du conteur. Ici le pessimisme nihiliste est très-logique avec lui-même. Persuadé de la vanité de toutes les actions humaines, le metteur en scène doit se maintenir de sang-froid, dans l'état de l'homme grave qui se réveille au milieu d'un bal à l'aurore, et considère comme des fous tous ces énergumènes qui pirouettent; ou encore de l'étranger repu qui entre dans une salle où l'on dine, et trouve grotesque le mouvement machinal de toutes ces bouches, de ces fourchettes. Bref, l'écrivain pessimiste doit rester un juge supérieur à ses personnages, comme le président des assises vis-à-vis de ses tristes justiciables.

Tolstoï emploie tous ces procédés, il les pousse aussi loin qu'aucun de nos romanciers; comment se fait-il qu'il produise sur le lecteur une impression si différente? Pour ce qui est du naturalisme et de l'impressionnisme, tout le secret est dans une question de mesure. Ce que d'autres recherchent, lui le rencontre et ne l'évite pas. Il laisse une place à la trivialité, parce qu'elle en a une dans la vie, et qu'il veut peindre toute la vie; mais, comme il ne s'attaque pas de parti pris aux sujets dont la trivialité fait le fond, il lui donne la place, après tout très-secondaire, qu'elle tient dans tous les spectacles où se fixe notre attention; en traversant une rue, en visitant une maison, on se heurte parfois à des objets dégoûtants; l'accident est rare si l'on ne cherche pas ces objets. Tolstoï nous en montre juste ce qu'il faut pour qu'on ne le soupçonne pas d'avoir balayé d'avance la rue et la maison. De même pour l'impressionnisme; il sait que l'écrivain peut essayer de rendre certaines sensations rapides et subtiles, mais que ces essais ne doivent pas dégénérer en habitude de nervosité maladive. Surtout, — et c'est là son honneur, — Tolstoï n'est jamais obscène ni malsain. *Guerre et paix* est dans les mains de toutes les jeunes filles russes; *Anna Karénine* déroule sa donnée périlleuse comme un manuel de morale, sans une peinture libre.

Quant à l'impassibilité, celle de Tolstoï s'impose pour des raisons plus profondes. Stendhal et Flaubert, — je ne parle que des morts, — se sont institués juges de leurs semblables; ils me donnent toutes les créatures pour dignes de leur pitié. Au nom de quel principe supérieur? Pourquoi laisserais-je prendre à ces demi-dieux cette domination sur moi? Car enfin, je connais M. Henri Beyle; c'est un agent consulaire, qui a servi sans éclat et vit comme ses bonshommes, mange le même pain, souffre les mêmes nécessités. Où puise-t-il son droit de persiflage? Il écrit bien : que m'importe! Cela aussi est une vanité de lettré chinois et ne lui donne aucune autorité sur mon jugement. Je connais M. Gustave Flaubert; c'est un Rouennais malade qui fait des charges d'atelier aux bourgeois; son grand talent ne prouve pas qu'il raisonne des choses plus pertinemment que vous ou moi. Si je suis pessimiste, je trouve à mon tour les prétentions littéraires de ces messieurs aussi funambulesques que les décrets du prince de Parme ou les études scientifiques de Pécuchet.

Tolstoï, lui aussi, traite de haut ses personnages, et sa froideur touche de bien près à l'ironie; mais, derrière les marionnettes qu'il fait mouvoir, ce n'est pas sa pauvre main d'homme que j'aperçois, c'est quelque chose d'occulte et de formidable, l'ombre de l'infini toujours présente; non pas un de ces dogmes arrêtés, une de ces catégories de l'idée divine sur lesquelles mon nihilisme pourrait mordre; non, mais une interrogation muette sur l'inaccessible, un soupir lointain de la fatalité dans le néant. Alors le théâtre de Polichinelle s'élargit, il devient la scène d'Eschyle : dans les ténèbres du fond, au-dessus du misérable Prométhée, je vois passer la Puissance, la Force, les éternelles inconnues qui ont vraiment le droit de ricaner sur l'homme; et devant elles, je me courbe.

Voyez, dans *Anna Karénine*, la mort du frère de Lévine. Je signale avec confiance ce chapitre, — l'agonie du misérable Nicolas dans une chambre d'auberge, — comme l'une des œuvres d'art les plus achevées dont une littérature puisse s'enorgueillir. Comparez-le à des épisodes analogues, traités par notre école réaliste avec un indiscutable talent. Nos romanciers réduisent l'émotion de la mort à un effroi physique; la reine des épouvantes est petite, sale et découronnée; nous ne la reconnaissons pas. Dans le récit de Tolstoï, sa grandeur ne provient pas précisément des rites religieux, auxquels ni le mourant ni son frère qui l'observe ne semblent attacher beaucoup d'importance; non, elle provient plutôt d'un doute solennel. Chaque parole tombe du lit de l'agonisant avec je ne sais quel retentissement sourd dans l'inconnu; on nous montre le phénomène à la fois très-simple et infiniment mystérieux; notre instinct est satisfait. Si diverses que soient nos convictions et nos espérances, il est un point qui réunit tous les hommes, et l'écrivain nous blesse en l'ignorant : quelque chose d'auguste entrera derrière les quatre coquins en fracs de serge qui viendront nous emporter.

Autre raison; comment tiendrais-je pour des mages impassibles, ou simplement pour des traducteurs sincères de la réalité, ces artistes que je sens préoccupés tout le temps de leurs effets, M. Beyle qui aiguise des concetti, M. Flaubert qui essaye des périodes musicales, des rhythmes sonores de mots? Tolstoï est plus logique; il sacrifie de propos délibéré le style pour mieux s'effacer devant son œuvre. A ses débuts, il avait souci de la forme; je rencontre des pages de style dans les *Cosaques* et les *Trois*

Morts; depuis, il a éliminé volontairement cette séduction. Ne lui demandez pas l'admirable langue de Tourguénef; la propriété et la clarté de l'expression, sinon de l'idée, voilà ses seuls mérites. Sa phrase est lâchée, fatigante à force de répétitions; les adjectifs s'accumulent sans ordre, autant qu'il est besoin pour ajouter des touches de couleur à un portrait; les incidentes se greffent les unes sur les autres pour épuiser tous les replis de la pensée de l'auteur. A notre point de vue, cette absence de style est une infériorité impardonnable; mais elle me paraît la conséquence rigoureuse de la doctrine réaliste, qui prétend écarter toutes les conventions; or le style en est une, c'est de plus une chance d'erreur interposée entre l'observation exacte des faits et notre regard. Il faut bien avouer que ce dédain voulu, s'il blesse nos prédilections, ajoute à l'impression de sincérité que nous recevons. Tolstoï, suivant le mot de Pascal, « ne nous a pas fait montre de son bien, mais du nôtre; on trouve dans soi-même la vérité de ce qu'on entend, laquelle on ne savait pas qu'elle y fût, en sorte qu'on est porté à aimer celui qui nous le fait sentir ».

Je veux noter encore une différence entre le réalisme de Tolstoï et le nôtre; le sien s'applique de préférence à l'étude des âmes difficiles, de celles qui se défendent contre l'observateur par les raffinements de l'éducation et le masque des conventions sociales. Cette lutte entre le peintre et son modèle me passionne, et je ne suis pas le seul. Que vous le vouliez ou non, ce sont les sommets qui attirent d'abord notre regard dans le spectacle du monde; si vous vous attardez dans les bas-fonds, le public ne vous suit pas, il court demander au plus médiocre faiseur des histoires de grandeurs; soit de la grandeur morale, qui brille partout et ramène à l'étude des humbles; soit de la grandeur sociale, qui s'étale dans certaines conditions. Vous ne retenez ce public que par l'obscénité, par une prime à ses instincts les plus brutaux; nous attendons encore le roman naturaliste de mœurs populaires qui se fera lire en restant décent. Chaque matin, des journaux avisés impriment pour la foule le compte rendu de fêtes qu'elle ne verra jamais; ils savent bien que sa curiosité se porte à ces récits plus volontiers qu'aux descriptions de cabarets. Comme tout ce qui vit, elle regarde en haut; placez-la entre un microscope et un télescope : les deux magiciens font voir des merveilles, et pourtant la foule n'hésitera pas, elle ira aux étoiles.

J'ai essayé de démêler les traits qui semblent faire rentrer Tolstoï dans tels ou tels des compartiments inventés par notre rhétorique; au fond, je sens bien qu'il leur échappe et qu'il m'échappe. C'est que toutes ces étiquettes sont assez factices, toutes ces querelles assez puériles. Avec notre goût de symétrie, nous forgeons des classifications bornées pour nous reconnaitre dans le désordre et la liberté de l'esprit humain; nous y réussissons autant que l'astronome à inscrire tout le ciel dans les douze signes de son petit rond de papier. L'homme, dès qu'il sort des médiocres, nargue nos toises et nos compas; il combine dans des proportions toujours nouvelles les diverses recettes que nous lui offrons pour nous charmer. L'univers, avec son humanité, ses océans, ses cieux, est devant lui comme une harpe aux mille cordes, qu'on croyait toutes essayées; le passant tire un accord du vieil instrument pour rendre son interprétation personnelle de cet univers; son caprice a marié ces cordes usées sur un mode nouveau, et de ce caprice naît une mélodie inouïe, qui nous étonne un instant, qui va grossir le vague murmure de la pensée humaine, le trésor d'idées sur lequel nous vivons.

Le comte Tolstoï aurait grand'pitié de nous s'il nous trouvait occupés à disputer sur sa littérature ; il ne veut plus être qu'un philosophe et un réformateur. Revenons donc à sa philosophie; voyons quel est l'aboutissement nécessaire du nihilisme; c'est l'avenir probable de la Russie que nous allons contempler dans le miroir d'une âme isolée.

J'ai dit que la composition d'*Anna Karénine,* quittée et reprise à de longs intervalles, avait occupé l'auteur durant bien des années. Les fluctuations de sa vie morale au cours de ces années se reflètent dans la vie du fils et du confident de sa pensée, Constantin Lévine. Lévine, la nouvelle incarnation du Bézouchof de *Guerre et paix,* est le héros de roman moderne, celui qu'aimait Tourguénef et qu'aiment les jeunes filles ; un gentilhomme de campagne, raisonnable, instruit, pas brillant, rêveur spéculatif, passionné pour la vie rurale et pour toutes les questions sociales qu'elle soulève en Russie. Lévine s'applique à ces questions, il s'efforce de réformer et d'améliorer autour de lui, il prend sa part de toutes les émotions libérales qui ont amusé le pays depuis vingt ans. Naturellement, ses chimères lui font banqueroute l'une après l'autre, et son nihilisme triomphe amèrement sur leurs ruines. Du moins, ce nihilisme n'est plus aussi douloureux, aussi irritable que celui des années de jeunesse, celui de Pierre Bézouchof et du prince André; il laisse sommeiller les plus cruels problèmes, ceux de l'âme, à la faveur de ces diversions politico-économiques. L'existence calme et laborieuse de la campagne, les soucis et les joies de la famille ont engourdi le serpent. Les années passent, le livre marche avec la vie vers le dénoûment.

Soudain des secousses morales successives réveillent l'indifférence religieuse de Lévine; la mort de son frère, la comédie de confession qu'il a dû jouer pour se marier, la naissance de son enfant, la lecture de Schopenhauer, tout le ramène aux méditations angoissantes. — « Durant tout ce printemps, il ne fut pas lui-même et vécut d'horribles moments. Il se disait : « Tant que je ne connaîtrai pas ce que je suis et pourquoi je suis ici, la vie me sera impossible. Et comme je ne puis atteindre cette connaissance, la vie est impossible. — Dans l'infini du temps, dans l'infini de la matière, dans l'infini de l'espace, une cellule organique se forme, se soutient une minute et crève. Cette cellule, c'est moi. » — Cela lui semblait un sophisme barbare, et pourtant, c'était là le seul, le suprême résultat des efforts séculaires de la pensée humaine sur ce sujet. C'était la dernière croyance où aboutissaient toutes les recherches de cette pensée. »

Accablé par ces affres, Lévine se prend en horreur, il va désespérer de tout. Alors intervient le moujik sauveur, le moujik illuminateur. Un soir, en remuant des meules de foin, le bonhomme Fédor laisse échapper quelques aphorismes de sagesse paysanne, dans le goût de Karataïef : « Il ne faut pas vivre pour soi..., il faut vivre pour Dieu... » — En écoutant cet homme, Lévine a trouvé son chemin de Damas; il est touché de la grâce, la clarté se fait dans son esprit. « Tout le mal vient de la sottise de la raison, de la coquinerie de la raison. » — Il n'y a qu'à aimer et à croire, ce n'est pas plus difficile que cela. Et le livre s'achève sur ce dénoûment d'un long drame intellectuel, dans un rayonnement de bonheur mystique, un hymne d'allégresse où le rationalisme proclame la banqueroute de la raison. Elle ne vaut que pour les usages modestes, dans un horizon borné ; c'est la lanterne d'un chiffonnier, bonne pour éclairer devant lui trois pas de ténèbres, le petit tas de débris où il cherche sa vie ; quelle folie du pauvre homme s'il dirige ce rayon ridicule vers le ciel, s'il veut scruter à la lumière de son falot les champs de nuit qui fuient des Gémeaux au Sagittaire !

V

Cette consolation du quiétisme, révélée par un humble apôtre, qui est l'apothéose finale de tous les romans de Tolstoï, le ciel la lui réservait. Lui aussi allait trouver son Karataïef.— Après *Anna Karénine,* on attendait avec impatience une nouvelle production de l'écrivain. Les gens bien informés assuraient qu'il avait entrepris une continuation de *Guerre et paix,* une nouvelle chronique sur l'époque si intéressante des décembristes[1]. Le monde

---

[1] Une revue russe a publié et le journal *le Temps* a traduit les trois premiers chapitres de ce roman abandonné par l'auteur ; ils promettaient une œuvre digne à tous égards de ses aînées.

littéraire se réjouissait d'avance. Cependant rien ne venait, sauf quelques contes pour les enfants, un entre autres d'une grâce délicieuse . *De quoi vivent les hommes.* On devinait dans ces contes une âme déjà ravie aux réalités terrestres. Enfin des bruits se répandirent, désolants pour les profanes : le romancier avait brisé sa plume et définitivement renoncé à l'art ; il ne souffrait plus qu'on lui parlât de ses œuvres, vanité du siècle, il appartenait tout entier au soin de son âme, à de hautes spéculations religieuses. Le comte Tolstoï avait rencontré sur sa route Sutaïef, le sectaire de Tver.

Je ne reviendrai pas ici sur la figure originale de Sutaïef, ayant publié ailleurs une étude détaillée sur ce doux idéaliste, l'un des innombrables paysans qui prêchent dans le peuple russe l'Évangile fraternel et communiste. L'enseignement et les exemples de Sutaïef ont puissamment agi sur M. Tolstoï, à ce qu'il nous raconte lui-même, et décidé de sa vocation. Je serais inexcusable de pénétrer dans ce domaine de la conscience si le romancier devenu théologien ne nous y conviait ; animé d'un zèle ardent pour la diffusion de la bonne nouvelle, il vient de composer plusieurs ouvrages : *Ma confession, Ma religion,* et un *Commentaire sur l'Évangile.* A la vérité, la censure ecclésiastique n'a pas autorisé la publication de ces ouvrages ; il a été fait pourtant des tirages de l'opuscule intitulé : *Ma religion,* et j'en ai un sous les yeux ; surtout il en circule des centaines de copies autographiées ; on m'affirme que les étudiants des universités, les femmes, les gens du peuple même, reproduisent, répandent et s'arrachent cette prédication semi-publique ; cela montre bien la faim d'aliments spirituels qui tourmente les âmes russes. M. Tolstoï a désiré que son œuvre fût traduite et divulguée dans notre langue; notre critique a donc tous les droits de s'en emparer.

Oh! je n'en abuserai pas. Les seules parties intéressantes, pour nous qui cherchons des documents sur un état d'esprit, sont les deux premières. Encore la *Confession* ne m'apprend-elle rien : je la connaissais d'avance par les révélations contenues dans *Enfance, adolescence, jeunesse,* par les aveux si explicites de Bézouchof et surtout de Lévine. Elle est pourtant bien éloquente, cette variation nouvelle sur le vieil et navrant sanglot de l'âme humaine ! Je la résume à grands traits :— « J'ai perdu la foi de bonne heure. J'ai vécu un temps, comme tout le monde, des vanités de la vie. J'ai fait de la littérature, enseignant comme les autres ce que je ne savais pas. Puis le sphinx s'est mis à me poursuivre, toujours plus cruel : Devine-moi, ou je te dévore. La science humaine ne m'a rien expliqué : à mon éternelle question, la seule qui m'importe : « Pourquoi est-ce que je vis? » la science répondait en m'apprenant d'autres choses, dont je n'ai cure. Avec la science, il n'y avait qu'à se joindre au chœur séculaire des sages, Salomon, Socrate, Çakya-Mouni, Schopenhauer, et à répéter après eux : La vie est un mal absurde. Je voulais me tuer. Enfin, j'eus l'idée de regarder vivre l'immense majorité des hommes, ceux qui ne se livrent pas comme nous, classes soi-disant supérieures, aux spéculations de la pensée, mais qui travaillent et souffrent, qui pourtant sont tranquilles et renseignés sur le but de la vie. Je compris qu'il fallait vivre comme cette multitude, rentrer dans sa foi simple. Mais ma raison ne pouvait s'accommoder de l'enseignement vicié que l'Église distribue aux simples ; alors je me mis à étudier de plus près cet enseignement, à faire la part de la superstition et celle de la vérité. »

Le résultat de cette étude est la doctrine exposée sous ce titre : *Ma religion*. Cette religion est exactement celle de Sutaïef, expliquée avec l'appareil théologique et scientifique que pouvait y ajouter le savoir d'un homme cultivé. Elle n'en est pas plus claire pour cela. L'Évangile reçoit la plus large interprétation rationaliste. M. Tolstoï comprend la doctrine du Christ sur la vie comme les sadducéens, au sens de la vie collective, prolongée de générations en générations, du règne de Dieu sur cette terre par la réunion de tous les hommes dans l'assemblée des saints. Il nie que l'Évangile fasse mention d'une résurrection des corps, d'une existence individuelle de l'âme. Dans ce panthéisme inconscient, essai de conciliation entre le christianisme et le bouddhisme, la vie est considérée comme un tout indivisible, une âme du monde dont nous sommes d'éphémères parcelles. Au surplus, une seule chose importe, la morale. Cette morale est toute contenue dans les préceptes de l'Évangile : « Ne résistez pas au mal,... ne jugez pas,... ne tuez pas. » Donc, pas de tribunaux, pas d'armées, pas de prisons, de représailles publiques ou privées. Ni guerres ni jugements. La loi du monde est la lutte pour l'existence, la loi du Christ est le sacrifice de son existence aux autres. Le Turc, l'Allemand ne nous attaqueront pas si nous sommes chrétiens, si nous leur faisons du bien. Le bonheur, fin suprême de la morale, n'est possible que dans la communion de tous les hommes en la doctrine de Jésus-Christ, la vraie, celle de M. Tolstoï, et non celle de l'Église, dans le retour à la vie naturelle, à la communauté, dans l'abandon des villes et de l'industrie, où la doctrine est d'une application malaisée.

A l'appui de ses dires, l'auteur retrace, dans des pages à la Bridaine, d'une rare éloquence et d'une crudité d'images vraiment prophétique, le tableau de la vie selon le monde, depuis la naissance jusqu'à la mort ; cette vie est pire que celle des martyrs du Christ. L'Église établie n'est pas épargnée ; l'apôtre de la nouvelle foi, après avoir raconté comment il a vainement cherché le repos dans l'orthodoxie officielle, refait les violents réquisitoires de Sutaïef contre cette Église, « chair morte, inutile à l'enfant nouveau-né ». Elle substitue des rites, des formalités à l'esprit de l'Évangile. Elle répand des catéchismes où il est dit qu'on peut juger, tuer pour le service de l'État, qu'on peut prendre la chose d'autrui et résister au mal. Depuis Constantin, l'Église s'est perdue en déviant de la doctrine de Dieu pour suivre la doctrine du siècle : aujourd'hui, elle est païenne. Enfin, et ceci est le point délicat, on ne doit pas tenir compte des ordres et des défenses du pouvoir temporel, tant qu'il ignore la vérité. Ici, je traduis un épisode typique.

« Dernièrement, je passais sous la porte de Borovitzky, à Moscou. Sous la voûte était assis un vieux mendiant estropié, la tête entourée d'un bandeau. Je tirai ma bourse pour lui donner quelque monnaie. Au même instant, je vis descendre du Kremlin et courir vers nous un grenadier, jeune, gaillard, et de bonne mine dans son uniforme. A la vue du soldat, le mendiant se leva, épouvanté, et s'enfuit en boitillant dans le jardin Alexandre, au bas de la colline. Le grenadier le poursuivit un moment en lui criant des injures, parce que cet homme avait contrevenu à la défense de s'asseoir sous la porte. J'attendis le soldat, et quand il me croisa, je lui demandai s'il savait lire. « Mais oui, pourquoi? — As-tu lu l'Évangile? — Je l'ai lu. — As-tu lu le passage : « Celui « qui donnera à manger à un affamé... » Et je lui citai le texte. Il le connaissait et m'écoutait avec attention. Je vis qu'il était troublé. Deux passants s'arrêtèrent, nous écoutant. Évidemment, le grenadier était mal à l'aise, il ne pouvait accorder ces contradictions : le sentiment d'avoir mal agi, tout en accomplissant strictement son devoir. Il était troublé et cherchait une réponse. Soudain, une lueur passa dans ses yeux intelligents, il se tourna vers moi de côté et dit : « Et toi, as-tu lu le règlement militaire? » — J'avouai que je ne l'avais pas lu. — « Alors, tais-toi », reprit le grenadier, et, secouant victorieusement la tête, il s'éloigna d'un pas délibéré. »

Je crois avoir résumé fidèlement *Ma religion;* mais on ne connaîtrait pas la confiance superbe qui se cache dans le cœur de tout réformateur si je ne traduisais pas littéralement les lignes suivantes :

« Tout me confirmait la vérité du sens que je trouvais à la doctrine du Christ. Mais, pendant longtemps, je ne pus me faire à cette idée étrange, qu'après dix-huit siècles durant lesquels la foi chrétienne a été confessée par des milliards d'hommes, après que des milliers de gens ont consacré leur vie à l'étude de cette foi, il m'était donné de découvrir la loi du Christ comme une chose nouvelle. Mais, si étrange que ce fût, c'était ainsi. »

On devine après cela ce que peut être le *Commentaire*

sur l'Évangile. Dieu me garde de troubler la quiétude du converti! Heureusement je n'y réussirais pas. M. Tolstoï affirme dans un hymne de joie, avec l'accent d'une sincérité indiscutable, qu'il a enfin trouvé le repos de l'âme, la raison de vivre, le roc de la foi. Et il nous invite à l'y suivre. Je crains bien que les sceptiques endurcis d'Occident, rebelles à la grâce efficace, ne refusent d'entrer en discussion avec la nouvelle religion. Elle paraît d'ailleurs se modifier chaque jour, avec la pensée fuyante de son fondateur. Elle élimine de plus en plus tout ce qui ressemble à une théodicée, elle ramène tous les devoirs, toutes les espérances, toute l'activité morale à un seul objet, la réforme du mal social par le communisme. Cette préoccupation exclusive inspire le dernier écrit de Tolstoï dont j'aie eu connaissance; il est intitulé : *Que faut-il donc faire?* Titre significatif, qui a servi bien des fois en Russie, depuis le fameux roman de Tchernichevsky; il dit l'angoisse de pensée persistante chez tous ces hommes, il a quelque chose de touchant dans sa naïveté.

Ce qu'il faut faire? Avant tout, quitter les villes, licencier le peuple des usines, revenir à la campagne et y travailler de ses mains, chaque homme devant avoir pour idéal de pourvoir seul à tous ses besoins. Dans la première partie de son réquisitoire, toute démonstrative, l'auteur retrace le spectacle de la misère dans une capitale, tel qu'il l'a étudié de près à Moscou. Le romancier descriptif reparaît ici avec ses admirables dons, avec son trait de physionomie particulier, un regard tourné en dedans pour guetter au fond de soi-même les petites vilenies de notre nature; il observe et dénonce ses propres faiblesses avec le plaisir que nous prenons d'habitude à relever celles d'autrui, il leur cingle au passage un coup de discipline. — « ...Je donnai trois roubles à ce malheureux et je me trouvai très-bon... je fus content qu'on me vît les donner... »

La seconde partie est consacrée à la théorie. Nous ne pouvons pas remédier à la misère pour plusieurs raisons : 1° elle est fatale dans les villes, où nous attirons les producteurs inutilisés; 2° nous leur donnons l'exemple de l'oisiveté et des dépenses superflues; 3° nous ne vivons pas selon la loi du Christ; ce n'est pas l'aumône qui est efficace, c'est le partage fraternel. Que celui qui a deux manteaux en donne un à celui qui n'en a pas. Sutaïef fait ainsi. Le salariat est une forme aggravée de l'esclavage; par l'effet de l'institution moderne du crédit, le salarié n'est plus seulement esclave dans le présent, il l'est jusque dans son avenir. L'aumône n'est qu'un payement partiel de la lettre de change que nous avons souscrite aux paysans, quand nous les avons amenés dans les villes pour qu'ils y travaillent à satisfaire nos fantaisies de luxe. L'auteur conclut en donnant pour remède unique le retour à la vie rurale, qui garantit à chaque travailleur le nécessaire de l'existence. Il ne voit pas que son principe emporte logiquement une conclusion plus rigoureuse, le retour à la vie animale, la recherche pénible du gîte et de la proie substituée pour chaque individu à l'effort méthodique de l'industrie; et dans cette société, il y aurait encore des loups et des agneaux. — Tolstoï n'aperçoit qu'une seule face de Dieu, la face justice; il oublie la face intelligence, le besoin de développer de la pensée, qui implique la division du travail.

Tout cela n'est point pour nous séduire. On cherchera vainement une idée originale dans la révélation que nous propose l'apôtre de Toula; on n'y trouvera que les premiers balbutiements du rationalisme pour la partie religieuse, du communisme pour la partie sociale; le vieux rêve du millénium, la tradition toujours relevée, depuis les origines du moyen âge, par les vaudois, les lollards, les anabaptistes. Heureuse Russie, où ces belles chimères sont encore neuves! Le seul étonnement de l'Occident, ce sera de retrouver ces doctrines sous la plume d'un grand écrivain, d'un incomparable observateur du cœur humain. De tous les éloquents plaidoyers du philosophe contre la « coquinerie » de la raison, nul ne nous convainc mieux que l'exemple qu'il nous montre. Et pour s'étonner, il faudrait n'avoir jamais réfléchi à la filiation nécessaire de certaines idées. Encore plus que la nature, l'esprit de l'homme a l'horreur du vide, il ne saurait se tenir longtemps en équilibre sur le néant. Dans l'âme de M. Tolstoï, et, par conséquent, dans la conscience plus confuse des lecteurs qui le suivent et le poussent, nous avons parcouru les quatre points d'une courbe fatale : panthéisme, nihilisme, pessimisme, mysticisme. Le Russe, qui fait tout rapidement, est arrivé d'un bond au dernier terme.

Le mysticisme! On me dit que le comte Léon Nikolaiévitch, sentant bien où est le danger, se défend énergiquement contre ce mot, qu'il ne le croit pas applicable à un homme qui a placé le règne céleste sur la terre. Notre langue ne nous fournit pas d'autre expression pour son cas. L'illustre romancier voudra bien me pardonner. Je sais qu'il préférerait me voir louer son

Évangile et dénigrer ses romans; je ne le puis. Lecteur passionné de ces derniers, j'en veux d'autant plus à sa doctrine, qu'elle me prive de chefs-d'œuvre condamnés à l'avortement. Je ne lui ai pas marchandé les éloges, tant que ma raison a pu le suivre et le goûter; aujourd'hui qu'il se dit heureux, il n'a plus besoin d'éloges, et la critique doit lui être indifférente. Puisse-t-il, dans son quiétisme chèrement conquis, n'avoir jamais besoin qu'un ami lui dise ce que Fénelon écrivait à Mme Guyon, dans une de ses Lettres spirituelles : « Je vous plains seulement de cette plaie secrète, dont le cœur demeure comme flétri. »

Il faut du moins reconnaître en M. Tolstoï un des rares réformateurs qui conforment leur conduite à leurs préceptes. On m'assure que son action est étendue et salutaire, qu'il se fait autour de lui des miracles comme on n'en peut voir qu'en Russie, un retour aux mœurs des premiers chrétiens. Chaque jour, il reçoit des lettres d'inconnus; ce sont des traitants, des fonctionnaires prévaricateurs, — disons le vrai mot, des publicains, — qui versent entre ses mains des sommes mal acquises; ce sont des jeunes gens qui lui demandent une direction, des femmes coupables qui implorent de lui secours et conseil. Retiré à la campagne, il donne son bien, vit et travaille avec ses paysans. Il porte l'eau, fauche, laboure, fait des bottes. Il entre en colère quand on lui parle de ses romans. On me montre un portrait où il est représenté en costume de moujik, tirant l'alène. — Artisan de chefs-d'œuvre, ce n'est pas là votre outil! A tort ou à raison, pour notre châtiment peut-être, nous avons reçu du Ciel ce mal nécessaire et superbe, la pensée; par un décret nominatif, comme on l'a dit, certains d'entre nous sont condamnés à souffrir uniquement de ce mal, pour la consolation des autres hommes. Jeter cette croix est une révolte impie. Notre outil, c'est la plume; notre champ, l'âme humaine, qu'il faut abriter et nourrir, elle aussi. Permettez qu'on vous rappelle ce cri d'un paysan russe, du premier imprimeur de Moscou, alors qu'on le remettait à la charrue : « Je n'ai pas affaire de semer le grain de blé, mais de répandre dans le monde les semences spirituelles. » — Souffrez enfin que de ce Paris, où l'on vous admire, elle vous revienne encore une fois, la touchante prière de Tourguénef mourant; il y avait une religion plus haute que celle de Sutaïef dans le testament où il vous disait : —« Ce don vous est venu de là d'où tout nous vient... retournez aux travaux littéraires, grand écrivain de notre terre russe! »

Je ne prétends pas tirer des conclusions étendues de ces premières explorations dans la littérature russe; il faut attendre de les avoir complétées par l'étude d'écrivains moins marquants, mais qui ont droit à témoigner sur la condition de leur peuple. Aussi bien, quand un livre a réussi à rendre la pensée de celui qui l'a écrit, les conclusions doivent ressortir d'elles-mêmes pour le lecteur; quand il y a échoué, toutes les thèses qu'on ajoute ont peu d'intérêt et peu de prise. — Nous avons vu cette littérature croître artificiellement, longtemps emmaillottée dans des langes étrangers, débile et servile, incapable de nous renseigner sur l'intérieur de son pays, qu'elle ignorait volontairement. Nous l'avons vue reprendre des forces en touchant le sol natal, pour en tirer désormais l'objet de ses études. A partir de ce jour, elle crée et perfectionne l'instrument approprié à sa tâche, le réalisme; alors que l'Occident hésite encore à employer cet instrument, elle l'applique avec succès aux choses du monde extérieur et à celles de l'âme. Ce réalisme est souvent dépourvu de goût et de méthode, à la fois diffus et subtil; mais il reste toujours naturel et sincère; surtout il est ennobli par l'émotion morale, par l'inquiétude du divin et la sympathie pour les hommes. Nul de ces romanciers ne se propose un but purement littéraire; toute leur œuvre est commandée par un double souci, celui de la vérité et de la justice. — Double pour nous, unique pour eux; vérité, justice, le mot russe *pravda* a les deux acceptions, ou pour mieux dire il implique les deux idées en une seule indivisible. C'est un point de grande conséquence et bien digne de nos réflexions : car les langues trahissent les conceptions philosophiques des races.

Ils cherchent la vérité religieuse, parce que la formule qui prétend la donner chez eux ne leur suffit plus, et parce que la négation dont on se contente chez nous est antipathique à tous leurs instincts. Le malaise spirituel domine, engendre et caractérise tous les malaises sociaux et politiques de la Russie. — Quand on entre dans la cathédrale d'Isaac, à Saint-Pétersbourg, on est dans la nuit; mal éclairé par les baies supérieures, l'imposant vaisseau n'est que ténèbres. Les portes du chœur s'entr'ouvrent; un flot de lumière descend d'un grand Christ peint sur le vitrail de l'abside d'où l'église reçoit tout son jour : la figure semble seule illuminer la nuit du temple, et le regard du visiteur s'attache involontairement à cette tête. Elle n'a pas l'expression de sérénité que les peintres d'Occident ont donnée au Fils de l'homme; maigre, hâve, ardent, avec un égarement divin dans les yeux, le Christ slave trahit je ne sais quelle angoisse humaine, je ne sais quel rêve inachevé, celui d'un dieu mécontent de sa divinité. Pour lui, tout n'est pas consommé; il n'a pas dit la parole suprême; c'est bien le dieu d'un peuple qui cherche sa voie, et il traduit fidèlement l'inquiétude de son peuple. — La race slave n'a pas dit encore son grand mot dans l'histoire, et le grand mot que dit une race est toujours un mot religieux. Sous la discipline apparente de son orthodoxie, elle le cherche avec une égale bonne foi à tous les degrés de la société.

Partout, au fond des forêts et des steppes, on rencontre des paysans qui pensent et parlent comme Sutaïef, l'humble sectaire dont M. Prougavine nous rapporte les conversations : — « Un soir, assis devant sa fenêtre, il regardait les champs, tout pensif, et me disait avec un sentiment inexprimable dans la voix : — Ah! si quelqu'un m'enseignait en quoi je me trompe, en quoi je m'éloigne de la vérité, je servirais cet homme jusqu'à la mort... Vrai, je ne sais pas ce que je ne lui donnerais pas..... » — Vous l'entendez, dans cette isba, le vieux cri déchirant de l'humanité. Nulle part, aujourd'hui, il ne retentit plus fréquent et plus suppliant que dans ce peuple russe, si justement appelé par un de ses grands écrivains « un vagabond moral ». Dernièrement, à Saint-Pétersbourg, deux jeunes gens convenablement mis, des commis de magasin, semblait-il, se présentaient à l'une des assemblées religieuses dites *redstokistes*, et, s'adressant du ton d'un mendiant de la rue qui implore du pain à l'inconnu qui parlait, ils lui disaient avec la même angoisse : « Faites-moi croire! faites-moi croire! » — Dans l'ombre, ils sont des milliers qui ont cette sainte et terrible soif, qui cherchent et s'écrient, comme Luther à la Wartbourg : « Qu'est-ce que la justice? et comment l'aurai-je? »

Justice, vérité. Dans cette poursuite de la *pravda*, je le répète, ils ne séparent jamais le double idéal, divin et humain. La formule qu'ils attendent doit réaliser l'un et l'autre; comme ils ne l'ont pas trouvée, comme ils sont très-jeunes et très-naïfs, ils s'attardent aux essais de synthèse religieuse et sociale qui ont séduit notre Occident au moyen âge, à l'aurore de la Réforme. Ces doctrines revêtent chez les Slaves un caractère spécial, ou du moins plus prononcé. Certes, nulle famille humaine n'a été avantagée ni déshéritée de son patrimoine, l'idéal de vérité et de justice; il est dans tous les cœurs : mais l'homme du Nord, dans les rêveries moroses de sa misère, le couve plus âprement; et, dans les couches populaires des pays slaves, moins usées par les compromis de la civilisation, il se rencontre un plus grand nombre de natures neuves, ardentes, tenaces, qui souffrent impatiemment les retards du progrès et se précipitent vers leur vision malgré tous les obstacles.

En outre, au fond de l'âme que l'Évangile lui a faite, on retrouve dans ce peuple l'influence du vieil esprit aryen; et, à la surface de cette âme, dans les classes cultivées, les leçons de Schopenhauer, les enseignements des sciences contemporaines; de là cette résurrection du bouddhisme à laquelle nous assistons en Russie : je ne puis qualifier autrement ces tendances. Nous y reconnaissons l'antique contradiction des Hindous entre une morale extrêmement élevée et le nihilisme ou la métaphysique panthéiste. Cet esprit du bouddhisme, dans ses efforts désespérés pour élargir encore la charité évangélique, a pénétré le génie russe d'une tendresse éperdue pour la nature, pour ses plus humbles créatures, pour les déshérités et les souffrants; il dicte le renoncement de la raison devant la brute et inspire la commisération infinie du cœur. Cette simplicité fraternelle et ce débordement de tendresse donnent aux œuvres littéraires quelque chose de particulièrement touchant. Les initiateurs de ce mouvement, après avoir écrit pour leurs pairs, pour les lettrés, se penchent avec effroi et pitié sur le peuple. C'est la descente du poëte aux limbes :

> ...L'angoscia delle genti
> Che son quaggiù, nel viso mi dipigne
> Quella pietà...

Gogol a regardé dans ces sourdes ténèbres, encore avec amertume et ironie; Tourguénef y a plongé du sommet de son rêve d'artiste, en contemplatif plutôt qu'en apôtre; Tolstoï, arrivé au bout de son enquête sceptique, est devenu le plus déterminé de ces apôtres de la pitié sociale; mais, par ses origines et ses débuts, il est de ceux qui descendent de haut dans le gouffre; au-dessous de lui, nous voyons monter ceux qui en sortent, qui apportent des bas-fonds la grande plainte résignée et fraternelle, les génies grossiers et lamentables, Nékrassof, Dostoïevsky, tout le flot contemporain.

Au premier abord, on est ému et séduit par ce large courant de sympathie. Malheureusement, je me souviens et je réfléchis : je me souviens que nous eûmes, nous aussi, notre siècle de sensibilité et de paysannerie. Vingt ans avant 93, tout le monde aimait tout le monde, on retournait aux champs, on se refaisait simple, on versait des larmes sur le laboureur, en attendant qu'il versât le sang. La loi presque mathématique des oscillations historiques veut que ces effusions soient suivies de réactions terribles, que la pitié s'aigrisse et que la sensibilité se tourne en fureur. *Di avertant omen!*

Je ne voudrais pas terminer sur de fâcheux présages. Si la Russie doit traverser ces crises violentes qui ne sont épargnées à aucune nation, ce seront du moins pour elle des crises de jeunesse, d'où l'on sort plus robuste et plus vivant. On a souvent répété à son sujet le mot d'Hamlet, on a dit qu'il y avait quelque chose de pourri dans cet Empire; peut-être, mais, en tout cas, la pourriture s'arrête à l'écorce, le cœur de l'arbre est vigoureux et plein de sève. C'est la conviction qu'on acquiert en pratiquant ce peuple, en lisant les écrivains qui déposent pour lui. Sous leurs maladies mentales, sous le nihilisme temporaire d'un Tolstoï et les spasmes intellectuels d'un Dostoïevsky, on sent une vitalité profonde, une âme prête à se donner à toute parole juste qui l'enlèvera. Ils paraissent las et désabusés avant d'avoir vécu, comme ces jeunes gens qui se désespèrent en attendant l'heure d'agir, et dont le langage ne saurait nous tromper. Ils semblent parfois ignorer eux-mêmes qu'ils possèdent le triple trésor où s'alimente la vie, foi, espérance, amour; dès que vous creusez, le filon brille et résonne; c'est leur gage d'avenir et de grandeur.

Voilà ce que j'ai entrevu sous cette terre russe. — Pauvre terre pâle! ses fils diront peut-être que je l'ai peinte trop maussade, que je n'ai pas su respirer son parfum amer; ce sera injure imméritée. Nous sommes d'un monde qui se console de vieillir avec les travaux moroses de la raison, qui regarde froidement la vie pour s'en expliquer les phénomènes; mais quand, dans l'éternel va-et-vient de l'inconséquence humaine, ce souci de comprendre quitte notre âme et la rend à ses instincts premiers, nous sentons bien comme on peut l'aimer, cette terre, dans la sauvage nudité de sa jeunesse. Si la charrue n'y a mis que peu de rides, la main de l'homme n'y a pas effacé l'empreinte de celle du Créateur. Elle garde l'attrait des grandes tristesses, le plus puissant peut-être, parce que le plus heureux d'entre nous pleure dans le meilleur de son âme je ne sais quelle chose perdue qu'il n'a jamais connue. **Terre neuve, effrénée et vague, comme les enfants faits à sa ressemblance, comme leur cœur et leur langage, elle ne raconte pas les histoires curieuses que savent dire les vieilles terres : elle a pour toute parole une plainte mélancolique, comme la douleur, la musique et la mer.** — Je lui envoie ce livre, payement d'une longue hospitalité et de tout ce qu'elle m'a appris. Je n'ai pas voulu médire d'elle dans ces pages. J'espère y avoir mis en pratique la première vertu littéraire qu'elle demande à ses écrivains, la sincérité. — Puisse-t-elle y retrouver sa pensée fidèlement traduite et se reconnaître, sans trop de mécomptes, à l'image qu'elle m'a laissée dans les yeux.

FIN.

APPENDICE

Pour guider les lecteurs qui désireraient contrôler mes assertions, je crois devoir indiquer ici les traductions françaises des œuvres russes citées dans ce volume. Je ne donne pas cette liste pour une bibliographie complète : des traductions déjà anciennes ont passé inaperçues; plusieurs, parmi celles que je signale, sont aujourd'hui introuvables, et il ne faut pas le regretter. Pour les œuvres poétiques surtout, la plupart de ces versions ou imitations ne sauraient donner une idée, même lointaine, des originaux russes. Depuis quelques années, on s'est appliqué avec plus de scrupule à cet art difficile des traductions; parmi celles que j'indique ci-dessous, certaines sont d'une insuffisance navrante; je ne veux pas y insister, je me borne à recommander les versions fidèles qu'on peut tenir pour définitives; ce sont celles de Tourguénef, de Mérimée, de Viardot, de M. Victor Derély.

La Guerre d'Igor, traduction de BHARGON FORT-RION, 1878

KARAMSINE.

Histoire de Russie, traduction de SAINT-THOMAS et JAUFFRET, 11 vol. in-8°, 1826.

POUCHKINE.

Poésies diverses, traduction de DUPONT, 2 vol. in-8°, 1846.

OEuvres dramatiques, traduction de MICHEL N..., 1 vol. in-12, 1858.

Poltava, le Prisonnier du Caucase, traduction d'Eug. DE PORRY, 1 vol. in-12, 1858.

La Fille du capitaine, traduction de VIARDOT, 1 vol. in-16, 1853.

Boris Godounof et Poëmes dramatiques, traduction de TOURGUÉNEF et VIARDOT, 1 vol. in-12, 1862.

La Dame de pique, les Bohémiens, traduction de MÉRIMÉE, 1 vol. in-12, 1852.

LERMONTOF.

Le Démon, poëme, traduction en vers de PELAN D'ANGERS, 1 vol. in-18, 1858.

Le Démon, traduction d'ANOSSOF, 1 vol. in-8°, 1860.

Un héros de notre temps, traduction de X. MARMIER, 1 vol. in-12, 1856.

GRIBOIÉDOF.

Le Chagrin d'avoir trop d'esprit, traduction de LEGRELLE.

GOGOL.

Tarass Boulba, traduction de VIARDOT, 1 vol. in-12, 1853.
Le Manteau, traduction de X. MARMIER, 1856.
Les Ames mortes, traduction de MOREAU, in-8° illustré, 1858.
Les Ames mortes, traduction de CHARRIÈRE, 2 vol in-12, 1859, réimprimée en 1885.
L'Inspecteur général (le Reviseur), traduction de MÉRIMÉE, 1 vol. in-12, 1853.

TOURGUÉNEF.

L'œuvre entière de Tourguénef a été traduite sous sa direction par CHARRIÈRE, MÉRIMÉE, VIARDOT.

GONTCHAROF.

Oblomof, traduction de N..., 185...
Marc le Nihiliste, adaptation de GOTHI, 1 vol., 1886.

PISEMSKY.

Dans le tourbillon,	traduction de V. DERÉLY,		1 vol.,	1881.
Mille Ames,	id.	id.	2 vol.,	1886.
Les Faiseurs,	id.	id.	1 vol.,	id.

DOSTOIEVSKY.

Humiliés et offensés, traduction de HUMBERT, 1 vol., 1884.
Crime et châtiment, traduction de V. DERÉLY, 2 vol., 1884.
Souvenirs de la Maison des morts, traduction de NEYROUD, 1 vol., 1886.

Les Possédés, traduction de V. Derély, 2 vol., 1886.
L'Idiot, id. id. 2 vol., 1887.
Les Frères Karamazof, id. id. 2 vol., 1888.
Les Pauvres Gens, id. id. 1 vol., 1888.
Krotkaïa, traduction de E. Halpérine, 1 vol., 1886.
L'Esprit souterrain, id. id. 1 vol., 1886.

Comte Léon TOLSTOI.

Les Cosaques, Tableaux du siége de Sébastopol, traduction par une Russe, 1886.

Guerre et paix, traduction par une Russe, 3 vol., 1884.

Anna Karénine, 2 vol., 1885.

Katia, traduction du comte d'Hauterive, 1 vol., 1886.

Enfance, adolescence, jeunesse, traduction d'Arvède Barine (*en préparation*).

Ma religion, 1 vol. in-8, 1885.

Après avoir groupé ces indications, il me reste un double devoir.

Je veux remercier ici, au nom de tous les lecteurs de Tolstoï, la personne qui a eu la patience de traduire *Guerre et paix,* qui a fait connaître la première au public français les œuvres de son illustre compatriote.

Je dois un témoignage de gratitude à ceux qui ont éclairé ma route, à mes prédécesseurs dans les études slaves, et tout d'abord à M. Anatole Leroy-Beaulieu. De l'aveu de tous les Russes, son grand ouvrage est le plus complet et le mieux informé qui ait été publié en Occident sur l'Empire du Nord. Notre pays ne sait pas assez combien un pareil livre lui fait honneur à l'étranger. J'en dis autant pour l'*Histoire de Russie* et la *Russie épique* de M. Rambaud, qui m'ont été d'un précieux secours. Je dois enfin nommer M. Courrière et M. Dupuy; on trouvera dans leurs travaux sur la littérature contemporaine en Russie, tout ce qui pourrait manquer dans ces études.

TABLE DES MATIÈRES

	Pages
Avant-propos.	VII

CHAPITRE PREMIER.
Les origines. — Le moyen âge. — La période classique. ... 1

CHAPITRE II.
Le romantisme. — Pouchkine et la poésie. ... 33

CHAPITRE III.
L'évolution réaliste et nationale. — Gogol. ... 69

CHAPITRE IV.
Les « années quarante ». — Tourguénef. ... 133

CHAPITRE V.
La religion de la souffrance. — Dostoïevsky. ... 203

CHAPITRE VI.
Le nihilisme et le mysticisme. — Tolstoï ... 279

Appendice ... 349

PARIS

TYPOGRAPHIE DE E. PLON. NOURRIT ET Cie
Rue Garancière, 8.